Schwerpunkte Janda · Klausurenkurs im Sozialrecht

Klausurenkurs im Sozialrecht

Ein Fallbuch

von

Dr. Constanze Janda, G.G.S. (Leuven)
Professorin an der Deutschen Universität für Verwaltungswissenschaften
Speyer

begründet von

Prof. Dr. Dr. h.c. Eberhard Eichenhofer

9., neu bearbeitete Auflage

CFM C.F. Müller

Bibliografische Information der Deutschen Nationalbibliothek
Die Deutsche Nationalbibliothek verzeichnet diese Publikation in der Deutschen Nationalbibliografie; detaillierte bibliografische Daten sind im Internet über http://dnb.d-nb.de abrufbar.

ISBN 978-3-8114-4556-7

E-Mail: kundenservice@cfmueller.de
Telefon: +49 89 2183 7923
Telefax: +49 89 2183 7620

www.cfmueller.de
www.cfmueller-campus.de

Satz: Gottemeyer, Rot
Druck: CPI Clausen & Bosse, Leck

Was ist das Allgemeine?
Der einzelne Fall.
Was ist das Besondere?
Millionen Fälle.
(Johann Wolfgang von Goethe)

Vorwort

Sozialrecht zu erlernen ist schwierig. Im Sozialgesetzbuch als der umfassendsten Kodifikation des deutschen Rechts niedergelegt, wird es üblicherweise von Spezialisten betrieben. Sie überblicken regelmäßig nur Teilgebiete, selten das Ganze. Dessen ungeachtet berührt und durchdringt das Sozialrecht das gesamte Recht, weil es vielfältige Querverbindungen zu nahezu allen Rechtsgebieten aufweist. Das Sozialrecht zu kennen, ist deshalb Gebot juristischer Allgemeinbildung. Solche Kenntnis verlangt nach einem Gesamtüberblick, den Grundrisse und Lehrbücher vermitteln. Seine eigentliche Bewährungsprobe hat das Recht aber stets erst im Einzelfall zu bestehen: Denn alles Recht ist immer und notwendig konkret! Um Sozialrecht zu können, bedarf es also der Übung: des Ringens um die richtige, und das heißt: die dem Recht im Einzelfall gemäße Lösung.

Der vorliegende Klausurenkurs soll dazu Gelegenheit geben und Anschauung bieten. Er soll die Bedeutung der anderen Rechtsgebiete für das Sozialrecht wie umgekehrt des Sozialrechts für andere Rechtsgebiete zeigen. Der Kurs bezieht seine Beispielsfälle deshalb regelmäßig aus höchstrichterlich entschiedenen Sachverhalten, die den Zusammenhang und Zusammenklang von Sozialrecht und seinen zahlreichen „Nachbar"-Gebieten aufzeigen. Die Lösungen veranschaulichen beispielhaft den im Sozialrecht üblichen Argumentationsduktus, der demjenigen der „Nachbar"-Gebiete voll und ganz entspricht. Denn Sozialrecht ist beileibe nichts Spezielles – sondern ein integraler Teil der Rechtsordnung, genauer: desjenigen Teils, der das sozialstaatliche Fundament des deutschen Staatswesens (Art. 20, 28 GG) ausbildet und -formt.

Die in diesem Buch enthaltenen Fälle wurden in den sozialrechtlichen Lehrveranstaltungen in verschiedenen Studiengängen an der Friedrich-Schiller-Universität Jena, der SRH Hochschule Heidelberg und der Deutschen Universität für Verwaltungswissenschaften Speyer erprobt. Ihre Lösungen bezogen aus den Gesprächen mit den Studierenden vielfache Anregungen.

Mit seiner Pensionierung zieht sich *Prof. Dr. Dr. h.c. Eberhard Eichenhofer* aus der Herausgeberschaft des Klausurenkurses zurück. Ich danke ihm herzlich für die Möglichkeit, das Werk, das mich bereits durch meine eigene Studienzeit begleitet hat, nunmehr in eigener Verantwortung fortzuführen. Das Werk bleibt in seinen bewährten Strukturen unangetastet. Da die Rechtslage zur Beitragspflicht in der sozialen Pflegeversicherung sowie die Beurteilung neuer Behandlungsmethoden in der gesetzlichen Krankenversicherung nunmehr etabliert sind, wurden die Fälle 1 und 13 angepasst; sie nehmen nunmehr andere umstrittene Aspekte in den Blick. Durch neue Entwicklungen in der Rechtsprechung war zudem eine Aktualisierung der Fälle 2, 17, 20 und 25 erforderlich. Die Veränderungen im Zusammenhang mit den Pflegestärkungsgesetzen wurden in dem – im Übrigen unveränderten – Fall 19 nachvollzogen.

Leonie Zeißler und *Volker Knopke*, die als wissenschaftliche Mitarbeiterin bzw. wissenschaftlicher Mitarbeiter am Lehrstuhl für Sozialrecht und Verwaltungswissenschaft der Universität Speyer tätig sind, haben wertvolle inhaltliche Anregungen und Vorschläge für die Neuauflage beigesteuert. *Martina Dieterle* hat mit großer Sorgfalt die Aktualisierung der Literatur vorgenommen und das Manuskript betreut. Ihnen allen gebührt ein herzlicher Dank.

Speyer, im Juni 2017 *Constanze Janda*

Inhaltsverzeichnis

Literaturverzeichnis

Adolf, Hans-Peter, Der sozialrechtliche Herstellungsanspruch, Baden-Baden, 1991

Arnauld, Andreas von/Musil, Andreas (Hg.), Strukturfragen des Sozialverfassungsrechts, Tübingen, 2009

Assmann, Heinz-Dieter/Kirchner, Christian/Schanze, Erich, Ökonomische Analyse des Rechts, Tübingen, 1993

Axer, Peter, Normsetzung der Exekutive in der Sozialversicherung, Tübingen, 2000

Bachof, Otto, Die verwaltungsgerichtliche Klage auf Vornahme einer Amtshandlung, 2. Auflage, Tübingen, 1968

Barta, Heinz, Kausalität im Sozialrecht, Berlin, 1983

Barta, Heinz/Radner, Thomas/Rainer, Linda/Scharnreitner, Heidi-Theresa (Hg.), Analyse und Fortentwicklung im Arbeits-, Sozial- und Zivilrecht. Festschrift für Martin Binder, Wien, 2010

Barwig, Klaus/Beichel-Benedetti, Stephan/Brinkmann, Gisbert (Hg.), Perspektivwechsel im Ausländerrecht?, Baden-Baden, 2007

Baumbach, Adolf/Hopt, Klaus J., Handelsgesetzbuch, 37. Auflage, München, 2016

Becker, Ulrich/Kingreen, Thorsten, SGB V – Gesetzliche Krankenversicherung, Kommentar, 5. Auflage, München, 2017

Berlit, Uwe/Conradis, Wolfgang/Sartorius, Ulrich (Hg.), Existenzsicherungsrecht, Handbuch, 2. Auflage, Baden-Baden, 2013

Bieback, Karl-Jürgen, Sozial– und verfassungsrechtliche Aspekte der Bürgerversicherung, 2. Auflage, Baden-Baden, 2014

Bieritz-Harder, Renate/Conradis, Wolfgang/Thie, Stephan (Hg.), Sozialgesetzbuch XII, Lehr- und Praxiskommentar, 10. Auflage, Baden-Baden, 2015

Bieritz-Harder, Renate, Menschenwürdig leben: ein Beitrag zum Lohnabstandsgebot des Bundessozialhilfegesetzes, seiner Geschichte und verfassungsrechtlichen Problematik, Berlin, 2001

Blanke, Thomas (Hg.), Handbuch neue Beschäftigungsformen. Teilzeitarbeit, Telearbeit, Fremdfirmenpersonal, Franchiseverhältnisse, Baden-Baden, 2002

Brand, Jürgen (Hg.), Sozialgesetzbuch: Arbeitsförderung – SGB III, Kommentar, 7. Auflage, München, 2015

Canaris, Claus-Wilhelm/Diederichsen, Uwe (Hg.), Festschrift für Karl Larenz zum 80. Geburtstag, München, 1983

Däubler, Wolfgang/Bertzbach, Martin (Hg.), Allgemeines Gleichbehandlungsgesetz: Handkommentar, 3. Auflage, Baden-Baden, 2013

Deinert, Olaf/Neumann, Volker (Hg.), Rehabilitation und Teilhabe behinderter Menschen, 2. Auflage, Baden-Baden, 2009

Deutscher Sozialrechtsverband (Hg.), Band 39, Der sozialrechtliche Herstellungsanspruch, Wiesbaden, 1994

Deutscher Sozialrechtsverband (Hg.), Band 48, Soziale Sicherheit und Wettbewerb, Wiesbaden, 2001

Deutscher Sozialrechtsverband (Hg.), Band 49, Die Behinderten in der sozialen Sicherung, Wiesbaden, 2002

Deutscher Sozialrechtsverband (Hg.), Band 50, Mitmenschliches und bürgerschaftliches Engagement im Sozialrecht, Wiesbaden, 2003

Dreier, Horst (Hg.), Grundgesetz: Kommentar, Band 1, 3. Auflage, Tübingen, 2013

Duden, Konrad, Recht der Handelsvertreter, 8. Auflage, München, 1977

Eichenhofer, Eberhard, Internationales Sozialrecht und internationales Privatrecht, Baden-Baden, 1987

Eichenhofer, Eberhard, Internationales Sozialrecht, München, 1994

Eichenhofer, Eberhard, Soziale Menschenrechte im Völker-, europäischen und deutschen Recht, Tübingen, 2012

Eichenhofer, Eberhard, Recht des aktivierenden Wohlfahrtsstaates, Baden-Baden, 2013

Eichenhofer, Eberhard, Sozialrecht der Europäischen Union, 6. Auflage, Berlin, 2015

Eichenhofer, Eberhard, Sozialrecht, 10. Auflage, Tübingen, 2017

Eichenhofer, Eberhard/Wenner, Ulrich (Hg.), Kommentar zum Sozialgesetzbuch I, IV, X, Reihe Wannagat Sozialversicherungsrecht, Köln, 2012
Eichenhofer, Eberhard/Wenner, Ulrich (Hg.), Kommentar zum Sozialgesetzbuch VI, Reihe Wannagat Sozialversicherungsrecht, Köln, 2013
Eichenhofer, Eberhard/Wenner, Ulrich (Hg.), Kommentar zum Sozialgesetzbuch VII, Reihe Wannagat Sozialversicherungsrecht, Köln, 2016
Eicher, Wolfgang/Spellbrink, Wolfgang (Hg.), SGB II – Grundsicherung für Arbeitsuchende, Kommentar, 3. Auflage, München, 2013
Epping, Volker/Hillgruber, Christian (Hg.), Beck'scher Online Kommentar zum GG, Stand: 1.12.2016
Esser, Josef/Schmidt, Eike, Schuldrecht, Allgemeiner Teil, Teilband 2, 8. Auflage, Heidelberg, 2000
Faber, Heiko/Schneider, Hans-Peter, Niedersächsisches Staats- und Verwaltungsrecht, Frankfurt, 1985
Felix, Dagmar, Einheit der Rechtsordnung, Tübingen, 1998
Förster, Michael F., Growing unequal? Income distribution and poverty in OECD countries, Paris, 2008
Fuchs, Maximilian/Preis, Ulrich (Hg.), Sozialversicherungsrecht, 2. Auflage, Köln, 2009
Fuhlrott, Michael, Der geschädigte Arbeitnehmer, Frankfurt/Main, 2006
Fürst, Walther (Hg.), Festschrift für Wolfgang Zeidler, Band I, Berlin, 1987
Gagel, Alexander, SGB II / SGB III , Kommentar, Loseblattwerk, Stand: 1.12.2016
Geckle, Gerhard, Unfallversicherung im Ehrenamt, München, 2005.
Gernhuber, Joachim/Coester-Waltjen, Dagmar, Familienrecht, 6. Auflage, München, 2010
Gitter, Wolfgang/Thieme, Werner/Zacher, Hans F. (Hg.), Im Dienst des Sozialrechts: Festschrift für Georg Wannagat, Köln, 1981
Gitter, Wolfgang, Schadensausgleich im Arbeitsunfallrecht, Tübingen, 1969
Gitter, Wolfgang/Schmitt, Jochem, Sozialrecht, 5. Auflage, München, 2001
Gottwald, Sina, Die rechtliche Regulierung medizinischer Innovationen in der Gesetzlichen Krankenversicherung, Baden-Baden 2016
Grube, Christian/Wahrendorf, Wolfgang, SGB XII Sozialhilfe, Kommentar, 5. Auflage, München, 2014
Hauck, Karl/Noftz, Wolfgang, Sozialgesetzbuch: Kommentar, Berlin, Loseblatt
Heilmann, Annika, Die Zwangsvollstreckung in Sozialleistungsansprüche nach § 54 Sozialgesetzbuch, Allgemeiner Teil, St. Augustin, 1999
Heinze, Meinhard, Festschrift für Wolfgang Gitter, Wiesbaden, 1995
Horrer, Stefan, Das Asylbewerberleistungsgesetz, die Verfassung und das Existenzminimum, Berlin, 2001
Hufen, Friedhelm, Verwaltungsprozessrecht, 10. Auflage, München, 2016
Igl, Gerhard, Enquete-Kommission „Zukunft des Bürgerschaftlichen Engagements" Deutscher Bundestag, Rechtliche Rahmenbedingungen bürgerschaftlichen Engagements, Opladen, 2002
Igl, Gerhard/Jachmann, Monika/Eichenhofer, Eberhard, Ehrenamt und bürgerschaftliches Engagement im Recht – ein Ratgeber, Opladen, 2002
Janda, Constanze, Medizinrecht, 3. Auflage, Konstanz, 2016
Janda, Constanze, Migranten im Sozialstaat, Tübingen, 2012
Jauernig, Othmar, Bürgerliches Gesetzbuch, Kommentar, 16. Auflage, München, 2015
Knickrehm, Sabine/Kreikebohm, Ralf/Waltermann, Raimund (Hg.), Kommentar zum Sozialrecht, 4. Auflage, München, 2015
Knus, Marlies, Die Schadensersatzpflicht des Arbeitgebers in der AHV, Winterthur, 1989
Kötter, Ute, Die Steuerung der ambulanten ärztlichen Versorgung im Recht der gesetzlichen Krankenversicherung: eine vergleichende Untersuchung des deutschen und belgischen Rechts, Baden-Baden, 2000
Krasney, Otto Ernst/Udsching, Peter, Handbuch des sozialgerichtlichen Verfahrens, 7. Auflage, Berlin, 2016
Kreßel, Eckhard, Öffentliches Haftungsrecht und sozialrechtlicher Herstellungsanspruch, Frankfurt, 1990
Kunz, Eduard/Zellner, Gerhard/Gelhausen, Reinhard/Weiner, Bernhard, Opferentschädigungsgesetz: OEG, Kommentar, 6. Auflage, München, 2015
Küstner, Wolfram/Thume, Karl-Heinz, Das Recht des Handelsvertreters, 4. Auflage, Frankfurt/Main, 2012

Lachwitz, Klaus/Bieritz-Harder, Renate, Handkommentar zum Sozialgesetzbuch IX, 3. Auflage, Köln, 2010
Ladage, Klaus, Der sozialrechtliche Herstellungsanspruch, St. Augustin, 1990
Larenz, Karl/Wolf, Manfred/Neuner, Jörg, Allgemeiner Teil des Bürgerlichen Rechts, 11. Auflage, München, 2016
Lüdtke, Peter-Bernd/Berchtold, Josef (Hg.), Sozialgerichtsgesetz, Handkommentar, 5. Auflage, Baden-Baden, 2017
Marshall, Thomas Humphrey, Sociology at the Crossroads and other Essays, London, 1963
Maunz, Theodor/Dürig, Günter, Grundgesetz Kommentar, München, Stand: September 2016
Maurer, Hartmut, Allgemeines Verwaltungsrecht, 18. Auflage, München, 2011
Medicus, Dieter/Petersen, Jens, Bürgerliches Recht, 25. Auflage, München, 2015
Medicus, Dieter/Lorenz, Stephan, Schuldrecht, Allgemeiner Teil, 21. Auflage, München, 2015
Meyer-Ladewig, Jens, Sozialgerichtsgesetz, 11. Auflage, München, 2014
Mrozynski, Peter, Sozialgesetzbuch – Allgemeiner Teil (SGB I), Kommentar, 5. Auflage, München, 2014
Muckel, Stefan/Ogorek, Markus, Sozialrecht, 4. Auflage, München, 2011
Mutschler, Bernd/Schmidt-De Caluwe, Reimund/Coseriu, Pablo (Hg.), Sozialgesetzbuch III – Arbeitsförderung, Kommentar, 6. Auflage, Baden-Baden, 2016
Palandt, Otto, Bürgerliches Gesetzbuch, 76. Auflage, München, 2017
Renn, Heribert/Schoch, Dietrich, Grundsicherung für Arbeitsuchende (SGB II), 3. Auflage, Baden-Baden, 2011
Renner, Günter/Bergmann, Jan/Dienelt, Klaus (Hg.), Ausländerrecht, 11. Auflage, München, 2016
Rische, Herbert, Ausgleichsansprüche zwischen Sozialleistungsträgern, Freiburg/Brsg., 1978
Rolfs, Christian/Giesen, Richard/Kreikebohm, Ralf/Udsching, Peter (Hg.), Beck'scher Online-Kommentar Sozialrecht (BeckOK), Stand: 1.12.2016
Rosenberg, Leo/Gaul, Hans-Friedhelm/Schilken, Eberhard, Zwangsvollstreckungsrecht, 12. Auflage, München, 2010
Säcker, Franz Jürgen/Rixecker, Roland (Hg.), Münchener Kommentar zum Bürgerlichen Gesetzbuch, Band 4, 6. Auflage, München, 2012
Säcker, Franz Jürgen/Rixecker, Roland/Oetker, Hartmut/Limperg, Bettina (Hg.), Münchener Kommentar zum Bürgerlichen Gesetzbuch, Familienrecht II, Band 9, 7. Auflage, München, 2017
Schellhorn, Walter/Schellhorn, Helmut/Hohm, Karl-Heinz/Scheider, Peter, SGB XII, Kommentar, 19. Auflage, Neuwied, 2015
Schlechtriem, Peter, Schuldrecht, Allgemeiner Teil, 6. Auflage, Tübingen, 2005
Schmidt-De Caluwe, Reimund, Der sozialrechtliche Herstellungsanspruch, Berlin, 1992
Schoch, Dietrich, Sozialhilfe, 3. Aufl., Köln, 2001
Schönke, Adolf/Schröder, Horst, Strafgesetzbuch, Kommentar, 29. Auflage, München, 2014
Schuler, Rolf, Das internationale Sozialrecht der Bundesrepublik Deutschland, Baden-Baden, 1988
Schulin, Bertram (Hg.), Handbuch des Sozialversicherungsrechts – Unfallversicherungsrecht (HS-UV), München, 1996
Schulin, Bertram (Hg.), Handbuch des Sozialversicherungsrechts – Pflegeversicherungsrecht (HS-PV), München, 1997
Schulin, Bertram, Fälle zum Sozialrecht, München, 1987
Schulte, Bernd/Trenk-Hinterberger, Peter, Sozialhilfe, 2. Auflage, Heidelberg, 1986
Sieveking, Klaus (Hg.), Soziale Sicherung bei Pflegebedürftigkeit in der Europäischen Union, Baden-Baden, 1998
Staudinger, J. von, Kommentar zum Bürgerlichen Gesetzbuch, Buch 2, Recht der Schuldverhältnisse §§ 657-704, Berlin, 2015
Staudinger, J. von, Kommentar zum Bürgerlichen Gesetzbuch, Buch 4, Familienrecht §§ 1601-1615o, Berlin, 2000
Staudinger, J. von, Kommentar zum Bürgerlichen Gesetzbuch, Buch 5, Erbrecht §§ 2064-2196, Berlin, 2013
Stober, Rolf, Eigentumsschutz sozialrechtlicher Positionen, Köln, 1986
Stolterfoht, Joachim, Die Selbstständigkeit des Handelsvertreters, Düsseldorf, 1973
Udsching, Peter, SGB XI: Soziale Pflegeversicherung, 4. Auflage, München, 2015

von Maydell, Bernd/Ruland, Franz/Becker, Ulrich (Hg.), Sozialrechtshandbuch, 5. Auflage, Baden-Baden, 2012
von Wulffen, Matthias/Schütze, Bernd, Sozialgesetzbuch: SGB X, Kommentar, 8. Auflage, München, 2014
Waltermann, Raimund, Sozialrecht, 12. Auflage, Heidelberg, 2016
Wank, Rolf, Arbeitnehmer und Selbstständige, München, 1988
Wenner, Ulrich/Terdenge, Franz/Krauß, Karen, Grundzüge der Sozialgerichtsbarkeit, 3. Auflage, Berlin, 2005
Wiesner, Reinhard (Hg.), SGB VIII – Kinder- und Jugendhilfe Kommentar, 5. Auflage, München, 2015
Wietek, Roland, Verfügungen von Todes wegen zugunsten behinderter Menschen, Frankfurt, 1996
Will, Judith, Familienförderung im Sozialrecht, Hamburg, 2009
Zacher, Hans F., Materialien zum Sozialgesetzbuch, Percha, 1974-1979

Abkürzungsverzeichnis

ABl.	Amtsblatt
Abs.	Absatz
AcP	Archiv für civilistische Praxis
AEUV	Vertrag über die Arbeitsweise der Europäischen Union
AFG	Arbeitsförderungsgesetz
AGG	Allgemeines Gleichbehandlungsgesetz
AiB	Arbeitsrecht im Betrieb
AktG	Aktiengesetz
Alt.	Alternative
Anm.	Anmerkung
AO	Abgabenordnung
AOK	Allgemeine Ortskrankenkasse
AP	Arbeitsrechtliche Praxis
ArbG	Arbeitsgericht
ArbuR	Arbeit und Recht
ARS	Arbeitsrechts-Sammlung
Art.	Artikel
ÄrzteZV	Zulassungsverordnung für Vertragsärzte
ArztR	Arztrecht
AsylbLG	Asylbewerberleistungsgesetz
AsylG	Asylverfahrensgesetz
AT	Allgemeiner Teil
AuB	Arbeit und Beruf
AufenthG	Aufenthaltsgesetz
AVermG	Altersvermögensgesetz
BA	Bundesagentur für Arbeit
BABl.	Bundesarbeitsblatt
BAG	Bundesarbeitsgericht
BAGE	Entscheidungen des Bundesarbeitsgerichts
BAMF	Bundesamt für Migration und Flüchtlinge
BayVBl	Bayerische Verwaltungsblätter
BB	Betriebsberater
BEEG	Gesetz zum Elterngeld und zur Elternzeit
BErzGG	Bundeserziehungsgeldgesetz
Beschl.	Beschluss
BeschVerfV	Verordnung über das Verfahren und die Zulassung von im Inland lebenden Ausländern zur Ausübung einer Beschäftigung (Beschäftigungsverfahrensverordnung)
BetrVG	Betriebsverfassungsgesetz
BFH	Bundesfinanzhof
BFHE	Sammlung der Entscheidungen des Bundesfinanzhofes
BG	Die Berufsgenossenschaft (Zeitschrift)
BGB	Bürgerliches Gesetzbuch
BGBl.	Bundesgesetzblatt
BGH	Bundesgerichtshof
BGHSt	Entscheidungen des Bundesgerichtshofs in Strafsachen
BGHZ	Entscheidungen des Bundesgerichtshofs in Zivilsachen
BKGG	Bundeskindergeldgesetz
BlStSozArbR	Blätter für Steuerrecht, Sozialversicherung und Arbeitsrecht
BMAS	Bundesministerium für Arbeit und Soziales
BR-Drs.	Drucksachen des Bundesrates

BSG	Bundessozialgericht
BSGE	Entscheidungen des Bundessozialgerichts
BSG SozR	Sozialrecht, Entscheidungssammlung des Bundessozialgerichts (Loseblattsammlung)
BSHG	Bundessozialhilfegesetz
BT-Drs.	Drucksachen des Bundestags
BuW	Betrieb und Wirtschaft
BVerfG	Bundesverfassungsgericht
BVerfGE	Entscheidungen des Bundesverfassungsgerichts
BVerfGG	Bundesverfassungsgerichtsgesetz
BVerwG	Bundesverwaltungsgericht
BVerwGE	Entscheidungen des Bundesverwaltungsgerichts
BVG	Gesetz über die Versorgung der Opfer des Krieges
DAngVers	Deutsche Angestelltenversicherung
DB	Der Betrieb
DDR	Deutsche Demokratische Republik
d.h.	das heißt
DJT	Deutscher Juristentag
DNotZ	Deutsche Notar-Zeitschrift
DOK	Die Ortskrankenkasse (Zeitschrift)
DÖV	Die öffentliche Verwaltung
DRV	Deutsche Rentenversicherung
DStR	Deutsches Steuerrecht (Zeitschrift)
DtZ	Deutsch-deutsche Rechts-Zeitschrift
DVBl	Deutsches Verwaltungsblatt
Ebd.	ebenda
EFZG	Entgeltfortzahlungsgesetz
EG	Europäische Gemeinschaft
EGBGB	Einführungsgesetz zum Bürgerlichen Gesetzbuch
EGMR	Europäischer Gerichtshof für Menschenrechte
EMRK	Europäische Menschenrechtskonvention
ErbR	Zeitschrift für die gesamte erbrechtliche Praxis
ErsK	Ersatzkasse
EStG	Einkommenssteuergesetz
EU	Europäische Union
EuGH	Europäischer Gerichtshof
EVS	Einkommens- und Verbrauchsstichprobe
EWR	Europäischer Wirtschaftsraum
f.	folgende/r (Seite)
FamRZ	Zeitschrift für das gesamte Familienrecht
FEVS	Fürsorgerechtliche Entscheidungen der Verwaltungs- und Sozialgerichte
ff.	folgende (Seiten)
FPR	Familie – Partnerschaft – Recht (Zeitschrift)
FRG	Fremdrentengesetz
FS	Festschrift
GBA	Gemeinsamer Bundesausschuss
GewO	Gewerbeordnung
GG	Grundgesetz
GK-SGB	Gemeinschaftskommentar zum Sozialgesetzbuch
GmbH	Gesellschaft mit beschränkter Haftung
GVBl Hess	Gesetz- und Verordnungsblatt Hessen
GVG	Gerichtsverfassungsgesetz

HAG/SGB XII	Hessisches Ausführungsgesetz zum Zwölften Buch Sozialgesetzbuch
HAG/SGG	Hessisches Ausführungsgesetz zum Sozialgerichtsgesetz
HGB	Handelsgesetzbuch
HPflG	Haftpflichtgesetz
HS	Halbsatz
HVBG-INFO	Aktueller Informationsdienst für die berufsgenossenschaftliche Sachbearbeitung
InsO	Insolvenzordnung
iS	im Sinne
i.V.m.	in Verbindung mit
JA	Juristische Arbeitsblätter
JAmt	Das Jugendamt
JbSozR	Jahrbuch des Sozialrechts der Gegenwart
JÖR	Jahrbuch des öffentlichen Rechts der Gegenwart
JR	Juristische Rundschau
JurBüro	Das juristische Büro
JuS	Juristische Schulung
JZ	Juristenzeitung
KassKomm	Kasseler Kommentar zum Sozialversicherungsrecht
KTS	Konkurs, Treuhand, Sanierung – Zeitschrift für Insolvenzrecht
LAG	Landesarbeitsgericht
LG	Landgericht
LMK	Kommentierte BGH-Rechtsprechung
LPK-SGB V	Lehr- und Praxiskommentar zum Sozialgesetzbuch V
LSG	Landessozialgericht
MDR	Monatsschrift für deutsches Recht
MedR	Medizinrecht
MittLVA	LVA-Mitteilungen/Landesversicherungsanstalt Ober- und Mittelfranken
MittRhNotk	Mitteilungen Rheinische Notarkammer
MünchKomm	Münchener Kommentar zum Bürgerlichen Gesetzbuch
MuSchG	Mutterschutzgesetz
NdsVBl	Niedersächsische Verwaltungsblätter
NDV	Nachrichtendienst des Deutschen Vereins für Öffentliche und Private Fürsorge
NJ	Neue Justiz
NJW	Neue Juristische Wochenschrift
NJW-RR	Neue Juristische Wochenschrift – Rechtsprechungs-Report Zivilrecht
Nr.	Nummer
NStZ	Neue Zeitschrift für Strafrecht
NVwZ	Neue Zeitschrift für Verwaltungsrecht
NZA	Neue Zeitschrift für Arbeits- und Sozialrecht
NZA-RR	Neue Zeitschrift für Arbeits- und Sozialrecht – Rechtsprechungs-Report Arbeitsrecht
NZS	Neue Zeitschrift für Sozialrecht
NZV	Neue Zeitschrift für Verkehrsrecht
OECD	Organisation for Economic Co-operation and Development
OEG	Opferentschädigungsgesetz
OLG	Oberlandesgericht
OVG	Oberverwaltungsgericht
PflVG	Pflichtversicherungsgesetz

RAG	Reichsarbeitsgericht
RBEG	Gesetz zur Ermittlung der Regelbedarfe nach § 28 des Zwölften Buches Sozialgesetzbuch (Regelbedarfs-Ermittlungsgesetz)
RdA	Recht der Arbeit
RGZ	Entscheidungen des Reichsgerichts in Zivilsachen
Rn.	Randnummer
RPfleger	Der Deutsche Rechtspfleger (Zeitschrift)
RPflG	Rechtspflegergesetz
Rs.	Rechtssache
RVO	Reichsversicherungsordnung
S.	Seite
SF	Sozialer Fortschritt (Zeitschrift)
SG	Sozialgericht
SGB	Sozialgesetzbuch
SGb	Die Sozialgerichtsbarkeit (Zeitschrift)
SGG	Sozialgerichtsgesetz
Slg.	Sammlung
SozArb	Soziale Arbeit (Zeitschrift)
SozVers	Die Sozialversicherung (Zeitschrift)
SRH	Sozialrechtshandbuch
st.Rspr.	ständige Rechtsprechung
StB	Der Steuerberater (Zeitschrift)
StGB	Strafgesetzbuch
Streit	Streit; Feministische Rechtszeitschrift
StVG	Straßenverkehrsgesetz
StVO	Straßenverkehrsordnung
Tz.	Textziffer
UnterhaltsVG	Unterhaltsvorschussgesetz
Urt.	Urteil
v.	vom
VÄndG	Gesetz zur Änderung des Vertragsarztrechts
VersorgB	Der Versorgungsbeamte (Zeitschrift)
VersR	Versicherungsrecht (Zeitschrift)
VGH	Verwaltungsgerichtshof
vgl.	vergleiche
VO (EG)	Verordnung der Europäischen Gemeinschaften
VO (EWG)	Verordnung der Europäischen Wirtschaftsgemeinschaft
VSSR	Vierteljahresschrift für Sozialrecht
VVG	Gesetz über den Versicherungsvertrag
VwGO	Verwaltungsgerichtsordnung
WM	Wertpapiermitteilungen
WPflG	Wehrpflichtgesetz
z.B.	zum Beispiel
ZAR	Zeitschrift für Ausländerrecht und Ausländerpolitik
ZfS	Zentralblatt für Sozialversicherung
ZfSch	Zeitschrift für Schadensrecht
ZfSH/SGB	Zeitschrift für Sozialhilfe und Sozialgesetzbuch
ZInsO	Zeitschrift für das gesamte Insolvenzrecht
ZIP	Zeitschrift für Wirtschaftsrecht

zit.	zitiert
ZPO	Zivilprozessordnung
ZSR	Zeitschrift für Sozialreform
ZVersWiss	Zeitschrift für die gesamte Versicherungswissenschaft

Vom Sinn eines Klausurenkurses im Sozialrecht

Sozialrecht ist von großer praktischer Tragweite. Seiner erheblichen ökonomischen Bedeutung – mehr als ein Viertel des Volkseinkommens wird in Deutschland für soziale Zwecke ausgegeben – entspricht sein rechtlicher Rang. Nahezu sämtliche Gerichtszweige (Sozial-, Verwaltungs-, Familien-, ordentliche oder Finanzgerichtsbarkeit) wie Verfassungsorgane – Bundestag, Bundesrat, Bundesregierung und das Bundesverfassungsgericht – sowie der Europäische Gerichtshof waren und sind permanent mit zentralen Fragen der sozialen Sicherheit befasst. 1

In der Universitätsausbildung steht die Vermittlung von Grundzügen des Sozialrechts im Mittelpunkt. Das Studium der Sozialgesetze geschieht dort allerdings global. Die Vorlesung dient der groben Orientierung im unermesslich weiten Feld des Sozialrechts. Weil aber alles Recht stets konkret ist, steht im Mittelpunkt der Juristenausbildung die Rechtsfindung im Einzelfall. Die Arbeit am konkreten Fall kann jedoch nur auf Grund eines soliden Überblicks über das Gesamtsystem des Rechts gelingen. Dafür fehlen an der Universität aber oftmals Zeit und Raum. Der vorliegende Klausurenkurs im Sozialrecht soll das vertiefte Studium des Sozialrechts im Rahmen der Schwerpunktausbildung begleiten und fördern.

Das in Deutschland geltende Sozialrecht ist inzwischen nahezu vollständig im Sozialgesetzbuch kodifiziert. Die einzelnen Bücher folgen in ihrer Anordnung deutscher Tradition. Die das Rechtsgebiet generell prägenden Grundsätze werden in mehreren allgemeinen Teilen (SGB I, SGB IV, SGB X) den Regelungen über die einzelnen Leistungszweige vorangestellt. Diese sind in den einzelnen Büchern des Sozialgesetzbuches getroffen. Für die Rechtsanwendung kommt es deshalb regelmäßig darauf an, die Gesamtheit der sozialrechtlichen Regeln bei der Lösung des einzelnen Falls zur Geltung zu bringen. Dies verlangt – ähnlich der Rechtsanwendung in StGB und BGB – nach einer Zusammenschau von Bestimmungen aus systematisch unterschiedlichen Teilen eines Gesetzbuches. 2

Der Klausurenkurs soll in die Technik der Fallbearbeitung im Sozialrecht einführen und den Studierenden dieses Rechtsgebiet anhand von Beispielen näher bringen. Dabei werden die sozialrechtlichen Grundprobleme – nämlich die Frage nach dem sozialrechtlichen Schutz einzelner Personengruppen, der Definition einzelner sozialer Risiken und die Ausgestaltung einzelner Leistungen – an den erörterten Fällen illustriert. Die verfassungs- und europarechtlichen Überlagerungen des Sozialrechts werden in verschiedenen Beispielsfällen verdeutlicht. 3

Sozialrechtliche Klausuren folgen – wie in anderen Rechtsgebieten – im Wesentlichen drei Aufgabentypen: erstens, der Anwaltsklausur. Bei ihr steht die Rechtsverwirklichung im Mittelpunkt. Es ist die Stichhaltigkeit der von einem Sozialleistungsträger getroffenen Entscheidung zu prüfen. Der zweite Typus ist die Richterklausur. Für ein erhobenes Rechtsschutzbegehren sind dessen Statthaftigkeit, Zulässigkeit und die Begründetheit aus richterlicher Perspektive zu würdigen. Es geht um die Beurteilung der Erfolgsaussichten einer Klage. Die Prüfung kann aber auch den Erfolgsaussichten von Wider- 4 spruch, Berufung oder Revision gelten. Als letzter Typus kommt eine Klausur aus der Perspektive des Normanwenders in Betracht. Bei dieser aus dem Blick von Exekutive, Legislative oder Judikative erhobenen Frage ist zu prüfen, ob bestehendes oder zu schaffendes Recht mit höherrangigen Normen – namentlich Gesetzes-, Verfassungs- und Europarecht – in Einklang steht. Wegen der Unterschiedlichkeit der Aufgabenstellungen sind auch unterschiedliche Prüfungswege vorgezeichnet. Bei der Anwaltsklausur sind zunächst die materielle Rechtslage und danach die Möglichkeiten prozessualer Durchsetzung zu untersuchen. In der Richterklausur sind zunächst Statthaftigkeit und Zulässigkeit eines Rechtsbehelfs zu klären; daran schließt die materiell-rechtliche Prüfung an. Bei der Normanwendungsklausur sind beide Wege möglich und sinnvoll.

5 In den nachfolgenden Klausuren steht die Fallfrage am Anfang jeder Prüfung. Diese wird stets von einem Obersatz geleitet. Er benennt in Form eines hypothetischen und daher im Konjunktiv formulierten Satzes die Bedingungen, unter denen die Fall-, d.h. Ausgangsfrage positiv zu beantworten ist. Der Obersatz leitet die gesamte Prüfung. Er soll also die Antwort auf die hypothetisch aufgeworfene Frage geben und die zu dieser führenden Schritte aufzeigen. Ist der Obersatz richtig gebildet, nimmt er im Idealfall komprimiert die Lösung vorweg und entscheidet deshalb über den Erfolg der Klausurbearbeitung. Daher ist ihm besondere Aufmerksamkeit zu schenken.

6 Die im folgenden dokumentierten Klausuren wenden sich den für die universitäre Befassung mit Sozialrecht zentralen Fragen zu, nämlich der Stellung des Sozialrechts im Verfassungsrecht (Fälle 1 und 2), Versicherungspflicht und Beitragsrecht (Fälle 3 bis 6), allgemeine Lehren des Sozialrechts und des Sozialverwaltungsverfahrens (Fälle 7 bis 11), Schutz durch Renten-, Kranken- und Unfallversicherung (Fälle 12 bis 16), soziale Entschädigung, Familienförderung, Arbeitslosenversicherung, Pflegeversicherung (Fälle 17 bis 20), Grundsicherung und Sozialhilfe (Fälle 21 und 22), Europäisches und Internationales Sozialrecht (Fälle 23 und 24) sowie Familienleistungen (Fall 25).

7 Die Fälle sind höchstrichterlichen Entscheidungen nachgebildet. Sie wurden ausgewählt, um an ihnen nicht nur die Eigenheiten des Sozialrechts, sondern auch die Bedeutung der anderen Rechtsgebiete für das Sozialrecht wie umgekehrt des Sozialrechts für andere Rechtsgebiete zu zeigen. Der Klausurenkurs zum Sozialrecht möge damit den Blick schärfen und den Horizont weiten helfen für dessen Grundfragen, die stets zugleich an die Grundfragen des gesamten Rechts rühren.

Fall 1

Gesetzgebungszuständigkeit des Bundes für die Privat- und Sozialversicherung – Einbeziehung in die und Ausgestaltung der Sozialversicherung und Verfassung – Ungleichbehandlung im Beitragsrecht – Generationenvertrag – Familienförderung – Umlage- und Kapitaldeckungsverfahren

Ausgangsfälle

BVerfG, Urt. v. 3.4.2001 (1 BvR 1681/94) = BVerfGE 103, 271.
BVerfG, Urt. v. 3.4.2001 (1 BvR 2014/95) = BVerfGE 103, 197.
BVerfG, Beschl. v. 2.9.2009 (1 BvR 1997/08) = SozR 4-3300 § 55 Nr. 3.
BSG, Urt. v. 27.2.2008 (B 12 P 2/07 R) = BSGE 100, 77.
BSG, Urt. v. 30.9.2015 (B 12 KR 15/12 R) = BSGE 120, 23.

§§ 20 I 1, 23 I SGB XI bestimmen, dass die gegen Krankheit gesetzlich oder privat Versicherten in die gesetzliche oder private Pflegeversicherung einbezogen sind. Die in der gesetzlichen Krankenversicherung Versicherten sind damit kraft Gesetzes auch Mitglieder der Pflegeversicherung. Für den Versicherungsschutz haben sie von ihrem Einkommen einen gesetzlich festgelegten Prozentsatz als Beiträge abzuführen. Die gegen das Risiko der Krankheit privat Versicherten sind gesetzlich verpflichtet, für die Pflegebedürftigkeit privatrechtlich vorzusorgen. 8

Gemäß § 55 Abs. 3 SGB XI wird von Personen, die das 23. Lebensjahr vollendet und keine Kinder haben, in der sozialen Pflegeversicherung ein Beitragszuschlag von 0,25% erhoben, da diese – anders als Eltern – keinen generativen Beitrag zur Pflegeversicherung leisten. Dieser wird nicht paritätisch finanziert, sondern ist vom Mitglied selbst zu tragen, § 59 Abs. 5 SGB XI.

1. Ein privat gegen Krankheit versicherter Rechtsanwalt hält seine Einbeziehung in die Pflegeversicherung (§ 23 SGB XI) für verfassungswidrig, weil sich nur bei wenigen Menschen eines Jahrgangs das Risiko der Pflegebedürftigkeit verwirkliche. Es sei angesichts dessen geringer Eintrittswahrscheinlichkeit verfassungswidrig, wenn jedermann zur Begründung eines Versicherungsschutzes für den Pflegefall gezwungen werde.
2. Ein gesetzlich versichertes Ehepaar, das aus medizinischen Gründen keine Kinder bekommen kann, macht geltend, dass es durch die Erhebung des Beitragszuschlags zur sozialen Pflegeversicherung ohne sachlichen Grund benachteiligt werde. Der Gesetzgeber bestrafe die Kinderlosigkeit des Paares, auf die sie keinerlei Einfluss hätten.
3. Ein Elternpaar mit drei Kindern ist der Auffassung, ebenso wie in der sozialen Pflegeversicherung sei die Berücksichtigung des Aufwands für die Pflege und Erziehung von Kindern auch in der gesetzlichen Rentenversicherung kraft Verfassung geboten. Ihr Familienunterhalt werde bei der Beitragsgestaltung nicht berücksichtigt. Sie sehen darin eine Benachteiligung gegenüber Kinderlosen, eine Verletzung des Generationenvertrages und einen Verstoß gegen den verfassungsrechtlichen Auftrag zum Schutz der Familie.

Frage:
Sind die erhobenen verfassungsrechtlichen Bedenken begründet?

Gliederung

I. Einbeziehung in die Sozialversicherung (Art. 2 I GG)
1. Eingriff in den Schutzbereich von Art. 2 I GG
2. Formelle Verfassungsmäßigkeit des § 23 SGB XI
   a) Art. 74 I Nr. 12 GG
   b) Art. 74 I Nr. 11 GG
3. Materielle Vereinbarkeit des Versicherungsobligatoriums mit Art. 2 I GG
   a) Legitimes Ziel im Interesse des Gemeinwohls
   b) Verhältnismäßigkeit des Versicherungsobligatoriums

II. Verfassungsmäßigkeit des Beitragszuschlags für Kinderlose
1. Ungleichbehandlung i.S.v. Art. 3 I GG
2. Sachliche Rechtfertigung

III. Beitrags- und Prämiengestaltung für Familien in der Renten- und Pflegeversicherung
1. Der Auftrag zur Entlastung von Familien aus Art. 3 I, 6 I GG
2. Nichtberücksichtigung des „generativen Beitrags" in der Rentenversicherung?

Lösung

Die verfassungsrechtlichen Bedenken richten sich gegen die Einbeziehung in die Sozialversicherung (I.) sowie gegen die Ausgestaltung von Beiträgen und Prämien in Sozial- und Privatversicherung in Bezug auf das Risiko der Pflegebedürftigkeit (II.) sowie auf das Risiko des Alters (III.).

I. Einbeziehung in die Sozialversicherung (Art. 2 I GG)

Das mit § 23 SGB XI eingeführte Versicherungsobligatorium, d.h. die Pflicht Privatversicherter, ihren Versicherungsschutz bei Krankheit auf die Pflegebedürftigkeit auszuweiten, könnte Art. 2 I GG verletzen. Dies ist der Fall, wenn das Obligatorium den Schutzbereich der allgemeinen Handlungsfreiheit (Art. 2 I GG) berührt (1.) und deren formelle (2.) oder materielle Schranken (3.) verletzt.

1. Eingriff in den Schutzbereich von Art. 2 I GG

9 Das durch § 23 SGB XI für freiwillig privat gegen Krankheit Versicherte begründete Obligatorium, für den Pflegefall privatversicherungsrechtlich vorzusorgen, könnte die allgemeine Handlungsfreiheit (Art. 2 I GG) verletzen. Diese umfasst als Auffanggrundrecht die Vertragsfreiheit als das Recht, Verträge nach autonomen Maßstäben abzuschließen.[1] In diese greift der Gesetzgeber ein, wenn er dem Einzelnen vorschreibt, wozu und wie die Vertragsfreiheit zu gebrauchen ist. Das Obligatorium gibt den gegen Krankheit Versicherten auf, auch für den Pflegefall einen dem Gesetz entsprechenden

1 BVerfGE 95, 267, 303.

Versicherungsschutz zu begründen (§ 23 SGB XI). Damit wird dem Einzelnen der Gebrauch der Vertragsfreiheit sachlich, inhaltlich und zeitlich vorgegeben. Der Schutzbereich der allgemeinen Handlungsfreiheit (Art. 2 I GG) ist danach berührt.

Die allgemeine Handlungsfreiheit ist jedoch nicht schrankenlos gewährleistet. Sie steht unter dem Vorbehalt der Rechte Dritter, der verfassungsmäßigen Ordnung und des Sittengesetzes. Art. 2 I GG darf daher durch förmliches Gesetz beschränkt werden, sofern die Einschränkung durch Gemeinwohlerwägungen gerechtfertigt und verhältnismäßig ist. An diesen Vorgaben ist § 23 SGB XI zu messen.

2. Formelle Verfassungsmäßigkeit des § 23 SGB XI

Zunächst müsste § 23 SGB XI von der Gesetzgebungskompetenz des Bundes umfasst sein. Es könnte die konkurrierende Gesetzgebungskompetenz des Bundes nach Art. 74 I Nr. 12 GG (a) oder Art. 74 I Nr. 11 GG (b) begründet sein.

a) Art. 74 I Nr. 12 GG

Die Zuständigkeit des Bundes zur Einführung der sozialen Pflegeversicherung als fünftem Zweig der Sozialversicherung könnte sich aus Art. 74 I Nr. 12 GG ergeben. Der Bund hat die konkurrierende Gesetzgebungskompetenz für die Sozialversicherung. Sozialversicherung bedeutet die öffentlich-rechtliche Vorsorge für die sozialen Risiken. **10**

Die Sozialversicherung wird primär durch die zur Verwirklichung des sozialen Schutzes eingesetzte Technik: Versicherungspflicht, einkommensproportionale Beiträge und gesetzlicher Leistungskatalog, und nicht durch den Inhalt der getroffenen Regelung bestimmt.[2] Ihr Anwendungsbereich ist deshalb nicht auf die traditionellen sozialen Risiken Alter, Krankheit, Arbeitsunfall und Arbeitslosigkeit zu beschränken, sondern darf auch auf neue Risiken erstreckt werden. Die Sozialversicherung wird durch die Versicherungspflicht und die solidarische, auf dem Umlageverfahren beruhende Finanzierung geprägt.[3]

Das öffentlich-rechtliche Versicherungsverhältnis zwischen einem Träger und dem Versicherten wird durch Gesetz begründet. Dieses bestimmt nicht nur den Inhalt des Versicherungsverhältnisses, sondern begründet auch dessen Zustandekommen unabhängig vom Willen des Einzelnen. Versicherungspflicht bedeutet somit die Einbeziehung des Versicherten in das Versicherungsverhältnis kraft einseitiger öffentlich-rechtlicher Anordnung.

Der Privatversicherte wird aufgrund von § 23 SGB XI jedoch nicht kraft Gesetzes in die Versicherung einbezogen. Er wird vielmehr zum Abschluss eines privaten Versicherungsvertrages angehalten. Der Versicherungsschutz wird also nicht durch öffentliches Recht verwirklicht, sondern ist durch Vertragsschluss im privaten Versicherungsrecht zu realisieren. Folglich berührt das in § 23 SGB XI statuierte und von der in §§ 1 II 1, 20 SGB XI normierten Versicherungspflicht begrifflich zu unterscheidende Versicherungs- **11**

2 BVerfGE 75, 108, 146 f.; 87, 1, 34; 122, 151.
3 *Eichenhofer*, Sozialrecht, Rn. 268 ff.; *Fuchs/Preis*, Sozialversicherungsrecht, Rn. 25 ff.; *Muckel/Ogorek*, § 7 Rn. 4 ff.; *Waltermann*, Rn. 77.

obligatorium nicht das Sozialversicherungs-, sondern das Privatversicherungsrecht. Der Bund vermag seine Gesetzgebungszuständigkeit zur Begründung eines Versicherungsobligatoriums für Privatversicherte folglich nicht auf Art. 74 I Nr. 12 GG zu stützen.

b) Art. 74 I Nr. 11 GG

12 Die Zuständigkeit des Bundes könnte jedoch durch Art. 74 I Nr. 11 GG begründet sein.[4] Danach hat der Bundesgesetzgeber die konkurrierende Gesetzgebungsbefugnis für das „privatrechtliche Versicherungswesen". Eine diesen Versicherungszweig berührende Regelung liegt vor, wenn deren Adressaten private, miteinander im Wettbewerb stehende Versicherungsunternehmen sind, deren Prämien sich am individuellen Versichertenrisiko ausrichten und deren Leistungen im Kapitaldeckungsverfahren finanziert werden.[5]

Da sich § 23 SGB XI an private, miteinander im Wettbewerb stehende Versicherungsunternehmen richtet, das individuelle Pflege- und Krankheitsrisiko die Höhe der Prämien maßgebend bestimmt und die private Pflegeversicherung im Kapitaldeckungsverfahren und nicht wie die soziale Pflegeversicherung im Umlageverfahren finanziert wird, liegt trotz der letztlich sozialpolitischen Zweckrichtung des Obligatoriums eine privatversicherungsrechtliche Regelung vor. Ihre Schaffung wird folglich von der dem Bund eingeräumten Gesetzgebungszuständigkeit des Art. 74 I Nr. 11 GG getragen.

Weitere Bedenken gegen die formelle Verfassungsmäßigkeit des § 23 SGB XI bestehen nicht.

3. Vereinbarkeit des Versicherungsobligatoriums mit Art. 2 I GG

§ 23 SGB XI könnte allerdings mit der allgemeinen Handlungsfreiheit aus Art. 2 I GG unvereinbar sein, falls die Bestimmung nicht durch das Gemeinwohl legitimiert (a) oder in ihrer Zuteilung von Vorzügen und Lasten unverhältnismäßig (b) ist.

a) Legitimes Ziel im Interesse des Gemeinwohls

13 Die Sicherung des Einzelnen im Fall der Pflegebedürftigkeit könnte durch das Sozialstaatsprinzip der Allgemeinheit als Aufgabe zugewiesen sein. Aufgrund des Sozialstaatsprinzips[6] (Art. 20 I GG) und um des Schutzes der Menschenwürde (Art. 1 I GG) Willen hat der Staat den Einzelnen vor elementaren Daseinsrisiken zu bewahren und bei deren Verwirklichung konkret zu schützen.

Das Sozialstaatsprinzip umschreibt die aus den Bindungen des Staates an die Grundrechte (Art. 1 III GG) erwachsenden Schutzpflichten.[7] Sie ergänzen die abwehrrechtliche Dimension der Grundrechte und sichern die Freiheitsentfaltung im Verbund mit diesen. Wegen der subsidiären, indes umfassenden Einstandspflicht der Sozialhilfeträger als Garanten elementarer Daseinssicherung (§ 1 SGB XII) ist der Staat insbesondere be-

---

4 BVerfGE 103, 197, 216 ff.
5 BVerfGE 123, 186, 235.
6 *Eichenhofer*, Sozialrecht, Rn. 119 ff.; *Muckel/Ogorek*, § 6 Rn. 1 ff.; *Waltermann*, Rn. 15 f.
7 Zu deren Bedeutung für das Sozialrecht vgl. BVerfGE 115, 25; BVerfG NJW 2013, 1664.

rufen, den Einzelnen zur Vorsorge vor den herkömmlichen sozialen Risiken anzuhalten,[8] um zu verhindern, dass Menschen bei Eintritt eines sozialen Risikos Sozialhilfe beanspruchen müssen.

Die Vorsorge für Pflegebedürftigkeit bezweckt, den Einzelnen in einer Zeit zunehmender Alterung und der Ausweitung der medizinischen Behandlungsmöglichkeiten vor einer wachsenden, durch den Eintritt individueller Hilfe- und Pflegebedürftigkeit entstehenden Gefahr erheblicher finanzieller Belastungen durch die Kosten der Pflege zu bewahren. Vor Schaffung der Pflegeversicherung ging Pflegebedürftigkeit bei der weit überwiegenden Mehrzahl der Menschen mit Sozialhilfebedürftigkeit einher. Dies soll die Pflegeversicherung abwenden und darin liegt ihr Gemeinwohlzweck.

b) Verhältnismäßigkeit des Versicherungsobligatoriums

Die Pflegeversicherung verstößt gegen den Grundsatz der Verhältnismäßigkeit (Art. 20 I GG: Rechtsstaatsprinzip), wenn sie weder erforderlich noch geeignet ist, noch schließlich der erstrebte Zweck und die dafür eingesetzten Mittel in einem angemessenen Verhältnis zueinander stehen. **14**

Seit mehr als einem Jahrhundert[9] hat die Sozialversicherung ihre Eignung für die Bewältigung der Massenrisiken erwiesen. Sie vermag einem großen Bevölkerungsteil einen angemessenen Schutz im Falle der Verwirklichung elementarer Daseinsrisiken zu gewähren. Die Sicherung bei Pflegefällen wird in vielen Staaten durch die Sozialversicherung gewährleistet, sei es als unselbstständiger Teil des Gesundheitswesens, eigener Leistungszweig oder eine im Zusammenhang mit dem Alter stehende, ergänzende Sicherung.[10]

In der Vergangenheit zeigte sich, dass die Bereitschaft zur freiwilligen Vorsorge für das Risiko der Pflegebedürftigkeit nicht bestand. Vor Einführung der Pflegeversicherung war die Mehrzahl der Pflegebedürftigen deshalb auf die Sozialhilfe angewiesen.[11] Aufgrund der Subsidiarität der Sozialhilfe hatten pflegebedürftige Personen zudem zunächst das eigene Vermögen aufzubrauchen und Unterhaltsansprüche gegen Verwandte in gerader Linie geltend zu machen. Pflegebedürftigkeit erwies sich damit als spezifisches Armutsrisiko. Durch die Sozialversicherung Vorsorge auch für die nicht akut vom Pflegerisiko Betroffenen zu schaffen, war sonach statthaft, weil nur so eine hinreichend leistungsfähige Solidargemeinschaft gebildet werden konnte, die den Schutz der Pflegebedürftigen zu bezahlbaren Beiträgen sichert. Vergleichsweise niedrige Beiträge für möglichst viele Menschen verbürgen den Schutz für ein Risiko, dessen Eintritt regelmäßig mit erheblichen Folgen für den Einzelnen wie die staatliche Gemeinschaft verbunden ist.

Die Art und Weise der Ausgestaltung des Versicherungsobligatoriums ist vom traditionell weiten sozialpolitischen Gestaltungsspielraum des Gesetzgebers gedeckt. Da die **15**

8 BVerfGE 44, 70, 89; 48, 227, 234; 52, 264, 274.
9 *Eichenhofer*, Sozialrecht, Rn. 24 ff.; *Gitter/Schmitt*, § 2 Rn. 2; *Waltermann*, Rn. 52 ff.
10 Umfassend: *Sieveking*.
11 Dies betraf schätzungsweise 80% aller Pflegebedürftigen und machte ca. 1/3 des Sozialhilfebudgets aus, BT-Drs. 12/5262, S. 61; vgl. auch BVerfGE 103, 197, 222.

Versicherungsprämien im Vergleich zu den hohen Kosten eines Pflegefalls niedrig sind, ist schließlich auch die Angemessenheit im Einzelfall gewahrt.[12]

Die Regelung ist daher formell und materiell verfassungskonform. Verfassungsrechtliche Bedenken gegen die Einbeziehung freiwillig privat gegen Krankheit Versicherter sind nicht begründet.

II. Verfassungsmäßigkeit des Beitragszuschlags für Kinderlose

16 Der in § 55 III SGB XI verankerte Beitragszuschlag in Höhe von 0,25% für Kinderlose könnte ungewollt Kinderlose in ihrem Recht auf Gleichbehandlung aus Art. 3 I GG verletzen.

1. Ungleichbehandlung i.S.v. Art. 3 I GG

Der in Art. 3 I GG verankerte Gleichbehandlungsgrundsatz fordert nicht die unbedingte Gleichstellung aller Sachverhalte im Gesetz. Nach der „neuen Formel" des BVerfG liegt eine unzulässige Ungleichbehandlung vielmehr nur dann vor, wenn eine Gruppe von Normadressaten im Vergleich zu einer anderen Gruppe unterschiedlich behandelt wird, obwohl zwischen beiden Gruppen keine derart substanziellen Unterschiede bestehen, welche die Ungleichbehandlung rechtfertigen könnten.[13]

Durch § 55 III SGB XI werden Kinderlose im Verhältnis zu den Personen ungleich behandelt, die ihren Kinderwunsch erfüllen können. Beide Gruppen unterscheiden sich jedoch dadurch, dass diese einen generativen Beitrag zur sozialen Pflegeversicherung leisten, jene aber nicht. Dies begründet einen durchaus substanziellen Unterschied im Hinblick auf das Ziel der Regelung, die beitragsrechtliche Besserstellung von Beitragszahlern mit Kindern zu bewirken: Das BVerfG[14] war der Auffassung, es sei mit Art. 3 I, 6 I GG unvereinbar, „dass Mitglieder der sozialen Pflegeversicherung, die Kinder betreuen und erziehen, mit einem gleich hohen Pflegeversicherungsbeitrag wie Mitglieder ohne Kinder belastet werden". Das BVerfG[15] verlangte daher, dass die Versicherten regelmäßig für den Schutz vor einem altersspezifischen Risiko durch die Sozialversicherung sowohl einen *monetären*, als auch einen *regenerativen* Beitrag leisten. Erbrächten sie lediglich den monetären, nicht aber den regenerativen Beitrag, müssten sie diesen *Ausfall* durch einen höheren monetären Beitrag ausgleichen.

17 Indes werden alle kinderlosen Versicherten zu einem Beitragszuschlag herangezogen. Sie werden gleich behandelt, obwohl die Kinderlosigkeit auf unterschiedlichen Gründen beruhen kann – sowohl auf einer höchstpersönlichen Entscheidung über die eigene Lebensgestaltung als auch auf der medizinischen Unfruchtbarkeit. Es ist jedoch fraglich, ob die Motivation, Kinder zu bekommen, einen derart substanziellen Unterschied zwischen beiden Gruppen begründet, dass eine Differenzierung nach dem Grund der

---

12 BVerfGE 103, 197; 103, 271.
13 St. Rspr., vgl. BVerfGE 22, 387 (415); 52, 277 (280); 55, 72 (88); 88, 87 (96); 112, 368 (401); 116, 229 (238).
14 BVerfGE 103, 242; so auch BSG SozR 4-330 § 25 Nr. 1.
15 Ebd., 263 ff.

Kinderlosigkeit geboten ist.[16] In letzter Konsequenz wird damit die Frage aufgeworfen, ob allein die subjektive Bereitschaft Kinder aufzuziehen, eine beitragsrechtliche Privilegierung im Recht der sozialen Pflegeversicherung nach sich ziehen muss. Das BVerfG hat seine umstrittene Forderung nach der beitragsrechtlichen Entlastung von Eltern auf den in Art. 6 I GG verankerten besonderen Schutz der Familie gestützt. Dieser Gedanke kann schlechterdings nur Personen betreffen, die als Familie leben, setzt also das Vorhandensein von Kindern zwingend voraus. Es ist daher bereits fraglich, ob überhaupt eine Ungleichbehandlung vorliegt.

2. Sachliche Rechtfertigung

Selbst wenn man eine Benachteiligung all jener annimmt, die aus gesundheitlichen Gründen nicht zeugungs- bzw. empfängnisfähig sind, ist diese gerechtfertigt. Problematisch wäre bereits die Ausgestaltung der verfahrensrechtlichen Nachprüfbarkeit der Motive der Kinderlosigkeit. Es bedeutete zweifelsohne einen erheblichen Eingriff in die Intimsphäre der betroffenen Personen, wenn die Pflegekasse berechtigt wäre, einen Nachweis über die medizinische Unfruchtbarkeit zu fordern. Dies wäre aber unerlässlich, um über das Bestehen der Pflicht zur Abführung des Beitragszuschlags entscheiden zu können. **18**

Überdies stellt sich die Frage nach der Reichweite der beitragsrechtlichen Privilegierung. Wollte der Gesetzgeber Personen vom Beitragszuschlag ausnehmen, die aus medizinischen Gründen keine Kinder bekommen können, müssten womöglich auch Versicherte vom Beitragszuschlag befreit werden, die ihren Kinderwunsch nicht realisieren können, weil sie keinen Partner haben. Der administrative Aufwand wäre – insbesondere angesichts des vergleichsweise geringen Zuschlags von 0,25 Prozentpunkten – erheblich, sodass der mit der Ungleichbehandlung i.S.v. Art. 3 I GG verbundene finanzielle Nachteil zumindest nicht unverhältnismäßig ist.[17]

III. Beitrags- und Prämiengestaltung für Familien in der Renten- und Pflegeversicherung

Die von dem Elternpaar vorgetragenen Bedenken betreffen die Ausgestaltung der Beiträge zur gesetzlichen Rentenversicherung. Fraglich ist, inwieweit der von Eltern den Kindern geschuldete Familienunterhalt (§§ 1601 ff. BGB) bei der Festsetzung der Beitragshöhe aus Gründen des Schutzes von Ehe und Familie zu berücksichtigen ist. Hierzu müssen der Auftrag der Art. 3 I, 6 I GG bestimmt (1.) und die Berücksichtigung des „generativen Beitrags" nach dem geltenden Beitragsrecht der Rentenversicherung analysiert werden (2.). **19**

1. Der Auftrag des BVerfG aus Art. 3 I, 6 I GG

In seiner Entscheidung zum Beitragsrecht in der sozialen Pflegeversicherung hatte das BVerfG die Auffassung vertreten, den „Kinderlosen" würden auf Kosten der Kindererziehenden für das „altersspezifische Risiko der Pflegebedürftigkeit" im Umlagever- **20**

16 Nach dem Willen des Gesetzgebers soll es darauf explizit nicht ankommen, BT-Drs. 15/3671, S 5.
17 BSGE 100, 77; vgl. auch den Nichtannahmbeschluss des BVerfG, SozR 4-3300 § 55 Nr. 3.

fahren getragene Leistungen aus der Pflegeversicherung zuteil, ohne selbst Kinder erzogen und „damit zum Erhalt des Beitragszahlerbestandes durch Kindererziehung beigetragen“[18] zu haben. „Wenn aber das Leistungssystem ein altersspezifisches Risiko abdeckt und so finanziert wird, dass die jeweils erwerbstätige Generation die Kosten für vorangegangene Generationen mittragen muss, ist für das System nicht nur die Beitragszahlung, sondern auch die Kindererziehung konstitutiv. Wird die zweite Komponente nicht mehr regelmäßig von allen geleistet, werden Eltern spezifisch in diesem System belastet, was deshalb auch innerhalb des Systems ausgeglichen werden muss.“[19]

Die Bindungswirkung der Entscheidung erstreckt sich formal zwar allein auf das Beitragsrecht der sozialen Pflegeversicherung. Es ist jedoch zu prüfen, ob der verfassungsrechtlich gebotene besondere Schutz der Familien die Übertragung der vom BVerfG entwickelten Grundsätze auf die Rentenversicherung gebietet. Art. 6 I GG gebietet die Berücksichtigung der besonderen Lasten von Familien auszugleichen, verpflichtet den Gesetzgeber jedoch nicht, Eltern von jedweder (finanzieller) Belastung freizustellen. Vielmehr ist ihm – auch vor dem Sozialstaatsprinzip aus Art. 20 I GG – ein weiter Gestaltungsspielraum zuzugestehen.[20]

2. Nichtberücksichtigung des „generativen Beitrags“ in der Rentenversicherung?

21 Gegen die Privilegierung von Eltern in der gesetzlichen Rentenversicherung spricht bereits, dass – wiewohl deren Finanzierung im Umlageverfahren auf dem sogenannten Generationenvertrag basiert – keineswegs sichergestellt ist, dass alle geborenen Kinder zur Finanzierung der Rentenleistungen und damit zum Fortbestand des Systems beitragen werden. Wird aus einem Kind später nicht ein sozialversicherungspflichtig Beschäftigter, sondern Beamter, Sozialhilfeempfänger, Auswanderer oder freiberuflich Tätiger, so leisten dessen Eltern gerade keinen regenerativen Beitrag zur Sozialversicherung.[21]

Auch die Systematik des Rentenversicherungsrechts gebietet keine beitragsrechtliche Privilegierung von Eltern. Anders als die soziale Pflegeversicherung gleicht die gesetzliche Rentenversicherung bereits jetzt die mit der Kindererziehung einhergehenden Lasten und Nachteile hinreichend aus. So werden nicht nur spezifische Leistungen gewährt, die an der Kindererziehung anknüpfen, wie etwa die große Witwen- bzw. Witwerrente nach §§ 46 II, 243 II, III SGB VI oder die Erziehungsrente nach §§ 47, 243a SGB VI. Die Zeiten der Kindererziehung werden überdies auch bei der Berechnung der Rentenleistungen berücksichtigt, sei es als Beitragszeiten nach §§ 56, 249, 249a SGB VI, als Berücksichtigungszeiten nach § 57 SGB VI oder als Anrechnungszeiten nach § 58 SGB VI. Der Umstand, dass ein Versicherter Kinder aufzieht, wirkt sich also leistungserhöhend aus. Dass der Gesetzgeber keine entsprechenden Vergünstigungen im Beitragsrecht vorsieht, ist angesichts dessen von seinem weiten Gestaltungsspielraum gedeckt, zumal generativer und monetärer Beitrag zur Sozialversicherung ohnehin nie

18 BVerfGE 103, 242, 264.
19 Ebd., 265 f.
20 Vgl. nur BVerfGE 103, 242, 258; 110, 412, 445.
21 Das BSG gibt zu bedenken, dass etwa die Hälfte der potenziellen Beitragszahler tatsächlich keine oder allenfalls sehr geringe Beiträge zur Rentenversicherung leisten wird, BSGE 120, 23, Rn. 41.

vollkommen gleichwertig berücksichtigt werden können, da der generative Beitrag nicht per se an die Rentenbezieher ausgeschüttet werden kann.[22]

Im Übrigen würde eine beitragsrechtliche Entlastung von Eltern verschiedene systematische Fragen aufwerfen: Soll schon eine Familie mit einem Kind eine Vergünstigung erhalten, obgleich deren regenerativer Beitrag nicht zureicht? Wäre sie, da „fast" kinderlos, nicht eher mit Beitragszuschlägen zu belasten? Sollen Adoptiv- und Pflegekinder den leiblichen Kindern sozialversicherungsrechtlich gleichstehen: Denn was soll durch die Beitragsregelung honoriert und bonifiziert werden – die Erziehung oder die Geburt eines Kindes? Und ist die Begrenzung auf die in Zukunft Kinder erziehenden Versicherten richtig oder müssen an der Beitragsvergünstigung nicht auch ebenso die Versicherten an den Vergünstigungen teilhaben, die in der Vergangenheit Erziehungsverantwortung getragen haben? Beitragsvergünstigungen für Eltern bieten allenfalls die Chance auf eine *mittel-* und *längerfristige* Linderung der demographischen Probleme der Sozialversicherung – bereiten ihr indes im Gegenzug *aktuell drängende Probleme* ihrer Finanzierung. Denn selbst wenn der regenerative Beitrag dadurch erhöht werden könnte, so träte der monetäre Gewinn erst in Jahrzehnten ein; der durch Verschonung eingetretene Beitragsverlust wäre jedoch durch aktuelle Beitragserhöhungen auszugleichen. **22**

Die gegenwärtig in der Sozialversicherung aus dem Bruttoeinkommen des Versicherten zu entrichtenden Beiträge lassen familiäre Belastungen unberücksichtigt. Dies vereinfacht dem *Arbeitgeber* den Beitragseinzug. Bleibt das ganze Bruttoeinkommen die maßgebende Beitragsbasis, ist ein niedrigerer Beitragssatz eher möglich als bei einer um Unterhaltslasten verminderten Beitragsbasis. Diese Finanzierung rechtfertigt es außerdem, die sozialversicherungsrechtliche Geldleistung als einen Anteil des mit Beiträgen belegten Einkommens zu bestimmen. **23**

Der generative Beitrag wird in der gesetzlichen Rentenversicherung in verschiedener Hinsicht berücksichtigt, sodass eine zusätzliche Entlastung von Familien im Beitragsrecht kraft Verfassung nicht geboten ist.[23] **24**

Ergebnis:

Die Einbeziehung privat gegen Krankheit Versicherter in die Pflegeversicherung verletzt die allgemeine Handlungsfreiheit nicht.

Auch die verfassungsrechtlichen Bedenken gegen die Ausgestaltung der Beiträge zur Renten- und Pflegeversicherung sind unbegründet.

---

22 BVerfGE 87, 1, 39 f.; BSGE 120, 23, Rn. 53 f. m.w.N.
23 Zustimmend *Ruland*, NZS 2016, 361; kritisch *Seiler*, NZS 2016, 641; *Lenze*, NVwZ 2015, 1658, 1661.

Fall 2

Grundsicherung für Arbeitsuchende – Recht auf Sicherung einer menschenwürdigen Existenz – Bedarfssätze und Existenzminimum – Pauschalierung – Arbeitsgelegenheiten und Sanktionierung – Einkommens- und Vermögensanrechnung – Individualisierung und Sonderbedarfe

Ausgangsfälle

BVerfG, Urt. v. 9.2.2010 (1 BvL 1/09, 1 BvL 3/09, 1 BvL 4/09) = BVerfGE 125, 175.
BSG, Urt. v. 17.11.2006 (B 7b AS 10/06 R) = BSGE 97, 231.
BSG, Urt. v. 23.11.2006 (B 11b AS 1/06 R) = BSGE 97, 265.
BSG, Urt. v. 27.2.2008 (B 14/7b AS 32/06 R) = BSGE 100, 83.
BSG, Urt. v. 16.12.2008 (B 4 AS 60/07 R) = BSGE 102, 201.
BSG, Urt. v. 12.7.2012 (B 14 AS 153/11 R) = BSGE 111, 211.

25 Student Sascha (S) finanzierte sich sein Studium in Leipzig mit verschiedenen geringfügigen Beschäftigungen, erwarb daraus jedoch keine Anwartschaften in der Arbeitslosenversicherung. Er lebt mit seiner ebenfalls studierenden Freundin Frida (F) und zwei gemeinsamen Kindern, der vierjährigen Tanja (T) und dem siebenjährigen Udo (U) zusammen. Mit 29 Jahren absolviert S seinen Master-Abschluss, kann aber danach keine Arbeit finden.

S beantragt beim Jobcenter Leipzig Grundsicherung für Arbeitsuchende. Als ihm 1.600 € für sich und seine Bedarfsgemeinschaft überwiesen werden, fühlt sich S ungerecht behandelt. Er hält „Hartz IV“ für den „größten und schändlichsten Sozialabbau der jüngeren deutschen Sozialgeschichte“ und nimmt sich deshalb vor, das Gesetz auf „ganzer Linie“ rechtlich anzugreifen. Dieses sei in großen Teilen verfassungswidrig, namentlich die Bedarfssätze, die Pflicht zur Annahme von Arbeitsgelegenheiten, die Absenkung der Regelsätze bei Pflichtverletzungen, die gesamte Einkommens- und Vermögensanrechnung und die permanente Zurücksetzung von „Hartz IV“-Empfängern gegenüber anderen – etwa beim Kindergeld, dessen Erhöhungen an die Bezieher der Grundsicherung nicht weitergegeben werden. In diesem allen liege ein elementarer Verstoß gegen Grundsätze der sozialen Gerechtigkeit.

Aufgabe:

S begibt sich zu Ihnen und erbittet eine verfassungsrechtliche Würdigung der von ihm beanstandeten Mängel. Bitte erstellen Sie ein Rechtsgutachten zu den von S angeschnittenen Fragen.

Gliederung

Lösung

I. Verfassungsmäßigkeit der Ausgestaltung der Bedarfssätze

Die Vorgaben in den §§ 20-22 SGB II zur Bemessung der Regelsätze könnten gegen das Grundrecht auf Gewährung eines menschenwürdigen Existenzminimums aus Art. 1 I GG i.V.m. dem Sozialstaatsprinzip (Art. 20 I GG) verstoßen. Dies ist der Fall, wenn die nach dem SGB II zu leistenden Zahlungen nicht hinreichen, um die grundlegenden Lebensbedürfnisse des Empfängers zu decken (1) und ihm ein Mindestmaß an Teilhabe am gesellschaftlichen Leben zu ermöglichen (2). Um beides festzustellen, ist die Bemessungsgrundlage für die Regelleistungen ihrerseits auf ihre Angemessenheit hin zu überprüfen (3).

1. Sicherung der physischen Existenz

Das BVerfG hat das Recht auf Existenzsicherung, welches durch Leistungen der Grundsicherung gewährleistet wird (§ 1 I SGB II) als in Art. 1 I i.V.m. Art. 20 I GG gründendes Menschenrecht anerkannt. Das verfassungsrechtlich garantierte Existenzminimum zahlenmäßig genau zu bestimmen, ist jedoch nicht zuletzt angesichts der beständigen Änderungen unterworfenen wirtschaftlichen Verhältnisse schwierig.[1] Einigkeit besteht darüber, dass die im Rahmen der sozialen Hilfe zu erbringenden Leistungen alle Auf- 26

1 BVerfGE 87, 153, 170 f.; 99, 246, 259 f.; 125, 175.

wendungen umfassen, die zur Sicherung der physischen Existenz des Anspruchsberechtigten erforderlich sind. Die Regelsätze sind demnach so bemessen, dass die daraus ermittelten Geldleistungen dem Leistungsempfänger zumindest die Beschaffung von Nahrung, Kleidung, Unterkunft, Körperpflege und medizinischer Versorgung ermöglichen.

Zwar sieht § 20 II SGB II i.V.m. § 8 RBEG einen monatlich zu zahlenden Betrag von lediglich 409,00 € als Regelleistung zur Sicherung des Lebensunterhalts für eine alleinstehende erwachsene Person vor. Die Grundsicherung für Arbeitsuchende umfasst aber auch die Kosten der Unterkunft und Heizung (§ 22 SGB II) sowie die Zahlung von Beiträgen für die Kranken-, Pflege- und Rentenversicherung (§ 26 SGB V). In dieser Gesamtheit dienen die Leistungen daher zumindest der physischen Existenzsicherung.[2]

2. Sicherung der Teilhabe am gesellschaftlichen Leben

27 Um die Empfänger von Leistungen der sozialen Hilfen vor Stigmatisierung und Ausgrenzung zu schützen, sind nach st. Rspr. über die Sicherung des bloßen Überlebens hinaus solche Mittel zu gewähren, die dem Einzelnen die Teilhabe am gesellschaftlichen Leben ermöglichen (soziokulturelles Existenzminimum).[3] Der Wortlaut des § 20 I 2 SGB II trägt diesem Anliegen Rechnung. Er statuiert ausdrücklich, dass die Regelleistungen „in vertretbarem Umfang auch Beziehungen zur Umwelt und eine Teilnahme am kulturellen Leben" sicherstellen.

3. Bedarfsermittlung und Bemessungsgrundlage der Regelleistung

28 Ob die Bedarfsermittlung tatsächlich möglich ist, mag im Einzelfall fraglich sein. Indes vermittelt das Sozialstaatsprinzip dem Einzelnen keinen konkreten Anspruch auf – namentlich ihrer Höhe nach – bestimmte Leistungen. Der Gesetzgeber hat einen Einschätzungs- und Gestaltungsspielraum bei der Ausgestaltung der Systeme sozialer Sicherung.[4] In grundrechtlich geschützte Positionen greift er nur ein, wenn er diesen in unverhältnismäßiger Weise überschreitet. Die Regelleistungen nach SGB II sind danach als angemessen einzustufen, wenn die Grundlage ihrer Bemessung und der daraus ermittelte Betrag klar und nachvollziehbar sind.

a) Einkommens- und Verbrauchsstichprobe

29 Gemäß §§ 20 V 2 SGB II, 28 III 4 SGB XII wird die Regelleistung auf der Grundlage der tatsächlichen, statistisch ermittelten Verbrauchsausgaben der Haushalte in den unteren 15% der Einkommensgruppen bemessen. Diese werden mit der Einkommens- und Verbrauchsstichprobe (EVS) erfasst. Die Orientierung der Regelsätze am Konsumverhalten der Beschäftigten unterer Einkommensgruppen ist verfassungsrechtlich nicht zu beanstanden. Denn dies vermittelt eine realitätsnahe Datengrundlage zur Bestimmung des dem Konsumbedarf entsprechenden Existenzminimums. Auch der Rückgriff auf das

2 BSGE 97, 265, 275 f.; BSG SGb 2010, 367.
3 BVerwGE 87, 212, 214 f.; BVerfGE 91, 156; dies gelte auch für die Bindung der Anpassung der Bedarfssätze an die Entwicklung der Renten: BSGE 100, 83.
4 BVerfGE 99, 165, 178; 106, 166, 175 f.

unterste Einkommenssegment als Referenzgruppe ist zulässig, liegen deren Einkünfte doch über der Sozialhilfeschwelle, ohne diese so weit zu überschreiten, dass das Konsumverhalten nicht mehr vergleichbar wäre.[5]

b) Lohnabstandsgebot

Indes liegt die Regelleistung nach § 20 SGB II unter den in der EVS ermittelten Ausgaben der unteren Einkommensgruppen. Sie werden nur zu einem Prozentsatz berücksichtigt, der nach Auffassung des Gesetzgebers den „regelleistungsrelevanten Verbrauch" widerspiegelt. Solche Abschläge sind zulässig, soweit sie sachlich gerechtfertigt sind.[6] **30**

Eine Rechtfertigung könnte sich aus dem Lohnabstandsgebot ergeben. Danach darf das Grundsicherungsniveau nicht höher sein als die auf dem Arbeitsmarkt vorhandene, am geringsten bezahlte Vollzeiterwerbstätigkeit Ertrag abwirft. Ob das Lohnabstandsprinzip im SGB II gilt, ist jedoch umstritten.[7] Teilweise wird es mit der Begründung für überholt erachtet, dass Niedriglöhne ganz allgemein und grundsätzlich durch Sozialleistungen aufzustocken seien. Nach anderer Auffassung sei dessen Einhaltung unerlässlich, da andernfalls für Arbeitsuchende kein hinreichender Anreiz zur Aufnahme einer entgeltlichen Tätigkeit bestünde.

Das Lohnabstandsgebot ist im europäischen Sozialmodell angelegt. Denn in einer Arbeitsgesellschaft hat der Sozialstaat die Hilfe für Arbeitsuchende und eine existenzsichernde Arbeit zu gewährleisten, darf aber nicht den permanenten Lohnzuschuss für niedrig Entlohnte vorsehen. Andernfalls wirkte das Sozialleistungsrecht als Subventionsrecht für niedrige Löhne. Dies wäre im Binnenmarkt unstatthaft. Jede als Sozialleistung getarnte Subvention von Niedriglöhnen stellt auch eine europarechtswidrige Beihilfe i.S.v. Art. 107 AEUV dar, so dass eine solche Politik schon aus diesem Grund jedenfalls in der EU nicht betrieben werden dürfte. **31**

Es ist daher gerechtfertigt, wenn ein Grundsicherungsempfänger weniger konsumieren kann als die untersten 15% der Einkommensbezieher. Dass der Arbeitsmarkt immer mehr von geringfügigen Beschäftigungen und starken Einkommenseinbußen in der Bevölkerung geprägt wird, ist in diesem Zusammenhang von Bedeutung.[8] Die durchschnittlich geleisteten Zahlungen an Grundsicherungsempfänger belaufen sich einschließlich der Kosten für Unterkunft und Heizung sowie der Beiträge zur Sozialversicherung bei Alleinstehenden auf 628,00 €, bei Paaren ohne Kinder auf 773,00 €, bei Alleinerziehenden auf 838,00 € und bei Paaren mit Kindern auf 1.142,00 €.[9] Das durchschnittliche Nettoeinkommen pro Kopf beläuft sich in Deutschland demgegenüber auf 836,56 €.[10] Insgesamt liegen die Leistungen für erwachsene Hilfebedürftige damit auf

5 BVerfGE 125, 175, 234 f.; so bereits BVerwGE 94, 326 für die Bemessung der Regelsätze nach dem BSHG.
6 BVerfGE 125, 175, 238 f.
7 Ausführlich *Bieritz-Harder*.
8 ESGE 97, 265, 278; LSG Berlin-Brandenburg, Urt. v. 9.7.2008 (L 29 AS 520/06), Rn. 46.
9 Bundesagentur für Arbeit, Grundsicherung für Arbeitsuchende in Zahlen, März 2017, https://statistik.arbeitsagentur.de/Statistikdaten/Detail/201703/iiia7/grusi-in-zahlen/grusi-in-zahlen-d-0-201703-pdf.pdf (Stand: 2016).
10 Statistisches Bundesamt, Fachserie 18, Reihe 1.4, Volkswirtschaftliche Gesamtrechnungen, Inlandsberechnung, Detaillierte Jahresergebnisse, Wiesbaden 2016, S. 51 (Stand: 2015).

dem Niveau der Armutsschwelle, die nach der Skala der OECD[11] bei 60% des Medianeinkommens[12] liegt. Das Lohnabstandsprinzip ist im Ergebnis gewahrt.

32 Zwar hat der Gesetzgeber einen weiten Spielraum bei der Berechnung der Regelbedarfe. Er darf diese jedoch nicht freihändig bestimmen, sondern muss sie in einem transparenten Verfahren anhand valider Daten nachvollziehbar herleiten. Vor diesem Hintergrund begegnet die Höhe des vom Gesetzgeber vorgesehenen Abschlags von den Einkünften des unteren Einkommenssegments Bedenken, denn sie ist nicht schlüssig belegt. Es ist nicht plausibel, weshalb gerade die unteren 15% der Einpersonenhaushalte als Referenzgruppe herangezogen werden.[13] Ferner werden Ausgaben für bestimmte Güter, beispielsweise Alkohol oder Tabak, als „nicht regelsatzrelevant" bei der Ermittlung der Regelbedarfe nicht berücksichtigt, wiewohl sie in den unteren Einkommensgruppen effektiv getätigt werden. Das Rechenmodell vermengt also empirische und normative Annahmen (so genanntes „Warenkorbmodell") auf methodisch fragwürdige Weise. Die Regelbedarfe mögen zwar nicht weiterhin auf einer „Schätzung ins Blaue"[14] beruhen, werden aber nicht auf Tatsachen – etwa ein im Vergleich zu den unteren 15% abzuweichendes Konsumverhalten – gestützt. Die Regelbedarfe sind daher nicht nachvollziehbar aus der EVS abgeleitet und damit nicht in verfassungsmäßiger Weise bestimmt.[15]

c) Abschläge für den Lebensbedarf von Kindern

33 Gemäß § 23 I Nr. 1 SGB II i.V.m. § 8 RBEG erhalten Kinder mit dem Sozialgeld bis zur Vollendung des sechsten Lebensjahres 236,00 €, bis zur Vollendung des 14. Lebensjahres 291,00 € und im 15. Lebensjahr 311,00 €. Nach § 28 SGB II werden zusätzlich Bedarfe für Bildung und Teilhabe gewährt, um insofern die besonderen Bedarfe von Kindern, Jugendlichen und jungen Erwachsenen zu decken. Erbracht werden nach § 28 II SGB II die tatsächlichen Aufwendungen für Schulausflüge und Klassenfahrten. Ferner werden pro Schuljahr insgesamt 100,00 € für die Ausstattung mit persönlichem Schulbedarf (§ 28 III SGB II), die Mehraufwendungen für das Mittagessen in der Schule (§ 28 VI SGB II) sowie monatlich 10,00 € für die Teilhabe am sozialen und kulturellen Leben, etwa in Sportvereinen oder Musikschulen (§ 28 VII SGB II) geleistet. Die Leistungserbringung erfolgt gemäß § 29 SGB II vor allem durch Sachleistungen, etwa personalisierte Gutscheine oder durch direkte Überweisung vom Grundsicherungsträger an die Anbieter von Teilhabeleistungen.

Der Gesetzgeber hat zwar die Höhe des Sozialgeldes für Kinder nunmehr gesondert entsprechend ihrer tatsächlichen Bedarfe bestimmt und sieht diese nicht länger als „kleine

---

11 Ausführlich *Förster*.

12 Der Median bezeichnet das mittlere Einkommen und markiert die Grenze, ab der die Zahl der Bezieher niedrigerer Einkommen genauso hoch ist wie die Zahl der Bezieher höherer Einkommen. In Deutschland beläuft sich das Medianeinkommen auf ca. 1.500 Euro, das Durchschnittseinkommen demgegenüber auf ca. 3.500 Euro.

13 Bevor das BVerfG die Regelsätze als verfassungswidrig eingestuft hatte, wurden diese noch auf der Basis des unteren Quintils, d.h. der unteren 20% ermittelt. Eine Begründung für die Umstellung auf die unteren 15% gibt der Gesetzgeber nicht, vgl. BT-Drs. 17/3404, S. 89.

14 BVerfGE 125, 175, 238.

15 Anders aber BSGE 111, 211: Der Gesetzgeber bewege sich „noch (!) im Rahmen seines Gestaltungsspielraums". Die hiergegen gerichtete Verfassungsbeschwerde wurde nicht zur Entscheidung angenommen, BVerfG, 20.11.2012, Az. 1 BvR 2203/12.

Erwachsene"[16] an. Die empirische und methodische Rechtfertigung des Gesetzgebers bleibt jedoch intransparent und beschränkt sich vor allem auf Behauptungen.[17] Auch der Modus der Leistungserbringung ist bedenklich. Der Gehalt der Menschenwürdegarantie in Art. 1 I GG i.V.m. dem Sozialstaatsprinzip aus Art. 20 I GG fordert unter anderem die freie Verwendung der Leistungen der sozialen Hilfen durch den Empfänger.[18] Die Ausgabe von Gutscheinen lässt diese freie Verwendung nur in eingeschränktem Maße zu. Sachleistungen müssen zudem so bemessen sein, dass auch sie den tatsächlichen Bedarf decken.[19] Ein monatlicher Betrag von lediglich 10,00 € zur Förderung der kulturellen und sportlichen Bildung von Kindern und Jugendlichen scheint angesichts dessen unzureichend. Schließlich wirken Direktüberweisungen vom Grundsicherungsträger an die Anbieter stigmatisierend, ist für den Betreiber einer Musikschule oder eines Sportvereins damit doch unmittelbar ersichtlich, welche Kinder nicht über hinreichende Mittel zum Lebensunterhalt verfügen. Sie werden als Empfänger des so genannten Bildungs- und Teilhabepakets damit unmittelbar erkennbar. Nach alldem ist die mit dem Regelbedarfsermittlungsgesetz[20] erfolgte Neuregelung der Grundsicherungsleistungen für Kinder und Jugendliche nicht mit dem Grundgesetz vereinbar.[21]

4. Zulässigkeit der Pauschalierung von Sonderbedarfen

Bei der verfassungsrechtlichen Bewertung der Regelleistungen stellt sich weiterhin die Frage, inwieweit bei der Leistungsgewährung die Typisierung, d.h. das Absehen von individuellen Eigenheiten gehen kann. Nach § 21 SGB II dürfen außerhalb der Regelsätze zusätzliche Bedarfe nur in den ausdrücklich im Gesetz genannten Fällen vom Grundsicherungsträger geleistet werden. Diese beziehen sich auf den zusätzlichen Bedarf von Schwangeren (Abs. 2), Alleinerziehenden (Abs. 3), behinderten erwerbsfähigen Leistungsberechtigten (Abs. 4) oder Personen, die aus medizinischen Gründen einer besonderen Ernährung bedürfen (Abs. 5). Nach § 24 III SGB II werden ferner die Erstausstattung für die Wohnung, die Erstausstattung und Bekleidung bei Schwangerschaft und Geburt sowie die Kosten für die Anschaffung oder Reparatur von orthopädischen Schuhen, die Reparatur von therapeutischen Geräten und Ausrüstungen sowie für die Miete von therapeutischen Geräten außerhalb der Regelleistung erbracht. Diese Pauschalierung könnte ebenfalls der Garantie einer menschenwürdigen Existenz aus Art. 1 I, 20 I GG zuwiderlaufen. Dieser Anspruch wird durch den Individualisierungsgrundsatz (§§ 3 I SGB II, 9 I SGB XII) verwirklicht. 34

Der typische, zur Sicherung der Existenz notwendige Bedarf kann im Rahmen der sozialen Hilfen zulässigerweise durch pauschalierte Festbeträge gedeckt werden.[22] Aus diesen Regelleistungen haben die Leistungsberechtigten Ersparnisse zu bilden, mit denen sie einmalige, unregelmäßig entstehende Mehrbedarfe – beispielsweise die Ersatzbe- 35

16 BT-Drs. 17/3404, S. 42.

17 Vgl. BT-Drs. 17/3404, S. 43.

18 BVerfGE 125, 175, 213 („interner Ausgleich").

19 BVerfG, NVwZ 2012, 1024, 1031; LSG NRW – 2.7.2013 – L 10 AY 138/12 B.

20 Gesetz zur Ermittlung von Regelbedarfen und zur Änderung des SGB II und SGB XII v. 24.3.2011, BGBl. I S. 453.

21 Anders aber BSG, SozR 4-4200 § 20 Nr. 18.

22 BVerfGE 87, 234, 255; 100, 59, 90.

schaffung defekter Haushaltsgeräte – finanzieren können.[23] Ist die Finanzierung solcher unvorhergesehener Bedarfe nicht möglich, kann der Grundsicherungsträger gemäß § 24 I SGB II ein Darlehen gewähren, um den Leistungsbeziehern die Anschaffung zu ermöglichen.

Das SGB II berücksichtigt indes nicht atypische Bedarfslagen, die nicht nur unregelmäßig, sondern laufend auftreten. Diese werden von den Regelleistungen nicht erfasst, da sie über den durchschnittlichen, in der EVS ermittelten Bedarf hinausgehen. Über die Darlehensgewährung nach § 24 I SGB II können sie ebenfalls nicht gedeckt werden, bezieht sich diese doch nur auf einmalige, zumindest aber unregelmäßig notwendige Mehraufwendungen. Sind diese dauernden Sonderbedarfe so erheblich, dass sie mit den Leistungen der Grundsicherung nicht finanziert werden können, vermag diese im Einzelfall keine existenzsichernde Funktion zu entfalten. Die Abgrenzung ist angesichts der Allgemeinheit und Abstraktheit des Maßstabs einerseits und der Komplexität der Sachverhaltsgestaltungen andererseits sehr schwer. Das BSG hat die Anerkennung laufender Sonderbedarfe im Hinblick auf die Abgeltungsfähigkeit der Kosten des Umgangsrechts mit dem getrenntlebenden Kind[24] und der Berücksichtigung des krankheitsbedingten Mehrbedarfs gefordert.[25] Nicht zu beanstanden sei dagegen, dass Grundsicherungsempfänger Zuzahlungen von 3,45 € monatlich bei Inanspruchnahme von Krankheitsleistungen aufwenden müssen;[26] dasselbe gilt für die Abgeltung der Kosten für mehrtägige Klassenfahrten.[27]

Das BVerfG hat dem Gesetzgeber daher eine Neuregelung insofern aufgegeben, als er Leistungen für ganz atypische und die Menschenwürde (Art. 1 I GG) beeinträchtigende Härtefälle berücksichtigen und den Beziehern der Grundsicherung einen zusätzlichen Leistungsanspruch einräumen müsse.[28] Die Standardisierung von Leistungen der Grundsicherung ohne Rücksichtnahme auf jeden individuellen Schicksalsschlag ist daher mit der in Art. 1 I GG verankerten Menschenwürdegarantie nicht zu vereinbaren. Als Reaktion auf die BVerfG-Entscheidung wurden die Abs. 6 und 7 neu in den § 21 SGB III eingefügt.

II. Verfassungsmäßigkeit der Pflicht zur Wahrnehmung von Arbeitsgelegenheiten

36 Gemäß § 16d SGB II sollen Arbeitsgelegenheiten („1-€-Jobs") für erwerbsfähige Leistungsberechtigte geschaffen werden, die auf dem regulären Arbeitsmarkt keine Beschäftigung finden. Verweigert ein Grundsicherungsempfänger die Wahrnehmung einer solchen Arbeitsgelegenheit, wird die Regelleistung nach §§ 31 I 1 Nr. 2, 31a I SGB II um 30% abgesenkt, sofern kein wichtiger Grund hierfür gegeben ist.

Der Übergang von der einseitig gewährenden zu der durch Gegenleistung in Gestalt von Arbeit, Arbeitsbereitschaft oder Übernahme zumutbarer Qualifikationsanforderungen bedingten Sozialleistung könnte als ungesetzlicher Arbeitszwang nach Art. 12 II GG an-

23 BVerfG, NJW 2010, 505, 509.
24 BSGE 97, 242.
25 BSGE 100, 83.
26 BSGE 100, 221.
27 BSGE 102, 68.
28 BVerfGE 125, 175, 254 f.

zusehen sein. Auch im Rahmen von Art. 4 II EMRK wird Zwangsarbeit als Menschenrechtsverletzung geächtet.

1. Begriff des Arbeitszwangs

Unter Arbeitszwang ist die hoheitliche Androhung von Strafen oder anderen Nachteilen zu verstehen, um eine Person zu einer bestimmten Tätigkeit zu veranlassen.[29] Das Verbot der Zwangsarbeit zielt auf Betätigungen, in denen der Arbeitende nicht als Mensch und Rechtssubjekt anerkannt, sondern als Sklave ohne eigene Rechte oder Sträfling in Konzentrations-, Arbeits- und Straflagern der Entwürdigung ausgesetzt wird. **37**

2. Zulässige Einschränkung von Art. 12 II GG

Das Recht auf Verschonung von Arbeitszwang gilt indes nicht unbeschränkt. Nach Art. 12 II GG ist die Heranziehung zu Tätigkeiten „im Rahmen einer herkömmlichen allgemeinen, für alle gleichen öffentlichen Dienstleistungspflicht" zulässig. **38**

Als öffentliche Dienstleistung gelten alle Tätigkeiten, die zum Nutzen eines Gemeinwesens erbracht werden und die keine bloße Geld- oder Sachleistung darstellen.[30] Dies gilt namentlich für den Militär- und Zivildienst und Arbeiten in Strafanstalten (Art. 12 III GG).[31] Ebenso wird die Auferlegung von Arbeit im öffentlichen Interesse als Deichhelfer, Volkszähler[32] sowie als Sanktion für strafbares Verhalten im Rahmen der erzieherischen Hilfen[33] als statthaft angesehen. Unter „Zwangsarbeit" fällt danach nur die „Inanspruchnahme der Arbeitskraft eines Menschen für grundsätzlich unbegrenzte Tätigkeiten ..., wenn die gesamte Arbeitskraft des Betroffenen vom Staat über eine erhebliche Zeit hinaus beansprucht wird".[34] Keine Zwangsarbeit seien dagegen die öffentlichen Hand- und Spanndienste, die allgemein ähnlich bei Nothilfe und Feuerwehr oder Arbeitspflichten bei Strafe bestünden.[35]

In der Rechtsprechung zur Gewährung von Sozialhilfe an Arbeitsfähige gegen Arbeitsgelegenheit betonte das BVerwG,[36] dass die öffentliche Hilfe als Hilfe zur Selbsthilfe ausgestaltet sei. Wenn also Arbeitsvermittlung, Schutz durch Arbeit oder ein Arbeitsplatz die Basis der Einkommenserzielung schaffe, so liege in solcher Befähigung ein Beitrag jedes Einzelnen zur Teilhabe am Erwerbsleben. Somit ist schon der Schutzbereich des Art. 12 II GG nicht eröffnet. **39**

Auch die Rechtsprechung des EGMR[37] spiegelt diese Auffassung wider. In dem Streitfall hatte sich der arbeitslose und Unterstützung beziehende Beschwerdeführer gegenüber der Verwaltung darauf festgelegt, nur als unabhängiger Wissenschaftler und

29 *Wieland*, in: *Dreier*, Art. 12 GG Rn. 54.
30 *Wieland*, in: *Dreier*, Art. 12 GG Rn. 89.
31 BVerfGE 98, 169, 205 f.
32 *Wieland*, in: *Dreier*, Art. 12 GG Rn. 77.
33 BVerfGE 74, 102, 122; 83, 119, 126; *Gusy*, JuS 1989, 710, 712 ff.
34 *Wieland*, in: *Dreier*, Art. 12 GG Rn. 78.
35 *Wieland*, in: *Dreier*, Art. 12 GG Rn. 90 f.
36 BVerwGE 23, 149, 156; 27, 58, 63; 29, 99.
37 EGMR Nr. 30300/96 v. 26.2.1997; Talmon vs. Netherlands; ähnlich die Rechtsprechung in den USA: William Brogan vs. San Mateo County, 901 f. 2d 762 v. 18.4.1990.

Sozialkritiker tätig werden zu wollen. Nachdem die Arbeitsverwaltung deshalb wegen fehlender Mitwirkung die Leistung versagte, wurde die gegen die niederländische Arbeitsverwaltung erhobene Menschenrechtsbeschwerde gegen Leistungskürzungen vom EGMR nicht als Beeinträchtigung des Verbots der Zwangsarbeit angesehen. Denn auch arbeitsfähige Arbeitslose schuldeten Arbeit zur Abwendung der eigenen Notlage.

40 Wird wegen unterlassener Mitwirkung die Hilfe gekürzt, so äußert sich darin zwar die anspruchsbegrenzende Seite von Fördern und Fordern. Die Kürzung geschieht aber aus der Erwägung, dass die Fürsorge auch verhindern muss, dass sich der Einzelne auf Dauer in der Sozialhilfe einrichtet.[38] Jede Hilfe bei Bedürftigkeit muss bei Arbeitsfähigen primär deren Reintegration in die Arbeitsgesellschaft bezwecken. Die Knüpfung von Sozialleistungen an die Bereitschaft zur Arbeitsintegration verletzt also nicht das Verbot der Zwangsarbeit, sondern bekräftigt das Prinzip, dass alle Hilfe in erster Hilfe zur Selbsthilfe ist. Der mit der Sanktionierung verfolgte Zweck der Aktivierung ist danach legitim. Art. 12 II GG ist nicht verletzt.

III. Verfassungsmäßigkeit des Sanktionssystems

Die Sanktionsregelung könnte gleichwohl verfassungswidrig sein, wenn der um 30% geminderte Regelsatz das nach Art. 1 I, 20 I GG zu gewährleistende Existenzminimum nicht deckt. Der Minderungszeitraum beläuft sich nach § 31b I SGB II auf drei Monate. Während dieser Zeit besteht kein Anspruch auf ergänzende Leistungen der Sozialhilfe nach dem SGB XII, § 31b II SGB II.

1. Schutzbereich des Grundrechts auf Sicherung einer menschenwürdigen Existenz, Art. 1, 20 I GG

41 Der Gesetzgeber verfügt über einen weiten Spielraum bei der Ausgestaltung der Systeme sozialer Sicherheit. Dabei ist er jedoch an die Grundrechte gebunden. Nach der gefestigten Rechtsprechung des BVerfG sind existenzsichernde Leistungen strikt an den Bedarfen auszurichten. Diese seien jederzeit und in vollem Umfang zu decken. Die vorübergehende Absenkung des Regelbedarfs aus § 20 I SGB II lässt darauf schließen, dass nicht alle Bedarfe gedeckt werden, wenn der Leistungsberechtigte eine Pflichtverletzung begangen hat. Dies deutet auf eine Verletzung des Grundrechts auf menschenwürdige Existenz hin, gestattet dieses aufgrund der Unverfügbarkeit der Menschenwürde doch keinerlei Eingriffe und ermöglicht folglich auch keinerlei Rechtfertigung für ein vorübergehendes Absehen von der Existenzsicherung.

Zwar wird vertreten, das in Art. 1 I, 20 I GG verbürgte Recht auf Sicherung einer menschenwürdigen Existenz bestehe nicht bedingungslos, sondern setze die Mitwirkung des Leistungsberechtigten, gleichsam in einem Gegenseitigkeitsverhältnis, voraus.[39] Nur wer zur Selbsthilfe nicht imstande ist, etwa weil er seine Arbeitskraft nicht nutzen

---

38 *Rothkegel*, Menschenwürde und Sozialhilfe, in: *Berlit u.a.*, Existenzsicherungsrecht, 2013, III, 1-18; *Eichenhofer*, Recht des aktivierenden Wohlfahrtsstaats, 142.

39 *Burkiczak*, SGb 2012, 324, 325; *Berlit*, info also 2011, 53, 54 f.; *Luthe*, SGb 2006, 637, 641; *Breitkreuz/ Wolff-Dellen*, SGb 2006, 206 210: „Strenge ist nicht verboten"; *Berlit*, in: *Berlit* u.a., Existenzsicherungsrecht, § 23, Rn. 11.

kann, um seinen Lebensunterhalt zu verdienen, erhält Leistungen nach dem SGB II: Der Anspruch auf Grundsicherung für Arbeitsuchende ist von vornherein an die Aktivität der Berechtigten gekoppelt.[40] Der Einzelne soll aktiv dazu beitragen, die Hilfebedürftigkeit zu beenden, wird dabei jedoch im Gegenzug durch die Leistungsträger nach Maßgabe der §§ 14 ff. SGB II gefördert. Überdies könnten die Leistungsberechtigten selbst beeinflussen, ob eine Sanktion verhängt wird, indem sie sich regelkonform verhalten bzw. sich den aktivierenden Maßnahmen nur bei Vorliegen eines wichtigen Grundes nach § 31 I 2 SGB II verweigern. Schließlich werde das zur Sicherung einer menschenwürdigen Existenz Notwendige im Wege der ergänzenden Gewährung von Sachleistungen (§ 31a III SGB II) sichergestellt, zumal der Sanktionszeitraum befristet ist. Ein Eingriff in das Recht auf Existenzsicherung liege daher nicht vor.[41]

Der Gegenseitigkeitsbezug des Grundsicherungsanspruchs wird mit dem Argument abgelehnt, dass damit die Verantwortung für die Beseitigung der Hilfebedürftigkeit den Leistungsberechtigten zugewiesen würde, ohne die strukturellen Ursachen von Arbeitslosigkeit hinreichend zu würdigen.[42] Systemwidrig sei zudem, dass die mangelnde Mitwirkung bei aktivierenden Maßnahmen eine Sanktionierung im Rahmen der Pflichtleistungen nach sich zieht.[43]

2. Folgerungen

Erwerbsfähige Leistungsberechtigte haben ihren Lebens- und Teilhabebedarf während der Sanktionsphase mit Mitteln zu decken, die unter dem nach der EVS erforderlichen Maß liegen. Die Erbringung ergänzender Sachleistungen oder geldwerter Leistungen in angemessenem Umfang ist zudem nicht generell vorgesehen, sondern kommt lediglich bei einer Minderung der Regelleistung um mehr als 30% – also bei wiederholten Pflichtverletzungen – in Betracht. Dem Träger ist dabei ein Ermessen sowohl hinsichtlich des „Ob" als auch des Umfangs der Gewährung („Angemessenheit") ergänzender Leistungen eingeräumt. **42**

Das Sanktionssystem bewirkt damit die Gefahr sozialer Ausgrenzung, wenn der Lebensunterhalt – und sei es nur vorübergehend – nicht in vollem Umfang bestritten werden kann. Die Gewährung von Gutscheinen oder Sachleistungen tangiert die Entscheidungsfreiheit des Leistungsberechtigten über seine Lebensführung.[44] Zwar soll mit der Absenkung der Regelleistung der Leistungsberechtigte zur Mitwirkung an der Beendigung seiner Hilfebedürftigkeit veranlasst werden. Dies geschieht jedoch um den Preis der unzureichenden Bedarfsdeckung. Das BVerfG hat jedoch seit Langem klargestellt, dass

---

40 *Berlit*, info also 2013, 195, 201; *Eichenhofer*, Recht des aktivierenden Wohlfahrtsstaats, S. 72 f.; *v. Koppenfels-Spies*, NZS 2011, 1, 3.

41 BT-Drs. 17/11459, S. 5 f.; BSG, NJW 2011, 2073, 2077; *Luthe*, SGb 2006, 637, 645 f.; *Wunder/Diehm*, SozSich 2006, 195 („gerade noch verfassungsmäßig"); *Davilla*, SGb 2010, 557, 559; *Burkiczak*, SGb 2012, 324. Ablehnend dagegen *Berlit*, SozSich 2010, 124; *Riehle*, ZFSH/SGB 2010, 462; *Berlit*, info also 2013, 195; *Nescovic/Erdem*, SGb 2012, 326; *Eikötter*, NDV 2013, 15 ff.; *Rogge*, NDV 2013, 289 ff.; *Drohsel*, NZS 2014, 96, 100 f.

42 *Spellbrink*, NZS 2010, 649, 652.

43 *Blank*, Soziale Rechte 1998 – 2005, S. 136 f.

44 BVerfGE 125, 175, 213; BVerfG, NVwZ 2012, 1024, 1031.

kein vermeintlich „unwürdiges Verhalten" dazu führen kann, den Achtungsanspruch des Einzelnen aus Art. 1 I GG zu mindern.[45]

Die Regelung in §§ 31a, 31b SGB II ist schematisch. Eine Differenzierung nach leichten oder schweren Pflichtverletzungen erfolgt nicht – weder im Hinblick auf das Maß, noch auf die Dauer der Sanktionierung. Das Gebot der Verhältnismäßigkeit (Art. 20 I GG: Rechtsstaatsprinzip) ist folglich nicht gewahrt.[46] Die in §§ 31 I 1 Nr. 2, 31a I SGB II statuierte Sanktion im Falle der Ablehnung eines „1-€-Jobs" ist daher verfassungswidrig.

IV. Verfassungsmäßigkeit der Anrechnung von Einkommen und Vermögen

43 Anspruchsvoraussetzung für den Bezug der Grundsicherung für Arbeitsuchende ist die Hilfebedürftigkeit des Erwerbsfähigen. Diese ist nach § 9 I SGB II nicht gegeben, wenn dieser aus eigenem Einkommen oder Vermögen seinen Lebensbedarf bestreiten kann. Gemäß § 11b II, III SGB II ist Arbeitseinkommen jenseits eines Betrages von 100,00 € monatlich grundsätzlich auf die Regelleistung anzurechnen. Als Einkommen gelten auch andere Sozialleistungen, die der Grundsicherungsempfänger bezieht. Die Vermögensanrechnung ist in dem in § 12 SGB II vorgesehenen Umfang angeordnet. Diese Anrechnung könnte das Grundrecht der Eigentumsfreiheit aus Art. 14 I GG verletzen. Danach sind Eingriffe nur durch Gesetz zum Wohle der Allgemeinheit und nur in angemessenem Umfang zulässig.

1. Eingriff in Art. 14 I GG

44 Ein Eingriff in das grundrechtlich geschützte Eigentum liegt vor, wenn der Einzelne am freien Erwerb sowie der freien Nutzung und Verwertung seines Vermögens gehindert wird.[47] Durch die Anrechnung von Einkommen und Vermögen wird den Beziehern der Grundsicherung für Arbeitsuchende die Verfügungsmacht über ihre eigentumsrechtlichen Positionen entzogen.

Die Anrechnung von Arbeitseinkommen, soweit es den Betrag von 100,00 € monatlich übersteigt, soll Prämien auf Erwerbstätigkeit vergeben und damit verhindern, dass Leistungsberechtigte auch bescheidene (einen Ertrag von unter 100,00 € einbringende) Schritte zur Reintegration in den Arbeitsmarkt unterlassen. In diesem Zusammenhang gehören die Fragen: Ist erbetteltes oder durch Ferienarbeit der Kinder von Grundsicherungsempfängern verdientes Geld leistungsmindernd zu berücksichtigen? Die Antwort lautet ja, im ersten Fall, weil sich schon historisch Sozialhilfebezug und Betteln ausschlossen, und im zweiten Fall, weil das Erwerbseinkommen von Kindern der Bedarfsgemeinschaft[48] ebenso zu berücksichtigen ist wie das von Erwachsenen – und die Grundsätze über den anrechnungsfreien Vermögenstransfer (dies gilt z.B. für Konfirmationsgeschenke) nicht auf Einkommenstransfers zu erstrecken ist. Die Grundsicherung für Arbeitsuchende ist ein Sozialleistungssystem der Arbeitsgesellschaft: Einkommen,

45 BVerfGE 64, 261, 284; 72, 105, 113; *Herdegen*, in: *Maunz/Dürig*, GG, Art. 1, Rn. 53; *Dreier*, in: *Dreier*, GG, Art. 1, Rn. 46.

46 *Neskovic/Erdem*, SGb 2012, 134, 140; *Richers/Köpp*, DÖV 2010, 997; *Lauterbach*, ZFSH/SGB 2011, 584; *Eichenhofer*, Recht des aktivierenden Wohlfahrtsstaates, 146 ff.

47 BVerfGE 115, 97, 110; 123, 186, 258.

48 BSGE 97, 211.

das für nichthilfebedürftige Erwerbstätige mit Steuern belegt wird, wird für Leistungsberechtigte mit Sozialleistungskürzungen bedacht. Diese sind das Funktionsäquivalent für jene.

Das Kindergeld, das S für seine beiden Kinder T und U bezieht, gilt ebenfalls als Einkommen (§ 11 I SGB II). Die nach § 62 EStG gewährte Leistung der Familienförderung[49] soll die aus der Erziehung von Kindern resultierende wirtschaftliche Belastung ausgleichen und dient damit der Sicherung des Lebensunterhalts von Familien.[50] Die Grundsicherung für Arbeitsuchende soll eine menschenwürdige Existenz sichern. Zum Leistungsbezug sind daher nur Bedürftige berechtigt, die ihren Lebensunterhalt nicht aus eigener Kraft decken können. Die Anrechnung von Einkommen – sei es erzielt durch Erwerbstätigkeit oder andere, nicht subsidiäre Sozialleistungen wie das Kindergeld – ist vor diesem Hintergrund gerechtfertigt. **45**

Mit dem Kindergeld wird der aus der Betreuung, Erziehung und Ausbildung der Kinder erwachsende Bedarf gedeckt. Die Tatsache, dass steuerpflichtige Personen über die im Einkommensteuerrecht verankerten Kinderfreibeträge nach §§ 31 S. 1, 32 VI EStG in höherem Maße von staatlicher Förderung profitieren als nicht steuerpflichtige, vermag hieran nichts zu ändern. Denn weder das Sozialstaatsprinzip aus Art. 20 I GG noch die Garantie der Menschenwürde aus Art. 1 I GG verpflichten den Gesetzgeber, Steuerpflichtigen und nicht Steuerpflichtigen wertmäßig die gleichen Vergünstigungen zu gewähren. Denn die steuerrechtliche Vergünstigung trägt dem Umstand Rechnung, dass das Einkommen des Steuerpflichtigen für den Unterhalt des Kindes verwendet wird. Entsprechende Unterhaltspflichten haben die Mitglieder einer Bedarfsgemeinschaft untereinander nicht. Denn jedes Mitglied erhält individuell und gesondert Leistungen der Grundsicherung, mit der es seinen Lebensbedarf bestreiten kann.[51] Die Anrechnung des Kindergeldes auf den nach SGB II zu leistenden Regelsatz ist daher nicht zu beanstanden.[52]

Beim Vermögen ist die Anrechnung differenzierter geregelt, je danach, ob das Vermögen wie das Haus, eine Riester-Rente oder ein Auto das gegenwärtige oder künftige Dasein sichert oder ob der Hilfeempfänger legitimerweise auf die Vermögensverwertung verwiesen werden kann. Dies hält der Gesetzgeber nach § 12 II 1 SGB II jenseits eines Notgroschens von 150,00 € pro Lebensjahr und eines der Alterssicherung dienenden Guthabens von 750,00 € pro Lebensjahr für statthaft. Das Eigentum am Haus[53] (§ 12 III SGB II), der Riester-Vertrag und das bescheidene Auto (wobei die Maßstäbe im Autoland Deutschland eher großzügig erscheinen)[54] sind dagegen grundsätzlich nicht zu berücksichtigen, weil dadurch der Umfang der Hilfe vermindert würde. Auch eine Sterbegeldversicherung wurde als Schonvermögen anerkannt,[55] ferner kann die Verwertung einer Lebensversicherung als Quelle der Alterssicherung ein Härtefall sein. Eine Erwar- **46**

49 BVerwGE 114, 339, 340; BFHE 238, 315.
50 BVerwG, NVwZ 1986, 382, 382; so auch BVerfG, SozR 4-4200 § 11 Nr. 32.
51 BVerfG, NJW 2010, 505, 510.
52 BVerfG, SozR 4-4200 § 11 Nr. 32.
53 BSGE 100, 186; BSG SozR 4-4200 § 22 Nr. 44.
54 BSGE 99, 77; BSG, Urt. v. 20.8.2009 (B 14 AS 41/08 R) – PKW bis 7.500 € Wert.
55 BSGE 100, 131; zur Wirtschaftlichkeit der Verwertung einer Lebensversicherung BSGE 100, 196; 103, 146.

tung, das eigene Schonvermögen für die Ehefrau zu verwerten, besteht nicht.[56] Das BSG[57] hat daraus die Folgerung gezogen, dass auch die Eigenheimzulage unter das anrechenbare Schonvermögen falle, weil sie der Finanzierung eines Eigenheims diene. Das Gericht sieht daher auch die Übernahme von Schulden des Hilfeempfängers in Höhe der maximalen Wohnkosten zur Tilgung von Darlehen für den Grunderwerb als förderungsfähig an.[58]

2. Rechtfertigung des Eingriffs

Die in §§ 11, 12 SGB II – einem förmlichen Gesetz – angeordnete Anrechnung von Einkommen und Vermögen auf die Leistungen der Grundsicherung könnte durch überragende Interessen der Allgemeinheit gerechtfertigt sein.

47 Die Eigentumsgarantie des Art. 14 I GG verpflichtet den Staat nicht, den Eigentümer vor Inanspruchnahme seines Einkommens oder Vermögens zur Lebensführung generell zu verschonen. Sie soll ihn lediglich vor der staatlichen Fremdbestimmung beim Güter- und Vermögensverbrauch bewahren, hat ihn aber nicht davor zu schützen, dass sein Einkommen[59] oder Vermögen jemals zur Finanzierung der eigenen Lebensführung herangezogen werden.

Die Leistungen der sozialen Hilfen sind subsidiär, zunächst gegenüber derjenigen durch andere Sozialleistungsträger,[60] sodann gegenüber vorrangig einstandspflichtigen Privaten wie Familienangehörigen, säumigen Arbeitgebern oder sonstigen Schuldnern und schließlich auch gegenüber den Selbsthilfekräften des Einzelnen, der zunächst angehalten ist, seinen Lebensunterhalt aus eigenen Mitteln, und damit eigenem Vermögen oder Einkommen zu bestreiten. Das geltende Recht ist um einen in §§ 11, 12 SGB II niedergelegten Kompromiss bemüht. Die dort vorgesehene, differenzierte Berücksichtigung von Einkommen und Vermögen bei der Prüfung der Anspruchsvoraussetzungen ermöglicht dem Eigentümer die selbstfinanzierte Lebenshaltung. Zugleich dient sie den Interessen der Allgemeinheit. Denn wer von Transfers lebt, hat Abzüge von der Transferzahlung hinzunehmen, wann immer er zusätzliches Einkommen erzielt. Das ist so lästig, wie der allgemein so ungeliebte Steuerabzug – aber eben ganz genau so notwendig wie dieser. Denn die Grundsicherung ist kein bedingungsloses Grundeinkommen, sondern eine an die Bedürftigkeit gebundene Sozialleistung, die nur gewährt wird, soweit individuelle Bedürftigkeit besteht. Wenn diese durch Einkommen gemindert wird, ist der Abzug von Einkommen folgerichtig. Für Sozialhilfeempfänger „lohnt" sich also eine Kombination von Sozialleistungen und Erwerbseinkommen nicht und diese Kombination darf sich auch nicht lohnen! Deshalb muss im Grundsicherungsrecht der Vorrang der Arbeit gegenüber Sozialleistungen statt durch ökonomische Anreize durch administrative Maßnahmen wie die Eingliederungsvereinbarung und Leistungsbeschränkungen bei Unterlassung zumutbarer Mitwirkung sanktioniert werden.

---

56 BSGE 100, 139.
57 BSGE 101, 281; BSG SozR 4-4200 § 22 Nr. 31.
58 BSGE 97, 203.
59 BSGE 99, 240 für den Existenzgründerzuschuss; BSG SozR § 4-4200 § 11 Nr. 28 für Überbrückungsgeld.
60 BSGE 99, 47 für die Verletztenrente aus der Unfallversicherung; BSG SozR 4-4200 § 11 Nr. 20.

Ergebnis:

Die Grundsicherung für Arbeitsuchende ist mit dem Grundgesetz vereinbar, soweit sie die Anrechnung von Einkommen und Vermögen vorsieht. Die Regelleistung für Erwachsene, die Abschläge auf den Lebensbedarf bei Kindern, der pauschale Ausschluss laufender Sonderbedarfe aus dem Leistungsgefüge sowie das Sanktionssystem verstoßen gegen das Gebot zur Sicherung einer menschenwürdigen Existenzgrundlage aus Art. 1 I, 20 I GG.

Fall 3

Erhebung von Sozialversicherungsbeiträgen – Abgrenzung Arbeitnehmer/ Selbstständiger – Vertragsfreiheit und Versicherungspflicht

Ausgangsfall

BSG, Urt. v. 29.1.1981 (12 RK 63/79) = BSGE 51, 164.
BSG, Urt. v. 29.8.2012 (B 12 KR 25/10 R) = BSGE 111, 257.
BSG, Urt. v. 18.11.2015 (B 12 KR 16/13 R) = BSGE 120, 99.

48 Die Bayerische Bank-AG (B) mit Sitz in München möchte sich künftig im gesamten Freistaat auch als Bausparkasse betätigen. In zehn Regionen soll jeweils ein „Bezirksleiter“ für sie tätig werden. Einen der Verträge mit einem solchen Bezirksleiter schloss B mit dem in Neu-Ulm ansässigen Dipl.-Volkswirt Dr. Viktor (V) ab. Der Vertrag lautete:

„§ 1 Gegenstand des Vertrages

V wird für B ab dem 1.1.2015 als Bezirksleiter tätig. Er wird ständig damit betraut, für B Bausparverträge zu vermitteln, in ihrem Namen abzuschließen und die Kunden der B zu betreuen und zu beraten.

V hat seine Tätigkeit in den Landkreisen Neu-Ulm, Unter-, Ober- und Ostallgäu auszuführen. Diese Tätigkeit entspricht der eines Handelsvertreters (§ 84 HGB); V ist – bei einer Vertragsstrafe von 50.000 € – untersagt, seine Tätigkeit außerhalb des ihm zugewiesenen Gebiets auszuüben; desgleichen ist ihm untersagt, für eine weitere Bausparkasse oder ein anderes Unternehmen als Vertreter tätig zu werden.

§ 2 Pflichten des V

V verpflichtet sich,
- ein Geschäftslokal anzumieten und während der üblichen Geschäftszeiten zu öffnen,
- mindestens zwei Mitarbeiter vollzeitig zu beschäftigen
- die von B verwendeten Formulare und Werbesymbole zu gebrauchen
- die von B erstellten Werbeschriften zu verteilen.

Im Übrigen unterwirft sich V den Weisungen der B hinsichtlich Werbung, Beratung und äußerer Gestaltung des Geschäftslokals.

§ 3 Pflichten der B

B verpflichtet sich, V eine Provision für jeden Bausparvertrag zu zahlen, der auf seine Tätigkeit zurückgeht. Diese beträgt 10% der Abschlusssumme für alle von V vermittelten und 5% der Abschlusssumme für alle sonstigen mit der B zustande gekommenen Verträge mit Partnern, die in den genannten Landkreisen ansässig sind. In jedem Fall zahlt B an V jährlich 30.000 €. B verpflichtet sich ferner zu einer Zahlung von 20.000 € als Kostenzuschuss für die Anmietung des Geschäftslokals sowie die Beschäftigung der Mitarbeiter gemäß § 2 dieses Vertrages.“

Verträge dieses Inhalts schloss B mit weiteren neun Bezirksleitern ab. Diese waren 2016 sehr erfolgreich. Sie erlangten Provisionsansprüche gegen B in Höhe von 140.000 bis 200.000 €. Anfang 2017 fand bei B eine Prüfung durch den zuständigen Rentenversicherungsträger statt. Dieser leitete B am 12. April 2017 einen Bescheid mit der Aufforderung zu, für Bezirksleiter V Beiträge zur Renten- und Arbeitslosenversicherung für das Jahr 2016 in einer Gesamthöhe von 15.000 € abzuführen.

Fragen:
Welche Möglichkeiten hat B, um sich gegen diesen Bescheid rechtlich zu wehren? Welche Erfolgsaussichten hat ein Rechtsbehelf?

Gliederung

I. Widerspruch gegen den Bescheid der zuständigen Beitragseinzugsstelle
1. Rechtsweg
2. Statthaftigkeit des Widerspruchs
3. Widerspruchsbefugnis

II. Erfolgsaussicht des Widerspruchs
1. Abhängige und selbstständige Erwerbstätigkeit
2. § 84 HGB
3. Abwägung
4. Bezirksleiter-Stellung in anderen Rechtsgebieten
5. Arbeitnehmerähnlicher Selbstständiger

Lösung

I. Widerspruch gegen den Bescheid der zuständigen Beitragseinzugsstelle

B könnte gegen den Bescheid der zuständigen Beitragseinzugsstelle einen zulässigen Widerspruch (§§ 78, 83 SGG) einlegen. Dieser hat Aussicht auf Erfolg, wenn gegen die Bescheide über die Versicherungs- und Beitragspflicht von Beschäftigten zur Renten- und Arbeitslosenversicherung der Rechtsweg zu den Sozialgerichten eröffnet ist (1), der Bescheid einen Verwaltungsakt darstellt (2) und B widerspruchsbefugt (§ 54 I 2, II SGG) ist (3).

1. Rechtsweg

Die Sozialgerichte sind zuständig, wenn die Gültigkeit des Beitragsbescheides Gegen- **49**
stand einer öffentlich-rechtlichen Streitigkeit in Angelegenheiten der gesetzlichen Rentenversicherung (§ 51 I Nr. 1 SGG) oder Arbeitsförderung (§ 51 I Nr. 4 SGG) zwischen B und V ist.

Zu den Angelegenheiten der Rentenversicherung und Arbeitsförderung zählen nicht nur Streitigkeiten um Sozialleistungen, sondern auch die Versicherungs- und Beitragspflicht bei den genannten Trägern, weil aus den Beiträgen die sozialversicherungsrechtlichen Leistungen bezahlt werden. Außerdem sind bei Beitragsstreitigkeiten ebenso wie bei Leistungsstreitigkeiten ein Sozialversicherungsträger und ein Versicherter als Beitragspflichtiger beteiligt. Deshalb sind alle Streitigkeiten zwischen einem Sozialversicherungsträger und dem Versicherungspflichtigen sowie dessen Arbeitgeber sozialversicherungsrechtliche Streitigkeiten.[1] Der Rechtsstreit betrifft damit eine Angelegenheit der Sozialgerichtsbarkeit.

2. Statthaftigkeit des Widerspruchs

50 Der Bescheid kann Gegenstand eines Widerspruchs sein, wenn im gerichtlichen Verfahren die Anfechtungsklage statthaft ist. Dann wäre vor deren Erhebung innerhalb der Widerspruchsfrist von einem Monat ab Bekanntgabe des Verwaltungsaktes (§ 84 I 1 SGG) ein Vorverfahren bei dem diesen erlassenden Sozialversicherungsträger anhängig zu machen (§ 78 I 1 SGG).

Verwaltungsakt ist jede Entscheidung einer Behörde zur Regelung eines Einzelfalls auf dem Gebiet des öffentlichen Rechts mit unmittelbarer Rechtswirkung nach außen (§ 31 Satz 1 SGB X). Ein Beitragsbescheid legt den zu entrichtenden Beitrag zu den Trägern der Sozialversicherung fest. Soweit die Versicherungspflicht auf abhängiger Beschäftigung beruht, hat der Arbeitgeber des Versicherten den Gesamtsozialversicherungsbeitrag der von ihm abhängig beschäftigten Arbeitnehmer zu den Sozialversicherungsträgern der Rentenversicherung und – falls auch in jenem Sozialleistungszweig Versicherungspflicht besteht[2] – der Krankenversicherung abzuführen. Des Weiteren schuldet der Arbeitgeber gemäß §§ 346 I, 348 SGB III, 28e SGB IV Beiträge zur Arbeitslosenversicherung an die Bundesagentur für Arbeit (BA). Sämtliche diesen Sozialversicherungsträgern geschuldeten Beiträge werden von der Einzugsstelle eingezogen. Einzugsstellen sind die gesetzlichen Krankenkassen (§ 28h I 1 SGB IV). Diese erheben für die Rentenversicherung und die BA als Delegatarin[3] deren Sozialversicherungsbeiträge und leiten die Beiträge an jene weiter (§§ 28h, 28k SGB IV).

Der Bescheid des Rentenversicherungsträgers setzt den Umfang der von B zu Gunsten von V sowie anderen Bezirksleitern für 2016 abzuführenden Beiträge zur Renten- und Arbeitslosenversicherung fest. Er regelt deshalb mit unmittelbarer Wirkung gegenüber B, wie viel sie an die Einzugsstelle zahlen muss. Der Bescheid ist sonach ein Verwaltungsakt, gegen den die Anfechtungsklage (§ 54 I i.V.m. § 78 I 1 SGG) statthafte Klageart ist. Folglich ist gemäß § 78 I 1 SGG zunächst ein Widerspruchsverfahren durchzuführen.

1 *Meyer-Ladewig*, SGG, § 51 Rn. 31; *Eichenhofer*, Sozialrecht, Rn. 257; *Krasney/Udsching*, Kap. II, Rn. 45; *Wenner/Terdenge/Krauß*, Rn. 174.

2 Im vorliegenden Fall bestand keine Versicherungspflicht in der Kranken- und Pflegeversicherung, weil die Bezirksleiter ein Einkommen bezogen, das über der Versicherungspflichtgrenze in der gesetzlichen Krankenversicherung lag (vgl. §§ 6 I Nr. 1, VI SGB V; 20 I 1 SGB XI).

3 Die Begriffe „Delegation“ und „Mandat“ unterscheiden sich nach den gleichen Prinzipien wie die Begriffe „mittelbare“ und „unmittelbare Stellvertretung“. Der Delegatar handelt in eigenem Namen, der Mandatar in fremdem Namen (= im Namen des Mandanten); vgl. zum Ganzen näher *Eichenhofer*, in: *Eichenhofer/Wenner*, Kommentar zum SGB I, IV, X, § 88 SGB X Rn. 2 ff.; vgl. ferner *Pitschas*, SGb 1990, 233, 242. Nach § 28h II SGB IV entscheidet die gesetzliche Krankenkasse im eigenen Namen über Versicherungs- und Beitragspflicht zu allen Sozialleistungszweigen. Sie entscheidet somit als Delegatarin.

3. Widerspruchsbefugnis

B ist widerspruchsbefugt (§ 54 II SGG), falls sie durch den Bescheid in eigenen Rechten beeinträchtigt wird.[4] Dies könnte zweifelhaft erscheinen, weil der Streit letztlich um das Bestehen einer Versicherungs- und Beitragspflicht des V sowie der anderen Bezirksleiter geht. Daher könnte erwogen werden, statt in B nur in V den durch den Beitragsbescheid Beschwerten zu sehen.

a) Besteht eine Versicherungs- oder Beitragspflicht, kommt ein Sozialversicherungsver- **51**
hältnis nur zwischen dem Sozialleistungsträger und dem Versicherten zustande. Dessen Arbeitgeber ist an diesem Rechtsverhältnis beteiligt, weil er gemäß § 28e I 1 SGB IV den Gesamtsozialversicherungsbeitrag des versicherungspflichtigen Arbeitnehmers zu „zahlen" hat.[5] Arbeitgeber und Arbeitnehmer tragen die Beiträge zur Renten-[6] und Arbeitslosenversicherung[7] regelmäßig zu gleichen Teilen. Der Arbeitgeber ist zur „Zahlung" des auf ihn entfallenden Teiles des Gesamtsozialversicherungsbeitrages verpflichtet. Gemäß §§ 28e SGB IV, 346 I, 348 SGB III, 168 I Nr. 1, 174 I SGB VI schuldet er darüber hinaus die Abführung des Arbeitnehmeranteils. Der Arbeitnehmerbeitrag zur Sozialversicherung kann nach dem „Lohnabzugsverfahren" (vgl. § 28g SGB IV)[8] nur durch Einbehaltung vom Arbeitsentgelt des versicherungspflichtigen Arbeitnehmers und Zahlung des Arbeitgebers an die Einzugsstelle erbracht werden.

b) Um den Unterschied in der Pflichtenstellung des Arbeitgebers terminologisch zu ver- **52**
deutlichen, könnte der Arbeitgeber in Höhe der Hälfte des Gesamtsozialversicherungsbeitrages als *„Beitragsschuldner"* und in dessen voller Höhe als *„Beitragsentrichtungsschuldner"* bezeichnet werden. Der Beitragsbescheid richtet sich deswegen umfassend an den Arbeitgeber eines versicherungspflichtigen Arbeitnehmers und nicht an den Versicherten selbst. Da von der Versicherungs- und Beitragspflicht die sozialrechtliche Stellung des Versicherten abhängt, ist dieser in einem über die Rechtmäßigkeit des Beitragsbescheides anhängigen Rechtsstreit als Beteiligter notwendig beizuladen[9] (§ 75 II SGG).

B kann folglich gegen den Bescheid der Einzugsstelle Widerspruch einlegen. Hilft diese dem Widerspruch nicht ab, kann B binnen eines Monats nach Zustellung des Widerspruchsbescheids (§ 87 I, II SGG) Klage vor dem örtlich zuständigen SG erheben. In dem Widerspruchsverfahren sind V und die anderen in dem angeführten Bescheid betroffenen Bezirksleiter hinzuzuziehen (§ 12 II 1 SGB X).

II. Erfolgsaussicht des Widerspruchs

Der von B erhobene Widerspruch hat Erfolg, wenn der angegriffene Bescheid rechtswidrig ist, wenn also V und die anderen Bezirksleiter der B nicht in der Arbeitslosen- und Rentenversicherung versicherungspflichtig sind.

---

4 *Krasney/Udsching*, Kap. IV, Rn. 8 (Klagebefugnis).

5 Es kommt also zu einem dreiseitigen öffentlich-rechtlichen Versicherungsverhältnis: BSGE 1, 115; Wannagat, Lehrbuch des Sozialversicherungsrechts, 299.

6 Vgl. § 168 I Nr. 1 SGB VI.

7 Vgl. § 346 I 1 SGB III.

8 *Axer*, in: *von Maydell/Ruland/Becker* (Hg.), Sozialrechtshandbuch, § 14 Rn. 47.

9 *Meyer-Ladewig*, SGG, § 75 Rn. 10; von Amts wegen zu prüfen: BSG SozR 1500 § 75 Nr. 1; BSGE 11, 262.

1. Abhängige und selbstständige Erwerbstätigkeit

53 Die Versicherungspflicht besteht nicht, wenn V und die übrigen Bezirksleiter für B nicht als Arbeitnehmer tätig werden. Denn nach §§ 1 S. 1 Nr. 1 SGB VI, 25 I 1 SGB III sind nur abhängig Beschäftigte versicherungspflichtig. Gemäß §§ 2 II Nr. 1, 7 I SGB IV ist ein Beschäftigungsverhältnis insbesondere ein Arbeitsverhältnis. Das Sozialrecht verfügt nicht über einen eigenen Begriff des abhängig Beschäftigten; es hat vielmehr den in der gesamten Rechtsordnung verbreiteten, namentlich für das Arbeits-, Steuer- und Prozessrecht elementaren Begriff des Arbeitnehmers übernommen.

54 Die Abgrenzung muss demnach gemäß den im Recht allgemeingültigen Regeln vorgenommen werden.[10] Danach werden die für Selbstständigkeit maßgebenden Ansatzpunkte aus § 84 I 2 HGB abgeleitet.[11] V wäre demnach als Selbstständiger anzusehen, wenn die vertragliche Vereinbarung, dass V für B als selbstständiger Handelsvertreter (§ 84 HGB) tätig werden wollte, für seine Einordnung als Selbstständiger hinreichte (2.) oder im Vollzug der getroffenen Vereinbarung die für die Selbstständigkeit des V sprechenden gegenüber den für die Abhängigkeit seiner Beschäftigung sprechenden Gesichtspunkte überwiegen (3.), in anderen Rechtsgebieten die Tätigkeit des Bezirksleiters einer Bausparkasse als selbstständige Beschäftigung eingeordnet (4.) und schließlich auch eine Versicherungspflicht als arbeitnehmerähnlicher Selbstständiger nicht in Betracht kommt (5.).

2. § 84 HGB

55 V soll für B Geschäfte vermitteln und abschließen. Zu Gunsten der Selbstständigkeit des V könnte sprechen, dass B und V in ihrem Vertrag vereinbart haben, V möge für B als selbstständiger Handelsvertreter (§ 84 HGB) tätig werden. Deshalb wäre V selbstständig und damit weder versicherungs- noch beitragspflichtig, falls die Aufnahme einer diesbezüglichen Erklärung der Parteien in die Vertragsurkunde für die über Beitrags- und Versicherungspflicht entscheidende Einzugsstelle verbindlich wäre, so dass eine anderweitige Einordnung der Tätigkeit als die von den Parteien in der Vertragsurkunde erklärte von vornherein nicht in Betracht käme.[12]

56 a) Gegen diese Annahme spricht, dass die Voraussetzungen der Versicherungs- und Beitragspflicht auf Gesetz und nicht auf vertraglicher Vereinbarung beruhen. Ob eine Person versicherungspflichtig ist oder nicht, ist also keine Sache der Vereinbarung. Außerdem kann aus der bloßen Bezeichnung einer Tätigkeit als selbstständig nicht zwingend auf die tatsächliche rechtliche Selbstständigkeit des Positionsinhabers geschlossen werden. Die als selbstständig bezeichnete Tätigkeit kann nämlich als nicht selbstständige vollzogen werden. Dann käme es für die Bestimmung des Status nicht auf die Behandlung des Gewollten, sondern dessen Vollzug an. Andernfalls könnten die Parteien durch bloße

10 BAGE 103, 20, 30; 93, 310, 315; BSGE 85, 214, 216 f.; 87, 53, 55 f.
11 *Eichenhofer*, DRV 2009, 293; BAGE 115, 1, 7 f.
12 Vgl. zum Problem BSGE 35, 20, 21 f.; 13, 196, 201; BSG SozR 2200 § 165 Nr. 32; § 1227 Nr. 19.

Bezeichnung ihres Rechtsverhältnisses über die Voraussetzungen und Inhalte ihres sozialversicherungsrechtlichen Schutzes bestimmen.[13]

b) Daraus folgt jedoch umgekehrt nicht, dass die getroffenen vertraglichen Vereinba- **57**
rungen für die Bestimmung des Rechtscharakters einer Beschäftigung ohne Bedeutung wären. Ob eine Dienstleistung gegen Geld als abhängige Beschäftigung oder selbstständige Dienstleistung zu erbringen ist, haben grundsätzlich die Parteien frei zu entscheiden.[14] Die §§ 1 S. 1 Nr. 1 SGB VI, 25 I SGB III knüpfen die Versicherungspflicht an den Status des Arbeitnehmers. Der sozialrechtliche Status hängt also von einem privatrechtlichen Rechtsverhältnis ab, das seinerseits durch privatrechtlichen Vertrag begründet wird. Diese Freiheit wird in Art. 12 I GG für Deutsche als Grundrecht anerkannt und geschützt. Der privatrechtlich geschaffene Status wird vom Sozialrecht grundsätzlich hingenommen. Dieses knüpft daran eigene unterschiedliche Rechtsfolgen; je nachdem, ob eine Dienstleistung in einem abhängigen Beschäftigungsverhältnis oder Dienstvertrag erbracht wird.

In jeder Bezeichnung eines von Privaten durch Akte der Privatautonomie geschaffenen Rechtsverhältnisses gelangt der für privatautonome Gestaltungen maßgebliche Parteiwille zum Ausdruck. Über den erklärten Parteiwillen kann sich ein Träger grundsätzlich auch nicht unter Berufung auf seine Pflicht zum sozialen Schutz hinwegsetzen. Wenn das Bezeichnete mit dem Gewollten übereinstimmt – die Bezeichnung also korrekt gebraucht ist – und das Gewollte auch im vertraglichen Austausch vollzogen wird, kommt der Bezeichnung eines Rechtsverhältnisses als einer abhängigen Beschäftigung in einer Vertragsurkunde für das Vereinbarte rechtliche Bedeutung für die Bestimmung des rechtlichen Charakters zu.[15]

Auch das Verbot des Missbrauchs privatautonomer Gestaltungsmacht kann diese Indi- **58**
katorwirkung nicht entkräften. Der diese Problematik regelnde § 32 SGB I ordnet lediglich die Nichtigkeit von privatrechtlichen Vereinbarungen an, die zum Nachteil des Sozialleistungsberechtigten von zwingenden Vorschriften des Sozialrechts abweichen. Daraus folgt im Umkehrschluss die Wirksamkeit privatrechtlicher Vereinbarungen, welche von sozialrechtlichen Normen vorausgesetzt sind.[16] Da die Vorschriften über Versicherungs- und Beitragspflicht notwendig auf privatrechtlichen Vereinbarungen beruhen, sind alle Verträge wirksam und für die Einordnung beachtlich, die den vom Sozialrecht offen gelassenen privatrechtlichen Gestaltungsspielraum ausfüllen.

c) Folglich ist die in § 1 des Vertrages zwischen V und B getroffene Vereinbarung, dass der Bezirksleiter für B als ein selbstständiger Handelsvertreter auftreten soll, ein wichtiges Anzeichen für die Selbstständigkeit des V. V ist danach selbstständig, wenn die Bezeichnung mit dem Gewollten und das Gewollte mit dem Vollzogenen übereinstimmt. Dies hängt davon ab, wie die übrigen Klauseln des Vertrages einzuordnen sind.

---

13 Vgl. OLG Düsseldorf NZA-RR 1998, 145; BSGE 51, 164, 167 f.; vgl. ferner *Brand*, ZSR 1996, 401, 404 f.; *Gitter*, SGb 1996, 263, 264 f. Dies widerspräche dem Ziel des Sozialversicherungsrechts, abhängig Beschäftigte in das System sozialer Vorsorge einzubeziehen.

14 *Eichenhofer*, DRV 2009, 293; *Gitter*, in: *Gitter/Thieme/Zacher* (Hg.), Festschrift für Wannagat 1981, 144 ff.; *Wank*, in: *Blanke*, Handbuch neue Beschäftigungsformen, 1, 15 ff.

15 BSGE 35, 20, 21 f.; BSG SozR 2200 § 1227 Nr. 19; BSG SozR 2200 § 539 Nr. 80.

16 *Salje*, NZA 1990, 299 ff.

3. Abwägung

59 Bei Bestimmung des näheren Gehalts von Selbstständigkeit gelten im Sozialversicherungsrecht dieselben Maßstäbe wie in anderen Rechtsgebieten. Generell gilt ein Selbstständiger als weisungsfrei sowie als persönlich wie wirtschaftlich unabhängig. Dagegen gilt als Arbeitnehmer, wer weisungsunterworfen in einem fremden Betrieb eingegliedert und vom Arbeitgeber wirtschaftlich abhängig ist.[17] Dabei kommt es nicht entscheidend auf die vertraglichen Abmachungen, sondern auf die tatsächliche Ausgestaltung der Beziehungen an, § 611a I 6 BGB.[18] Diese Unterscheidung beruht auf Idealtypen. Ihre Anwendung führt jedoch nicht stets zu klaren Abgrenzungen.

60 a) So sehen etwa §§ 665, 675 BGB vor, dass ein Selbstständiger einem anderen Selbstständigen Weisungen erteilt.[19] Umgekehrt zeigt § 5 III BetrVG, dass ein von Weisungen freier Generalbevollmächtigter, Personalchef oder eine sonstige Führungskraft (Forschungsleiter, Chefdevisenhändler) oder der Chefarzt[20] eines Krankenhauses jeweils Arbeitnehmer sein können, obwohl sie hinsichtlich der Ausführungen ihrer Tätigkeiten von Weisungen freigestellt sind. Nach § 84 I 2 HGB ist für die Bestimmung der Selbstständigkeit wesentlich, ob die Tätigkeit frei von äußerlichen Bindungen ausgeübt werden kann. Es sind aber auch Arbeitnehmertätigkeiten denkbar (etwa die eines Journalisten oder Grundlagenforschers), bei denen der Beschäftigte keinen nennenswerten Bindungen in der Tätigkeitsausübung unterliegt. Auch die wirtschaftliche Abhängigkeit ist nicht notwendig auf Arbeitnehmer beschränkt. Sie findet sich ebenso bei kleinen Selbstständigen, deren Unternehmen in eine große Vertriebsorganisation eingegliedert ist (z.B. Tankstellenpächter, Vertragshändler, Franchisenehmer). Des Weiteren hängen rechtlich selbstständige konzernangehörige Unternehmen wirtschaftlich von der Konzernmutter ab.[21]

Generell werden im Zuge der Veränderungen des Wirtschaftslebens von der Industrie- zur Dienstleistungsgesellschaft zwei einander gegenläufige Tendenzen immer deutlicher erkennbar: Einerseits werden infolge der Zunahme hochqualifizierter Angestelltentätigkeiten immer mehr abhängig Beschäftigte in der Gestaltung der Arbeit immer selbstständiger, andererseits führt die zunehmende Konzentration der Wirtschaft dazu, dass immer mehr Selbstständige wirtschaftlich immer abhängiger werden. Beide Tendenzen bewirken, dass die Abgrenzung zwischen Arbeitnehmern und Selbstständigen weit schwieriger geworden ist,[22] als sie noch in der Zeit der klassischen Industriegesellschaft war – die noch eine ausgeprägte „Klassengesellschaft" gewesen ist.

61 b) Es ist in der Rechtsprechung daher anerkannt, dass bei Abgrenzung zwischen abhängig und selbstständig Beschäftigten vereinzelt eine eindeutige Zuordnung nicht mehr

17 BAGE 103, 20, 30; 93, 310, 315; 115, 1, 7 f.; BSGE 68, 236, 240; 73, 90, 93 f.; 85, 214, 216; 87, 53, 55 f.; 45, 199, 200 f.; 36, 7, 8 f.; 16, 289, 293; 13, 196, 201 f.; BGHZ 59, 125; 34, 310; *Wank*, S. 5 f., 8 ff.; *Hilger*, RdA 1989, 1, 2 ff.

18 *Brand*, ZSR 1996, 401, 404; *Gitter*, SGb 1996, 263, 264 f.

19 ArbG Berlin VersR 1997, 827, 828.

20 BAGE 11, 225.

21 § 18 AktG.

22 Vgl. auch *Eichenhofer*, DRV 2009, 293; *Reiserer/Freckmann*, NJW 2003, 180 ff.; *Steinmeyer*, ZSR 1996, 348, 350; *Wank*, ZSR 1996, 387, 389; *Bieback*.

möglich ist.[23] In diesen Fällen sind die für die Selbstständigkeit einer Beschäftigung sowie die für die Abhängigkeit einer Beschäftigung sprechenden Elemente zu benennen und einer Gesamtabwägung zu unterziehen, vgl. § 611a I 5 BGB.

Um diese Aufgabe zu bewältigen, erscheint es auf der Grundlage der zu diesem Fragenkreis ergangenen Judikatur und der wissenschaftlichen Bemühungen sachgerecht, drei Dimensionen begrifflich zu unterscheiden und zu fragen: Besteht Selbstständigkeit oder Abhängigkeit im Hinblick auf die ausgeübte Tätigkeit selbst, die äußeren Umstände der Tätigkeitsausübung und die wirtschaftliche Stellung des Beschäftigten?

Im Hinblick auf den Tätigkeitsinhalt ist eine Beschäftigung selbstständig, wenn der sie Ausübende weithin frei bestimmen kann, wann, wo, wie und für wen er tätig werden wird. Eine Tätigkeit ist dagegen abhängig, wenn ein anderer (der Arbeitgeber) dem Beschäftigten vorschreibt, wann, wo, wie und für wen er tätig werden soll.[24]

Im Hinblick auf die äußere Gestaltung der Tätigkeit ist ein Beschäftigter als selbstständig anzusehen, wenn er die Verpflichtungen der Tätigkeitsausübung nicht in eigener Person zu erbringen, sondern lediglich sicherzustellen hat, dass die Tätigkeit ausgeübt wird. Er ist hingegen abhängig beschäftigt, wenn er die Tätigkeit höchstpersönlich schuldet und hinsichtlich deren äußerer Umstände den Weisungen des ihn Beschäftigenden persönlich ausgesetzt ist.[25]

Im Hinblick auf die wirtschaftliche Stellung des Beschäftigten ist eine Tätigkeit selbstständig, wenn der Beschäftigte erfolgsbezogen entlohnt wird, hingegen abhängig, wenn die Ausübung der Tätigkeit Grund der Honorierung ist.[26]

c) Hinsichtlich des Inhalts seiner Tätigkeit spricht für die Selbstständigkeit des V, dass er Vermittlungs-, Abschluss-, Betreuungs- und Beratungspflichten zu erfüllen hat. **62**

Sie erfordern ein hohes Maß an Eigeninitiative. Nimmt V diese Tätigkeiten wahr, bestimmt er eigenständig, wann er wo und wie für wen tätig wird. Ferner ist V zum Aufbau einer eigenen Betriebsorganisation und zur Beschäftigung eigener Mitarbeiter verpflichtet. Auch insoweit nimmt er eine Tätigkeit wahr, die eine weite eigene Entscheidungszuständigkeit umfasst. Für seine Abhängigkeit spricht, dass B sich Weisungsbefugnisse hinsichtlich der Außendarstellung vorbehalten hat und V die Ausübung einer Tätigkeit für eine andere Bausparkasse untersagt ist.

Dieses Weisungsrecht in der Darbietung der Dienste von Bausparkassen besteht, weil diese von einem überregionalen Unternehmen angeboten und ihr Vertrieb zentral organisiert wird. Ähnlichen Pflichten unterliegen jedoch Tankstellenpächter, Vertragshändler oder Franchisenehmer,[27] die ebenfalls Produkte einer großen Vertriebsorganisation als Selbstständige vertreiben. Ein solches Weisungsrecht ist jedoch nur auf die Außendar-

23 BSGE 51, 164, 165; 35, 20, 25 ff.; 16, 289, 290 ff.; BGH BB 1966, 265; LSG BW L4R 2796/15.

24 BSGE 36, 7, 8 ff.; 13, 130, 132 f.; LAG Nürnberg ZIP 1998, 617, 621; *Knospe*, in: *Hauck/Haines/Noftz*, SGB IV, § 7 Rn. 3, 24; *Hilger*, RdA 1989, 1, 3 f.

25 BSGE 51, 164, 166 f.; 16, 289, 293; 13, 196 (201 ff.); *Wank*, S. 16 f.; speziell zum Handelsvertreter: *Stolterfoht*, S. 100 ff.; *Duden*, § 84 Rn. 6; *Küstner/Thume*; *Oberthür/Lohr*, NZA 2001, 126, 131 ff.

26 BSGE 51, 164, 170; 45, 199, 204; BSG SozR 2200 § 1227 Nr. 19; 2200 § 165 Nr. 36.

27 Vgl. hierzu insbesondere *Wank*, ZSR 1996, 387, 396 f.

stellung beschränkt; der Inhalt der dem Beschäftigten übertragenen Tätigkeit wird davon nicht berührt. Da auch nach §§ 662, 665, 675 BGB dem Geschäftsbesorger Weisungen erteilt werden können, steht das der B eingeräumte Weisungsrecht hinsichtlich der Außendarstellung von Vs Tätigkeit der Annahme von Selbstständigkeit nicht entgegen. Dass V einem Wettbewerbsverbot unterliegt (§ 1), steht seiner Selbstständigkeit gleichfalls nicht entgegen, weil auch § 90a HGB nachvertragliche Abreden über ein Wettbewerbsverbot für selbstständige Handelsvertreter zulässt.[28]

63 Im Hinblick auf die äußere Gestaltung der Tätigkeit spricht für Abhängigkeit, dass V das Geschäftslokal während der üblichen Ladenöffnungszeiten zu öffnen hat. Gemäß § 84 I 2 HGB könnte darin eine Bindung an Arbeitszeiten liegen. Da jedoch V außerdem Personal für das Geschäftslokal vollzeitig zu beschäftigen hat, bindet die Pflicht zur Einhaltung von Ladenöffnungszeiten V nicht persönlich; vielmehr hat primär das von ihm beschäftigte Personal während der Ladenöffnungszeiten in dem Geschäftslokal zu arbeiten. Da V also in der äußeren Gestaltung seiner Tätigkeit nicht persönlich gebunden ist, ist er auch insoweit wie ein Selbstständiger gestellt.

64 Hinsichtlich der wirtschaftlichen Stellung spricht für Abhängigkeit, dass B dem V ein Mindesteinkommen garantiert. Ein weiteres Indiz für die Abhängigkeit ist, dass ein Teil der Kosten für die Beschäftigung der Mitarbeiter sowie die Anmietung des Geschäftslokals von B getragen werden. Allerdings sind der Umfang von Provisionsgarantie und Kostenzuschuss verglichen mit Vs Aufwendungen relativ gering. Der Kostenzuschuss vermag V schwerlich befähigen, auch nur annähernd die Verpflichtungen aus § 2 des Vertrages zu erfüllen. Die wirtschaftliche Stellung des V hängt deshalb entscheidend davon ab, inwieweit er eigene Erträge erwirtschaftet. Sein Einkommen ist also primär erfolgsbezogen bestimmt. Wie das Einkommen eines selbstständigen Maklers (§ 652 BGB) hängt es davon ab, in welchem Ausmaß er das Zustandekommen von Verträgen zwischen B und Kunden der Bausparkasse vermittelt. Auch bei Regelung der wirtschaftlichen Stellung überwiegen somit die für die Selbstständigkeit des V sprechenden Merkmale.

4. Bezirksleiter-Stellung in anderen Rechtsgebieten

65 Die Bezirksleiter von Bausparkassen werden ferner in anderen, mit dem Sozialversicherungsrecht vergleichbaren rechtlichen Zusammenhängen wie Selbstständige behandelt, so im Handels-[29] oder im Steuerrecht.[30] Folglich wird die Einheit der Rechtsordnung gewahrt,[31] wenn im Sozialversicherungsrecht die Stellung des Bezirksleiters nicht anders bewertet wird als in anderen Rechtsgebieten auch.

---

28 BSGE 36, 7, 11; ein Wettbewerbsverbot folgt im Übrigen schon aus der Pflicht des Handelsvertreters zur Wahrnehmung der Interessen des Unternehmers, vgl. *Hopt*, in: *Baumbach/Hopt*, HGB, § 90a Rn. 1.

29 BGHZ 34, 310; 59, 125.

30 Vgl. zur Bedeutung der steuerrechtlichen Einordnung für das Sozialversicherungsrecht: BSGE 35, 20, 29; 20, 6, 9; 3, 30, 40; vgl. zur steuerrechtlichen Behandlung des Bezirksleiters einer Bausparkasse: BFHE 189, 192; *Schmidt*, StB 2001, 361.

31 Dazu generell *Felix*.

5. Arbeitnehmerähnlicher Selbstständiger

Eine Versicherungspflicht nach § 2 Nr. 9 SGB VI[32] als arbeitnehmerähnlicher Selbstständiger käme nur in Betracht, falls der Selbstständige im Wesentlichen nur für einen Auftraggeber tätig wäre und selbst keinen Arbeitnehmer in einem nicht geringfügigen Arbeitsverhältnis beschäftigte. Zwar wird V für B tätig; da V aber zwei Mitarbeiter vollzeitig beschäftigen muss und beschäftigt, unterliegt er als Selbstständiger nicht der Versicherungspflicht. **66**

Ergebnis:

Der Bescheid der Einzugsstelle ist rechtswidrig, da V für B nicht als Arbeitnehmer, sondern als Selbstständiger tätig wird. V unterliegt deshalb weder der Versicherungspflicht in der Renten- noch in der Arbeitslosenversicherung. Der von B einzulegende Widerspruch hat daher Aussicht auf Erfolg.

32 Gesetz zu Korrekturen in der Sozialversicherung und zur Sicherung der Arbeitnehmerrechte v. 19.12.1998, BGBl. I, S. 3843, dort Art. 4 Nr. 3; heutige Fassung des Wortlautes nochmals geändert durch Art. 2 Nr. 1a des Gesetzes zur Förderung der Selbstständigkeit v. 20.12.1999, BGBl. 2000, S. 2 mit (Rück-)Wirkung zum 1.1.1999.

Fall 4

Versicherungspflicht – Beschäftigung von Organmitgliedern juristischer Personen – Versicherungsfreiheit – Internationales Gesellschaftsrecht – International privatrechtliche Vorfragen in Sozialrechtsnormen – Tatbestandsgleichstellung – Beschäftigung

Ausgangsfall

BSG, Urt. v. 12.1.2011 (B 12 KR 17/09 R) = BSGE 107, 185.

67 Kugel Inc. (K) ist als Kapitalgesellschaft nach dem Recht des US-amerikanischen Bundesstaates Delaware errichtet, wo ihre Gründung stattfand und sich ihr Sitz befindet. Sie ist weltweit in der Internetbranche tätig und unterhält Zweigniederlassungen in vielen Regionen der Welt. Für Europa betreibt sie eine Zweigniederlassung in München. Diese ist unter dem Namen „Kugel Inc." im Handelsregister beim Amtsgericht München eingetragen. Die Zweigniederlassung wird von Bert (B), einem deutschen Staatsangehörigen, geleitet. B ist dort ausschließlich und vollzeitig tätig. Er gehört seit 2013 als einer von drei geschäftsführenden Chief Officers dem Board of Directors der K an. Die Aufgabe der sieben weiteren Board-Mitglieder beschränkt sich auf die Kontrolle der Geschäftstätigkeit der Gesellschaft.

Im November 2016 beantragte K bei der für Beschäftigte in München zuständigen Krankenkasse die Überprüfung der sozialversicherungsrechtlichen Stellung des B.

Aufgabe:

Beantworten Sie die an die Krankenkasse gestellte Frage!

Gliederung

I. Anwendbarkeit deutschen Rechts

II. Versicherungspflicht der Organmitglieder juristischer Personen

1. Arbeitnehmerstatus
2. Zweifel im Hinblick auf den Arbeitnehmerstatus von Organmitgliedern

III. Versicherungspflicht der Organmitglieder ausländischer Kapitalgesellschaften

1. Bestimmung des auf Gesellschaften anwendbaren Rechts
2. International-privatrechtliche Vorfragen und Sozialrechtsnormen
3. Tatbestandsgleichstellung?
4. Versicherungspflicht oder Versicherungsfreiheit als Folge der Tatbestandsgleichstellung?

Lösung

Die Krankenkasse wird nach §§ 3 SGB IV, 1 S. 1 Nr. 1, 1. HS SGB VI, 25 I 1 SGB III als zuständige Einzugsstelle (§ 28h II SGB IV) die Versicherungspflicht des B in der deutschen Renten- und Arbeitslosenversicherung feststellen, wenn auf den Sachverhalt deutsches Sozialversicherungsrecht anzuwenden ist (I), Organmitglieder juristischer Personen als Beschäftigte (§§ 1 S. 1 Nr. 1, 1. HS, 1 S. 4 SGB VI, 25 I 1 SGB III) und 7 SGB IV anzusehen sind (II.) und dies entsprechend für die Versicherungspflicht der Organmitglieder ausländischer Kapitalgesellschaften gilt (III.).

I. Anwendbarkeit deutschen Rechts

Der internationale Geltungsbereich deutschen Sozialrechts ist in §§ 30 SGB I, 3-6 SGB IV geregelt. **68** Nach § 30 I SGB I gilt deutsches Sozialrecht für alle in Deutschland sich gewöhnlich aufhaltenden Personen, also die Bewohner. Nach § 3 SGB IV gilt deutsches Sozialversicherungsrecht – einschließlich deutschen Arbeitslosenversicherungsrechts (§ 1 SGB III) – für alle regelmäßig in Deutschland Beschäftigten. Diese nationalrechtlichen Regelungen treten jedoch gegenüber vorrangigem zwischenstaatlichen und europäischen koordinierenden Sozialrecht zurück (§§ 30 II SGB I, 6 SGB IV). Letzteres gilt im Verhältnis unter EU-Staaten und aufgrund Verweisung für die Staaten des EWR sowie der Schweiz. Die Rentenversicherung wird durch das deutsch-amerikanische Sozialversicherungsabkommen vom 7.1.1976[1] geregelt. Nach Art. 6 I des deutsch-amerikanischen Sozialversicherungsabkommens unterliegen der Sozialversicherung eines Vertragsstaats alle Personen, die regelmäßig im Gebiet dieses Staates beschäftigt sind (lex loci laboris).

B unterliegt daher nach Art. 6 I des deutsch-amerikanischen Sozialversicherungsabkommens und § 3 SGB IV der deutschen Sozialversicherung, wenn er regelmäßig in Deutschland beschäftigt ist. Der Begriff der Beschäftigung im Internationalen Sozialrecht bezeichnet jede Betätigung,[2] einerlei ob sie als abhängige oder selbstständige Erwerbstätigkeit zu qualifizieren ist. Als Anknüpfungspunkt international-sozialrechtlicher Normen bildet „Beschäftigung“ ein Tatbestandsmerkmal, von dessen Erfüllung in der Person, über deren Versicherungspflicht zu entscheiden ist, die Anwendbarkeit deutschen Rechts abhängt. In diesem Sinne ist jede Person als „beschäftigt“ anzusehen, welche in Deutschland einer regelmäßigen Erwerbstätigkeit nachgeht – anders formuliert, deren Tätigkeit in Deutschland ihren Schwerpunkt hat. Da B die Zweigniederlassung der K in München vollzeitig leitet und ausschließlich dort tätig ist, liegt der Schwerpunkt seiner Betätigung in Deutschland. Die Krankenkasse hat daher gemäß Art. 6 I deutsch- amerikanisches Sozialversicherungsabkommen, §§ 3 SGB IV, 1 S. 1 Nr. 1, 1. HS SGB VI, 25 I 1 SGB III die Frage nach der versicherungsrechtlichen Stellung von Bs Tätigkeit am Maßstab des deutschen Sozialversicherungsrechts als des international einschlägigen und daher maßgebenden Sozialrechts zu beantworten.

1 Durchführungsabkommen v. 21.6.1978, BGBl. II, S. 567; Bekanntmachung v. 19.11.1979, BGBl. II, S. 1283.
2 Vgl. Art. 1 Nr. 6 deutsch-amerikanisches Sozialversicherungsabkommen.

II. Versicherungspflicht der Organmitglieder juristischer Personen

1. Arbeitnehmerstatus

69 Gemäß §§ 1 S. 1 Nr. 1, 1. HS, S. 4 SGB VI, 24, 25 I 1 SGB III unterliegen „Beschäftigte" der Versicherungspflicht. Nach § 7 SGB IV umschreibt der Begriff der „Beschäftigung" die nichtselbstständige Tätigkeit, „insbesondere in einem Arbeitsverhältnis". Im Hinblick auf diese Umschreibung erscheint fraglich, ob Organmitglieder juristischer Personen – z.B. Geschäftsführer einer GmbH oder Mitglieder des Vorstandes einer Aktiengesellschaft – als abhängig Beschäftigte anzusehen sind. Als Arbeitnehmer gilt eine Person, die aufgrund eines Dauerschuldverhältnisses für einen anderen – seinen Arbeitgeber – nach dessen Weisungen Arbeit zu leisten hat und dabei in dessen Betrieb eingegliedert ist, § 611a I 1 BGB. Der Arbeitgeber schuldet dem Arbeitnehmer für die erbrachte Arbeit den vereinbarten Lohn und zwar unabhängig davon, ob der Arbeitgeber die Arbeitsleistung erfolgreich verwerten kann oder nicht.

2. Zweifel im Hinblick auf den Arbeitnehmerstatus von Organmitgliedern

70 Organmitglieder juristischer Personen leiten ihre Rechtsstellung nicht aus einem Arbeitsvertrag, sondern aus dem Gesellschaftsvertrag, der sie als deren Organmitglied ausweist, und dem dieser Stellung zugrunde liegenden Geschäftsführervertrag ab. Letztgenannter ist ein freier Dienstvertrag zwischen Gesellschaft und Organmitglied, der auf die Wahrnehmung der Organstellung gerichtet ist. Im Hinblick darauf erscheint fraglich, ob Organmitglieder als abhängig Beschäftigte anzusehen sind, falls sich ihre privatrechtliche Stellung von der abhängig Beschäftigter grundlegend unterscheidet. Außerdem bringt es ihre Stellung als Organ mit sich, dass sie gegenüber den von der Gesellschaft beschäftigten Arbeitnehmern eine Leitungsfunktion wahrnehmen und daher eine Arbeitgeberstellung innehaben. Dessen ungeachtet entspricht es der ständigen Rechtsprechung der Sozialgerichtsbarkeit[3], trotz dieser Besonderheiten auch die Organmitglieder von juristischen Personen in den Kreis der Beschäftigten einzubeziehen. Dies gilt namentlich, wenn sie nicht aufgrund ihrer vermögensrechtlichen Stellung als Allein- oder Hauptaktionär oder -gesellschafter beherrschenden Einfluss auf die Unternehmensführung ausüben können. Dies wird damit gerechtfertigt, dass auch Organmitglieder von Weisungen der Unternehmenseigner abhängen und auch leitende Angestellte, wiewohl Arbeitnehmer, Arbeitgeberfunktionen wahrnehmen, ohne dass dies ihrer Arbeitnehmerstellung entgegenstünde.

Außerdem ergibt sich aus §§ 1 S. 3 SGB VI, 27 I Nr. 5 SGB III, welche die Versicherungsfreiheit von Vorstandsmitgliedern von Aktiengesellschaften vorsehen, im Umkehrschluss die Folgerung, dass die übrigen Organmitglieder der juristischen Person als abhängig Beschäftigte anzusehen sind.

3 BSGE 65, 113, 116 f.; BSG SozR 3-2400 § 7 Nr. 18; BSG SozR 4-2400 § 7 Nr. 1; BSGE 13, 196; BSG SozR 4-2400 § 7 Nr. 8.

III. Versicherungspflicht der Organmitglieder ausländischer Kapitalgesellschaften

B könnte jedoch versicherungsfrei sein. §§ 1 S. 3 SGB VI, 27 I Nr. 5 SGB III bestimmen, dass die Mitglieder des Vorstands einer Aktiengesellschaft versicherungsfrei sind. Dies beruht darauf, dass dieser Personenkreis eine leitende Stellung in einer Aktiengesellschaft inne hat, im Wesentlichen unternehmerische Führungsverantwortung wahrnimmt und auch im Hinblick auf die aktienrechtliche Kontrolle im Aufsichtsrat nicht wirklich weisungsgebunden, sondern lediglich rechenschaftspflichtig ist.[4] Daraus folgt, dass B zwar aufgrund seiner Organstellung für die K prinzipiell als Arbeitnehmer versicherungspflichtig wäre, indes Versicherungsfreiheit vorliegt, falls B als Vorstandsmitglied einer AG deutschen Rechts anzusehen wäre. 71

Es stellt sich daher die Frage, was aus der Stellung der B als Organmitglied einer dem Recht eines US-amerikanischen Einzelstaates unterliegenden Kapitalgesellschaft für dessen sozialversicherungsrechtlichen Status im Inland folgt. Um dieses zu klären, ist die Frage zu untersuchen, welche Tragweite ausländisches Kapitalgesellschaftsrecht für das deutsche Sozialversicherungsrecht hat (1), welche Folgen aus ausländischem Recht für deutsches Sozialversicherungsrecht eintreten (2) und ob aufgrund eines ausländischen Privatrechtsverhältnisses im Rahmen deutschen Sozialrechts eine Tatbestandsgleichstellung (3) in Betracht kommt und zu befürworten ist (4). 72

1. Bestimmung des auf Gesellschaften anwendbaren Rechts

Nach Internationalem Gesellschaftsrecht wird das auf Kapitalgesellschaften anwendbare Gesellschaftsstatut entweder nach dem Sitz oder dem Ort der Gründung der Gesellschaft bestimmt. Da K im US-Bundesstaat Delaware gegründet wurde und sich dort auch deren Sitz befindet, ist auf sie in jedem Fall das Gesellschaftsrecht des Staates Delaware anzuwenden. 73

2. International-privatrechtliche Vorfragen und Sozialrechtsnormen

Im Sozialrecht besteht keine allgemeine Regelung dafür, welche Wirkung die unter dem Privatrecht eines anderen Staats begründeten Rechtsverhältnisse als Vorfragen des deutschen Sozialrechts entfalten. Lediglich § 34 SGB I bestimmt, dass die gemäß deutschen Internationalen Familienrechts nach ausländischem Familienrecht zu beurteilenden Rechtsverhältnisse im Rahmen deutschen Sozialrechts dieselben Wirkungen wie die deutschem Familienrecht unterliegenden Rechtsverhältnisse entfalten, soweit jene diesem entsprechen. Diese Regelung ist dahin zu verallgemeinern, dass sie beispielhaft und beispielgebend normiert, wie generell international-privatrechtliche Vorfragen im deutschen Sozialrecht bewältigt werden.[5] Es folgt daraus nämlich, dass, erstens, deutsches internationales Privatrecht auch für das Sozialrecht das auf internationale Sachverhalte anwendbare Privatrecht bestimmt. Auf dieser Basis ist sodann, zweitens, die Gleichwertigkeit = Äquivalenz der berufenen ausländischen mit der inländischen Privatrechtsgestaltung zu prüfen („Äquivalenzprüfung“). Bei bestehender Äquivalenz sind Auslands- 74

4 BSGE 100, 62; 97, 32.
5 *Eichenhofer*, in: *Eichenhofer/Wenner*, Wannagat-Kommentar SGB I, IV, X, 2012, § 34 SGB I, Rn. 2 f.

und Inlandsrechtsverhältnis einander gleichzustellen („Äquivalenzregel"). Eine solche Tatbestandsgleichstellung ist in Art. 5 VO (EG) 883/2004 jedenfalls für das EU-Recht normiert.

3. Tatbestandsgleichstellung?

75 Die Frage, ob B der Versicherungspflicht oder Versicherungsfreiheit unterliegt, lautet daher nicht entscheidend, ob das berufene US-amerikanische Recht im deutschen Kapitalgesellschaftsrecht grundsätzlich gleichzustellen wäre,[6] sondern vielmehr, im Hinblick auf welche Tatbestandsmerkmale des §§ 1 SGB VI, 25, 27 SGB III die Gleichstellung vorzunehmen ist. Es ist also zu prüfen, ob ein Mitglied des Board of Directors einer US-amerikanischen corporation dem Vorstandsmitglied einer deutschen AG gleichsteht mit der Folge, dass §§ 1 S. 3 SGB VI, 27 I Nr. 5 SGB III Versicherungsfreiheit vorsieht oder ob eine Gleichstellung im Hinblick auf die Grundregel der §§ 1 S. 1 Nr. 1, 1. HS SGB VI, 25 I 1 SGB III erfolgt, wonach Organmitglieder von juristischen Personen grundsätzlich als Arbeitnehmer anzusehen sind. Es geht also nicht um die Frage, ob eine Tatbestandsgleichstellung eintritt, sondern darum, welche der hier entweder die Versicherungspflicht oder Versicherungsfreiheit nach sich ziehenden Tatbestände eine Gleichstellung fordern.[7]

Das BSG[8] legt dar, dass zwar der deutsch-amerikanische Freundschaftsvertrag vom 29.10.1954[9] die Niederlassungsfreiheit und Gleichbehandlung gebietet. Daraus folge jedoch nicht, dass auch im Rahmen des deutschen Sozialrechts eine Tatbestandsgleichstellung erfolgen müsse. Diese Rechtsprechung überprüft jedoch nicht, was dies konkret bedeuten würde. Zum einen ist in der zwischenstaatlichen Koordination im Prinzip dieselbe Regel maßgeblich wie im EU-Recht. Für dieses hat das BSG[10] die Tatbestandsgleichstellung bejaht, was im Hinblick auf Art. 5 VO (EG) 883/2004 auch zutrifft. Entsprechendes muss aber auch für das nicht dem EU-Recht unterliegende internationale Sozialrecht gelten, weil die Äquivalenzregeln ein allgemeines Grundprinzip zur Koordination zwischenstaatlicher Sozialrechtsverhältnisse darstellen, das unabhängig von konkreten Rechtsakten Anwendung findet.[11]

4. Versicherungspflicht oder Versicherungsfreiheit als Folge der Tatbestandsgleichstellung?

76 Die entscheidende Frage lautet also, welcher der konkurrierenden Tatbestände ein Board-Mitglied einer US-Kapitalgesellschaft gleichsteht: Der eines Organs einer juristischen Person allgemein oder der eines Vorstandsmitglieds einer AG. Weil auch die Vorstandsmitglieder einer AG Organmitglieder einer juristischen Person sind, geht es also um die Prüfung des Verhältnisses von Regel und Ausnahme. Die Regel gebietet im Hinblick auf Organmitglieder juristischer Personen die Versicherungspflicht, die Ausnahme

6 So aber BSGE 107, 185 ff.
7 So auch BSGE 100, 62.
8 BSGE 107, 185 ff.
9 In der Fassung der Bekanntmachung v. 28.6.1956, BGBl. II, S. 763.
10 BSGE 100, 62.
11 Dazu *Eichenhofer*, Internationales Sozialrecht und internationales Privatrecht, 1987, 247.

dagegen die Versicherungsfreiheit. Letzteres statuiert im Hinblick auf die fehlende soziale Schutzbedürftigkeit der Vorstandsmitglieder einer AG und ihre wirtschaftliche Selbstständigkeit in der Unternehmensführung. Es ist deshalb zu prüfen, ob ein Board-Mitglied wie ein Vorstandsmitglied einer Aktiengesellschaft eine wirtschaftlich ähnlich unabhängige Stellung hat wie dieses. Das Board-Mitglied ist über das Vorstandsmitglied in einer Aktiengesellschaft hinaus nicht nur das Organ der Kapitalgesellschaft, sondern auch an der Aufsicht beteiligt. Board-Mitglieder haben daher nicht eine geringere, sondern eine noch höhere Selbstständigkeit und weitere wirtschaftliche Unabhängigkeit als AG-Vorstandsmitglieder. Dies rechtfertigt jedenfalls deren Gleichstellung mit AG-Vorständen, weshalb in entsprechender Anwendung die §§ 1 S. 3 SGB VI, 27 I Nr. 5 SGB III zur Anwendung kommen.

Ergebnis:

B ist also versicherungsfrei.

Fall 5

Beitragspflicht trotz Nichterfüllung von Arbeitsleistung – Haftung des Organs einer Kapitalgesellschaft für Nichtabführung von Arbeitnehmer- oder Arbeitgeberbeiträgen zur Sozialversicherung

Ausgangsfall

OLG Düsseldorf, Urt. v. 20.12.2002 (22 U 99/02) = NZS 2003, 597.
BGH, Urt. v. 18.4.2005 (II ZR 61/03) = NJW 2005, 2546.
BGH, Urt. v. 11.6.2013 (II ZR 389/12) = NJW 2013, 3303.

77 Gustav (G) ist Geschäftsführer einer in Bremen ansässigen GmbH für Anlagenbau (A). Über deren Vermögen wurde am 2. Januar 2017 das Insolvenzverfahren eröffnet. G wusste um die schlechte Lage der A. Trotz der damals noch bestehenden Zahlungsfähigkeit der A hat G die von den Arbeitnehmern der A in der Zeit vom 1. Oktober bis 31. Dezember 2016 vom Lohn abgezogenen Beiträge zur Kranken-, Renten- und Arbeitslosenversicherung im Gesamtwert von 50.000 € sowie die Arbeitgeberanteile zu den genannten Versicherungszweigen von weiteren 50.000 € nicht abgeführt. Stattdessen hat er den Gesamtbetrag unter seinem Namen auf ein ausländisches Konto eingezahlt.

Frage:

Kann die zuständige Einzugsstelle von G Schadensersatz verlangen, falls das Insolvenzverfahren zur Liquidation der A geführt hat und die Einzugsstelle nur in Höhe der für die Zeit vom 1. Oktober bis 31. Dezember 2016 entstandenen Säumniszuschläge Befriedigung aus der Insolvenzmasse erlangt hat?

Gliederung

I. Sozialversicherungsrechtliche Einstandspflicht

II. Bürgerlich-rechtliche Einstandspflicht des G

1. §§ 823 II BGB i.V.m. 28e SGB IV, 249 SGB V, 54 SGB XI, 168 I 1 SGB VI, 346 I SGB III
2. §§ 823 II BGB i.V.m. 266a StGB

Lösung

Die Einzugsstelle (§ 28i SGB IV) könnte von G Zahlung von 100.000 € als Schadensersatz verlangen, wenn G als geschäftsführendes Organ der die versicherungs- und beitragspflichtigen Arbeitnehmer beschäftigenden A-GmbH für die Vorenthaltung der Arbeitgeber- und/oder Arbeitnehmeranteile zur Renten-, Kranken-, Pflege- oder Arbeitslosenversicherung der Einzugsstelle haftpflichtig wäre. Seine Haftpflicht könnte sich aus Sozialversicherungs- (I.) oder bürgerlichem Recht (II.) ergeben.

I. Sozialversicherungsrechtliche Einstandspflicht

Gemäß § 28e I 1 Alt. 1 SGB IV hat „der Arbeitgeber" den Gesamtsozialversicherungsbeitrag zu zahlen. Da infolge der Liquidation die A als Arbeitgeberin untergegangen ist, ist mit dieser auch deren Zahlungspflicht erloschen. G war als Geschäftsführer der A zwar geschäftsführendes Organ der Arbeitgeberin. Er war jedoch nicht selbst Arbeitgeber. Folglich haftet G nicht nach § 28e SGB IV auf Zahlung der nicht abgeführten Beiträge. **78**

II. Bürgerlich-rechtliche Einstandspflicht des G

Durch die Nichtabführung der Sozialversicherungsbeiträge ist der Einzugsstelle jedoch ein Schaden entstanden, für den diese nach § 28r I 1 SGB IV den Trägern der Rentenversicherung und der BA ihrerseits haftet, wenn und soweit sie ihre Verpflichtungen aus dem Beitragsschuldverhältnis nicht erfüllt hat. Es ist daher zu prüfen, ob die Einzugsstelle den gesamten Schaden oder einen Teil des ihr entstandenen Schadens gegenüber G geltend machen kann. Als bürgerlich-rechtliche Ansprüche kommen in Betracht: §§ 823 II BGB i.V.m. 28e SGB IV, 249 SGB V, 54 II, 58 V SGB XI, 168 I 1 SGB VI, 346 I SGB III (1.) sowie §§ 823 II BGB i.V.m. 266a StGB (2.). **79**

1. §§ 823 II BGB i.V.m. 28e SGB IV, 249 SGB V, 54, 58 SGB XI, 168 I 1 SGB VI, 346 I SGB III

Die Ersatzpflicht könnte sich aus §§ 28e SGB IV, 249 SGB V, 54 II, 58 V SGB XI, 168 I 1 SGB VI und 346 I SGB III ergeben. Dies setzt voraus, dass diese Bestimmungen Schutzgesetze i.S.v. § 823 II BGB sind. **80**

a) Schutzgesetze (§ 823 II BGB) sind alle Gesetze, die ein Individualinteresse zu schützen bezwecken. Es genügt nicht, dass die Norm allgemein auf den Schutz oder die Förderung einzelner Bürger oder bestimmter Personenkreise abzielt. Vielmehr muss der Gesetzgeber durch die Norm die Schaffung eines individuellen Schadensersatzanspruches erstreben oder die Haftpflicht zumindest im Gesamtsystem zivilrechtlicher Haftung tragbar erscheinen.[1]

b) Die Regeln über den Beitragseinzug begründen für den Arbeitgeber eine öffentlich-rechtliche Abgabenpflicht. Sie soll den Trägern der Sozialversicherung die für die Er- **81**

1 BGH NJW 1976, 2129; BGHZ 84, 312; vgl. im Übrigen *Knöpfle*, NJW 1967, 697; *Jauernig*, § 823 Rn. 43 f.; *Medicus/Petersen*, Bürgerliches Recht, § 24 II 3 Rn. 621; *Kupisch/Krüger*, JuS 1981, 30, 32.

füllung ihrer Ausgaben notwendigen Mittel bereitstellen. Sie schützt damit das Vermögensinteresse der Sozialversicherungsträger[2] durch obligatorische Ansprüche. So wenig ein Käufer, der seiner Pflicht zur Kaufpreiszahlung nicht nachkommt, zwar den Kaufvertrag, aber nicht ein Schutzgesetz nach § 823 II BGB verletzt, so wenig folgt aus der Nichterfüllung öffentlich-rechtlicher Abgabepflichten die Verletzung eines Schutzgesetzes.[3]

2. §§ 823 II BGB i.V.m. 266a StGB

G könnte gemäß §§ 823 II i.V.m. 266a I StGB der Einzugsstelle zum Schadensersatz verpflichtet sein. Dies setzt voraus, dass § 266a StGB ein Schutzgesetz (§ 823 II BGB) ist (a), G, obgleich nicht Arbeitgeber, den Tatbestand des § 266a I StGB erfüllt hat (b) und der Einzugsstelle dadurch ein Schaden entstanden ist (c).

82 a) § 266a I StGB ist gegenüber § 266 StGB als selbstständiger Straftatbestand ausgeformt, weil das in § 266a StGB normierte Delikt eine Handlung unter Strafe stellt, die nicht den Tatbestandsvoraussetzungen der Untreue nach § 266 StGB genügt. Denn nach § 266 I 2. Alt. StGB macht sich strafbar, wer unter Verletzung des ihm entgegengebrachten Vertrauens *dem Treugeber* einen *Schaden* zufügt.

Falls der zu Beitragseinzug und -abführung verpflichtete Arbeitgeber den *Arbeitnehmeranteil* vom Arbeitsentgelt einbehält, an die Sozialversicherung jedoch nicht abführt, entsteht dem *Arbeitnehmer* daraus jedoch gerade *kein* sozialrechtlicher *Schaden.* Im Gegensatz zum Privatversicherungsrecht, in dem der Leistungsanspruch aus einem Versicherungsverhältnis von der Zahlung der Versicherungsprämie abhängt (§§ 38 f. VVG), besteht in der Kranken- oder Arbeitslosenversicherung der Leistungsanspruch unabhängig von der Beitragszahlung. Soweit Ansprüche aus der gesetzlichen Rentenversicherung in Rede stehen, gilt ein Beitrag gemäß § 203 II SGB VI als erbracht, falls der Arbeitnehmer die Einbehaltung seines Beitragsanteils vom Lohn glaubhaft machen kann.

Durch das Vorenthalten der Arbeitnehmerbeiträge zur Sozialversicherung ist also der *Arbeitnehmer*, der dem Arbeitgeber Vertrauen in die Korrektheit des Beitragseinzugs entgegenbringt, nicht geschädigt. *Geschädigt* ist vielmehr der *Sozialversicherungsträger*, falls jedenfalls der Arbeitgeber im Tatzeitpunkt noch zahlungsfähig war.[4] Ein solches Delikt kann durch § 266 I 2. Alt. StGB nicht geahndet werden, weil Geschädigter und Treugeber nicht personengleich sind. Um seiner Ahndung willen musste in § 266a StGB ein eigener Straftatbestand geschaffen werden.

---

2 *Eichenhofer*, Sozialrecht, Rn. 286.

3 Allgemeine Meinung: BGHZ 84, 312; 58, 199; *Canaris*, in: *Canaris/Diederichsen*, Festschrift für Larenz, 27, 59: „Bezüglich der Arbeitgeberanteile handelt es sich um eine schlichte Nichterfüllung einer Gesellschaftsschuld, die zu Bestrafen oder mit einer persönlichen Schadensersatzpflicht von Gesellschaftsorganen zu sanktionieren gänzlich aus dem Rahmen des geltenden Systems fiele". Kritik daran bei *von Einem*, SGb 1987, 13 ff.; dagegen *Martens*, SGb 1987, 557 ff. Abhilfe kann nur der Gesetzgeber durch Einführung einer umfassenden öffentlich-rechtlichen Haftpflicht wie in der Schweiz *(Knus, 1989)* schaffen.

4 BGH VersR 1996, 1541, dazu auch BGHZ 134, 304; BGH NJW 2006, 3573.

Das von § 266a StGB geschützte Rechtsgut ist nicht nur das Vertrauen des Arbeitnehmers in die Korrektheit des Beitragseinzuges. Durch § 266a I StGB wird darüber hinaus das Vermögen der Sozialversicherungsträger geschützt, falls sie leistungspflichtig werden, obgleich ihnen die dafür geschuldeten Beiträge nicht gezahlt worden sind.[5] Das Verhalten des Arbeitgebers ist strafwürdig, weil er sich durch das Vorenthalten der Beiträge der Arbeitnehmer auf Kosten der Sozialversicherung persönlich bereichert. § 266a StGB ist also ein Schutzgesetz zu Gunsten der geschädigten Sozialversicherungsträger (§ 823 II BGB), weil deren Vermögensschädigung einer zivilrechtlichen Sanktion bedarf.[6] **83**

b) G hätte durch sein Verhalten den Tatbestand des § 266a StGB verwirklicht, wenn er als „Arbeitgeber" anzusehen wäre. Arbeitgeber ist der Arbeitsvertragspartner eines Arbeitnehmers. Dieser ist die A-GmbH. Gemäß § 14 I Nr. 1 StGB sind jedoch persönliche, die Strafbarkeit begründende Merkmale den Organen von Kapitalgesellschaften persönlich zuzurechnen. Zu diesen persönlichen, die Strafbarkeit begründenden Merkmalen zählt die Arbeitgebereigenschaft.[7] Der Geschäftsführer einer GmbH muss die der GmbH auferlegten öffentlich-rechtlichen Pflichten, zu denen die Abführung der Arbeitnehmerbeiträge zur Sozialversicherung gehört, auch sachgemäß erfüllen.[8] Folglich hat G den Tatbestand des § 266a I StGB verletzt und gegen ein Schutzgesetz (§ 823 II BGB) verstoßen. **84**

c) Der Umfang des Schadens beläuft sich auf 50.000 € wegen der vorenthaltenen Arbeitnehmeranteile zur Sozialversicherung. Folglich schuldet G der Einzugsstelle gemäß §§ 823 II BGB i.V.m. 266a I StGB Zahlung von 50.000 € als Schadensersatz. **85**

Ergebnis:

Die Einzugsstelle kann von G gemäß §§ 823 II BGB i.V.m. 266a I StGB Zahlung von 50.000 € verlangen. Hinsichtlich ihres verbleibenden Schadens über weitere 50.000 € als vorenthaltene Arbeitgeberanteile besteht indes kein Anspruch.

5 *Perron*, in: *Schönke/Schröder*, StGB, § 266a Rn. 2; vgl. auch *Martens*, DB 1984, 773 f.; *Wank*, DB 1982, 645 ff.; *Weber*, NStZ 1986, 482, 487.

6 BGHZ 84, 312, 314 f.; 58, 199, 201; BGH NJW 1976, 2129; BGH NJW 2005, 2546; *Canaris/Diederichsen*, 59: Hinsichtlich der Arbeitnehmeranteile fungiert der Arbeitgeber „als eine Art Treuhänder … auch für den Sozialversicherungsträger".

7 *Perron*, in: *Schönke/Schröder*, StGB, § 14 Rn. 10 ff.

8 BGH NJW 1997, 130; BGH NJW 2005, 2546; vgl. zur Haftung des GmbH-Geschäftsführers: BGHZ 134, 304; 144, 311; *Groß*, ZIP 2001, 945 ff.; *Heinemann*, BuW 2001, 113 ff.; *Plagemann*, NZS 2000, 8 ff.

Fall 6

Entstehung von Sozialleistungsansprüchen – Fälligkeit – Wiedereinsetzung in den vorigen Stand – Regelaltersrente – Beratungspflicht der Sozialleistungsträger – sozialrechtlicher Herstellungsanspruch – Ruhen von Renten wegen Auslandsaufenthalt

Ausgangsfall
BSG, Urt. v. 22.10.1996 (13 RJ 23/95) = BSGE 79, 168.
BSG, Urt. v. 14.11.2002 (B 13 RJ 39/01 R) = SozR 3-2600 § 115 Nr. 9.

86 Die im Februar 1951 geborene Antonia (A) war seit 1967 ununterbrochen bei den Stadtwerken Halle/Saale als Sekretärin beschäftigt. Im Dezember 2014 begab sie sich zu der für sie zuständigen Deutschen Rentenversicherung, Regionaldirektion Mitteldeutschland (DRV), um ihren Versicherungsverlauf feststellen und ihre Rentenansprüche ermitteln zu lassen. Weder bei dieser Unterredung noch in der folgenden Korrespondenz wies die DRV die A darauf hin, dass ihr ab Juli 2016 ein Anspruch auf Regelaltersrente zustehe und eine verspätete Antragstellung den Verlust von Rentenansprüchen nach sich ziehe.

Vom Januar bis November 2016 begab sich A im Rahmen eines Partnerschaftsvertrages zwischen Halle und der russischen Stadt Omsk nach Russland. A wurde von der Arbeit in Halle freigestellt. Ihr wurde eine Pauschalvergütung für doppelte Haushaltsführung in Höhe von 15.000 € gezahlt. Im Übrigen bezog A in Russland Kost und Logis sowie das für russische Arbeitnehmer übliche Entgelt.

Im Dezember 2016 stellte A nach ihrer Rückkehr aus Russland bei der DRV einen Antrag auf Altersrente „zum frühest möglichen Zeitpunkt, spätestens ab dem 1. Juli 2016“. Der Rentenanspruch der A beläuft sich auf 1.250 € monatlich.

Frage:
Wie ist die Rechtslage?

Gliederung

I. Zahlungsanspruch wegen Tatbestandserfüllung (§§ 40 f. SGB I)

II. Anspruch auf Rentenzahlung seit dem 1. Juli 2016 (§ 99 SGB VI)

III. Anspruch auf Gewährung der Rente ab dem 1. Juli 2016 nach den Grundsätzen des sozialrechtlichen Herstellungsanspruchs

1. Einstandspflicht für Falschinformation
2. Beratungspflicht?
3. Folgen der Verletzung der Beratungspflicht

Lösung

A hat einen Anspruch auf Rente ab dem 1. Juli 2016, falls dieser mit Erfüllung seiner Tatbestandsvoraussetzungen (§§ 40 f. SGB I) entsteht (I), die Voraussetzungen nach § 99 SGB VI erfüllt sind (II) oder die Zahlung kraft eines sozialrechtlichen Herstellungsanspruchs geschuldet ist (III).

I. Zahlungsanspruch wegen Tatbestandserfüllung (§§ 40 f. SGB I)

Nach § 40 SGB I entstehen Ansprüche auf Pflichtleistungen mit Erfüllung ihrer Tatbestandsvoraussetzungen. Mit seiner Entstehung wird ein Sozialleistungsanspruch regelmäßig fällig (§ 41 SGB I). Die Antragstellung ist daher für eine Pflichtleistung keine Entstehungsvoraussetzung.[1] **87**

Da die Regelaltersrente eine Pflichtleistung ist (vgl. § 35 SGB VI), könnte die Antragstellung für den Rentenanspruch nicht konstitutiv sein. Nach § 35 SGB VI entsteht ein Rentenanspruch mit Vollendung des 67. Lebensjahres bei Erfüllung der allgemeinen Wartezeit. Für vor dem 1.1.1952 geborene Versicherte wird die Regelaltersgrenze gemäß § 235 II SGB VI mit Vollendung des 65. Lebensjahres und sechs Lebensmonaten erreicht. Vollendung des 65. Lebensjahres bedeutet das Erreichen des 65. Geburtstages. Die allgemeine Wartezeit erfüllt, wer mindestens fünf Jahre als Beitragszeit zurückgelegt hat (§ 50 I 1 SGB VI). A hat demnach ab 1. Juli 2016 Anspruch auf die Regelaltersrente.

Die in § 41 SGB I statuierte Regelung über die Fälligkeit steht aber unter dem Vorbehalt besonderer Regelungen in speziellen Sozialleistungszweigen. In § 99 SGB VI ist für die gesetzliche Rentenversicherung die Fälligkeit von Rentenansprüchen jedoch eigens normiert.[2] Ein Anspruch auf Gewährung der Rente beurteilt sich folglich nicht nach den Grundsätzen der §§ 40 f. SGB I. Ein auf diese allgemeinen Regeln zu stützender Anspruch wegen Tatbestandserfüllung besteht sonach nicht, denn § 99 SGB VI setzt für die Fälligkeit zusätzlich die Stellung eines Rentenantrags voraus.

II. Anspruch auf Rentenzahlung seit dem 1. Mai 2013 (§ 99 SGB VI)

Nach § 99 I 1 SGB VI sind Rentenansprüche ab Eintritt ihrer Entstehungsvoraussetzungen fällig, falls der Berechtigte den Antrag in den ersten drei Monaten nach Vollendung der erstmaligen Erfüllung der Voraussetzungen für den Anspruch stellt. Wird der Antrag dagegen nach dem Zeitraum von drei Monaten gestellt, tritt Fälligkeit erst ab dem Monat der Antragstellung ein (§ 99 I 2 SGB VI). **88**

Vorliegend wäre also eine Rente ab dem 1. Juli 2016 zahlbar, wenn und soweit in dem Zeitraum von drei Monaten, der auf den Monat der Erreichung des Rentenalters folgt, also in dem Zeitraum von Juli bis September 2016, der Rentenantrag gestellt worden wäre. A hat den Antrag aber erst im Dezember 2016 gestellt. Folglich kommt nach

1 *Eichenhofer*, Sozialrecht, Rn. 176; *Mrozynski*, SGB I, § 40 Rn. 3.
2 *Mrozynski*, SGB I, § 41 Rn. 8 f.

§ 99 I 2 SGB VI eine Zahlungspflicht erst ab Dezember 2016 in Betracht. Nach § 99 SGB VI kann sie die Rente deshalb nicht ab dem 1. Juli 2016 verlangen.

89 Einem eine gesetzliche Frist versäumenden Sozialleistungsberechtigten ist auf Antrag Wiedereinsetzung in den vorigen Stand zu gewähren (§ 27 SGB X), falls der Berechtigte ohne Verschulden an der Wahrung einer gesetzlichen Frist verhindert war.[3] Die bloße Unkenntnis einer Ausschlussfrist und der damit verbundenen Wirkungen ist jedoch als Wiedereinsetzungsgrund nicht anzuerkennen.[4] Als solcher kommen nur Umstände in Betracht, die den Berechtigten an der konkreten Wahrnehmung der Frist gehindert hätten. Ein Wiedereinsetzungsgrund könnte sich hier aus dem Auslandsaufenthalt ergeben. Der Aufenthalt in Russland hinderte A an der Rentenantragstellung im Inland jedoch nur, wenn dafür der Inlandsaufenthalt nötig wäre. Wegen Nichtförmlichkeit des sozialrechtlichen Verwaltungsverfahrens (§ 9 SGB X) hätte A jedoch unschwer durch formlose Erklärung (Brief oder Fax) den Antrag gegenüber der DRV stellen können, namentlich ein Antragsformular anfordern und damit trotz Ortsabwesenheit ihre Rechte geltend machen können. Außerdem wäre die deutsche Botschaft in Russland empfangszuständig (§ 16 SGB I). Ein Grund für die Wiedereinsetzung besteht daher nicht, so dass A die Ausschlusswirkung der Fristversäumnis nicht ausräumen kann.

Eine Rentenzahlung ab dem 1. Juli 2016 kommt daher nach §§ 235, 99 SGB VI nicht in Betracht.

III. Anspruch auf Gewährung der Rente ab dem 1. Juli 2016 nach den Grundsätzen des sozialrechtlichen Herstellungsanspruchs

1. Einstandspflicht für Falschinformation

90 Nach §§ 13 ff. SGB I sind die Sozialleistungsträger zur Information verpflichtet. Sie haben dazu die Öffentlichkeit aufzuklären (§ 13 SGB I), bei konkreten Begehren zu beraten (§ 14 SGB I) und schließlich Auskunft zu erteilen, namentlich bei ungeklärter Zuständigkeit eines Trägers und Zweifeln über den Inhalt eines Sozialleistungsrechts (§ 15 SGB I). Diese Regelung sichert, dass der Sozialleistungsberechtigte zu seinem Recht kommt.[5] Angesichts der Kompliziertheit des Sozialrechts vermag ein Berechtigter sein Recht nur selten ohne fachkundige Hilfe zu realisieren. Der Wahlspruch: ius vigilantibus scriptum: das Recht ist für die Wachsamen geschrieben! gilt daher nicht im Sozialrecht.[6] Der Sozialleistungsberechtigte hat vielmehr einen umfassenden Anspruch auf Information durch den fach- und sachkundigen Sozialleistungsträger. Erfüllt dieser die Beratungspflicht nicht und entsteht dadurch dem Berechtigten ein Schaden, so fragt sich, ob und wie der Träger für die Pflichtwidrigkeit einzustehen hat. Es kommen die Amtshaftung (a), ein Folgenbeseitigungsanspruch (b) oder ein – von der Rechtsprechung des BSG entwickelter – Herstellungsanspruch (c) in Betracht.

---

3 *Siefert*, in: *von Wulfen*, SGB X, § 27 Rn. 9 ff.; *Schmidt-De Caluwe*, in: *Eichenhofer/Wenner* (Hg.), Wannagat SGB I, IV, X, § 27 SGB X, Rn. 5.

4 BSG SozR 3-1300 § 27 Nr. 3; *Mutschler*, in: KassKomm, § 27 SGB X Rn. 8a; *Schmidt-De Caluwe*, in: *Eichenhofer/Wenner* (Hg.), Wannagat SGB I, IV, X , § 27 SGB X Rn. 6.

5 *Eichenhofer*, Sozialrecht, Rn. 211; *Kreßel*, 270 ff.; *von Maydell*, ZfSH/SGB 1986, 361 ff.; *Merten*, VSSR 1973, 66 ff.; *Merten*, in: *Eichenhofer/Wenner* (Hg.), Wannagat SGB I, IV, X, Vor §§ 13-15 SGB I Rn. 2 ff.

6 *Eichenhofer*, Sozialrecht, Rn. 210.

a) Nach § 839 BGB, Art. 34 GG hat Anspruch auf Schadensersatz aus Amtshaftung, wer durch schuldhafte Verletzung einer Amtspflicht einen Schaden erlitten hat, sofern hierfür kein anderer ersatzpflichtig ist. Der Anspruch ist vor den ordentlichen Gerichten anhängig zu machen (§ 40 II VwGO); hierfür ist die erstinstanzliche Zuständigkeit des Landgerichtes begründet (§ 71 II Nr. 2 GVG). Der einen Beratungsfehler eines Trägers rügende Sozialleistungsberechtigte müsste, wenn er um Rechtsschutz vor den ordentlichen Gerichten nachsucht, indes Gerichtskosten zahlen; ferner besteht Anwaltszwang (§ 78 ZPO). Der Kläger müsste alle diese Kosten vorfinanzieren. Voraussetzung jeglicher Amtshaftung wäre zudem, dass der Sozialleistungsberechtigte geschädigt wäre. Ein Schaden entsteht einem Sozialleistungsberechtigten jedoch nur, falls eine Schadensbeseitigung nicht aufgrund sozialrechtlicher Behelfe möglich ist.[7] Dies folgt aus dem subsidiären Charakter der Amtshaftung (§ 839 I 2 BGB). Falls also ein auf Naturalrestitution gerichteter anderer Anspruch bestünde, käme mangels Schadens eine Amtshaftung nicht in Betracht. 91

b) Dafür könnte der Folgenbeseitigungsanspruch[8] in Betracht kommen. Dieser Anspruch wurde von der Wissenschaft[9] sowie der verwaltungsgerichtlichen Rechtsprechung entwickelt. Er soll bei Versäumnissen der öffentlichen Hand Restitution statt Geldersatz gewähren. Heute sieht die Verwaltungsrechtsprechung[10] in § 113 I 2 VwGO die gesetzliche Grundlage des Folgenbeseitigungsanspruchs. Ein Verwaltungsgericht kann danach auf Antrag eines Prozessbeteiligten anordnen, in welcher Weise die durch Vollziehung einer rechtswidrigen Verwaltungsentscheidung bereits dauerhaft eingetretenen rechtswidrigen Folgen zu beseitigen sind. Ein solcher Anspruch ist nötig, falls der Vollzug eines fehlerhaften Verwaltungsaktes nach dessen Rücknahme bleibende Beeinträchtigungen in der Rechtssphäre des Betroffenen hinterlässt. Fraglich erscheint aber, ob ein Beratungsfehler mithilfe des Folgenbeseitigungsanspruchs korrigiert werden kann. 92

Versäumt ein Sozialleistungsträger pflichtwidrig die Unterrichtung des Sozialleistungsberechtigten, so wird dessen Rechtssphäre dadurch nicht unmittelbar beeinträchtigt. Der Einzelne vermag jedoch aus Unwissenheit einen ihm zustehenden Anspruch auf Sozialleistungen nicht geltend zu machen. Dann ist er geschädigt, weil er nicht erlangt, was ihm von Rechts wegen gebührt. Diese Schädigung beruht jedoch nicht auf einem vorangegangenen Eingriff der Verwaltung in Rechte, sondern auf eigenen Versäumnissen des Leistungsberechtigten.[11] Während der Folgenbeseitigungsanspruch also die Restitution des status quo ante nach einem Eingriffsakt bezweckt, soll der Geschädigte im Sozialrecht durch Verwaltungshandeln nachträglich gestellt werden, wie er bei rechtmäßigem Verwaltungshandeln gestanden hätte. Verwaltungshandeln soll den Berechtigten befähigen, seine Sozialleistungsrechte selbstständig wahrzunehmen. Dieses Interesse kann durch den Folgenbeseitigungsanspruch nicht befriedigt werden; es bedarf hierfür vielmehr eines in Tatbestand und Rechtsfolge selbstständigen Anspruchs.

7 Vgl. zur Amtshaftung wegen unzutreffender Rentenauskunft: BGH NJW 2003, 3049.
8 BVerwG DÖV 1971, 857, 858; BSGE 51, 89, 94.
9 Grundlegend: *Bachof*, § 8 ff.; *Kreßel*, 49 ff.
10 BVerwGE 28, 155, 164 f.
11 *Kreßel*, 294 f.; eingehender *Ladage*; *Löcher*, SozVers 2001, 85 ff.

93 c) Um diesen sozialrechtlichen Besonderheiten gerecht zu werden, entwickelte das BSG[12] durch richterliche Rechtsfortbildung den Herstellungsanspruch. Dieser ist erfüllt, wenn der Sozialleistungsträger eine dem Berechtigten gegenüber obliegende Pflicht zur Beratung oder eine sonstige Nebenpflicht verletzt und dadurch dem Berechtigten ein sozialrechtlicher Schaden entstanden ist.[13] Der Anspruch ist auf Herstellung des Zustandes gerichtet, der bei sachgerechter Erfüllung der Beratungs- oder Nebenpflicht bestünde. Es reicht für die Haftung des Trägers ein Pflichtenverstoß aus; ein Verschulden ist nicht erforderlich. Der Herstellungsanspruch soll einen der Rechtsordnung entsprechenden Zustand schaffen und ist daher auf Naturalrestitution gerichtet: Der Geschädigte muss so gestellt werden, wie er bei ordnungsgemäßem Verhalten des Sozialleistungsträgers gestanden hätte.

2. Beratungspflicht?

Demgemäß ist zu fragen, ob den Rentenversicherungsträger vorliegend eine konkrete Pflicht zur Beratung der A getroffen hätte. Diese Frage ist auf Grund der gesetzlichen Regelungen über die in § 115 VI SGB VI niedergelegte Informationspflicht der Rentenversicherungsträger zu erörtern.

94 a) § 115 VI SGB VI enthält das Beratungsgebot der Rentenversicherungsträger nur als Soll-Vorschrift. Ferner sieht § 115 VI 2 SGB VI vor, dass die Information in gemeinsamen Richtlinien gegeben werden „kann". Hieraus könnte gefolgert werden, dass das Gesetz keine Informationspflicht begründet. Außerdem ist im Rechtsstaat der Rechtsinhaber ganz generell gehalten, die Voraussetzungen seines Rechts selbst zu klären. Der Sozialleistungsträger hatte vorliegend keinen konkreten Anlass, von der fehlenden Rechtskunde der A auszugehen. Aus § 115 VI SGB VI könnte man sonach folgern, dass eine Aufklärungspflicht nur bei konkret sichtbaren Beratungsanlässen, nicht aber ganz generell bei der Geltendmachung von Rechten besteht.

95 b) Diese Auslegung von § 115 VI SGB VI lässt jedoch §§ 13 bis 15 SGB I unberücksichtigt. Träfe diese Auslegung zu, hätte es der Statuierung einer allgemeinen Informationspflicht der Träger nicht bedurft. Aus §§ 13 bis 15 SGB I erwächst für den Berechtigten ein subjektives Recht auf Beratung.[14] Die Beratungspflicht besteht in sämtlichen „geeigneten Fällen". Nach §§ 13 bis 15 SGB I ist generell nicht davon auszugehen, dass der Rechtsinhaber über die Inhalte seiner Rechte informiert sei, sondern vielmehr umgekehrt die Sozialleistungsträger die Berechtigten über ihre Rechte generell zu unterrichten haben.

96 c) A hatte sich ratsuchend an die DRV gewandt, um die Voraussetzungen ihres Versicherungsanspruches zu klären. Bei der Ermittlung des Versicherungsverlaufes und der

---

12 BSGE 34, 124; 49, 76; 55, 261; 60, 79; 61, 175; 62, 96; 79, 168, 171; BSG – 13.12.2000 – B 14 EG 10/99 R; BSG SozR 3-1200 § 14 Nr. 12; zusammenfassend *Funk*, DAngVers 1981, 26 ff.; BSG SozR3-1200 § 14 Nr. 29; BSG SozR 3-2600 § 115 Nr. 5.

13 Zur dogmatischen Grundlegung vgl.: *Adolf; Deutscher Sozialrechtsverband* (Hg.), Bd. 39, 1994; *Ebsen*, DVBl 1987, 389 ff.; *Funk*, DAngVers 1981, 26 ff.; *Kreßel*; *Ladage*; *Schmidt-De Caluwe*; *Waßer*, JA 2001, 137 ff.; *Gagel*, SGb 2000, 517 ff.; *Hase*, SGb 2001, 593 ff.

14 BSGE 79, 168, 173; BSG SozR 3-2600 § 115 Nr. 9; *Furtmayr*, NZS 2000, 498 ff.

folgenden Korrespondenz hätte die DRV unschwer darüber informieren können, dass gemäß § 99 SGB VI innerhalb der ersten drei Monate nach Erreichen der Regelaltersgrenze für die Regelaltersrente, hier mit 65 Jahren und 6 Monaten ein Rentenantrag gestellt werden müsse, damit alle Rentenansprüche voll verwirklicht werden können. Der Rentenversicherungsträger haftet daher nach den Grundsätzen über den sozialrechtlichen Herstellungsanspruch auf Schaffung desjenigen Zustandes, der für den Versicherten bei ordnungsgemäßer Beratung bestanden hätte.

3. Folgen der Verletzung der Beratungspflicht

A müsste deshalb so gestellt werden, wie sie bei ordnungsgemäßer Beratung gestanden hätte. Dies setzt die Entstehung eines Schadens voraus. Ein Schaden läge nicht vor, falls A durch den Beratungsfehler keine Einbußen erlitten hat. Dies wäre der Fall, wenn A während ihres Aufenthaltes in Russland ohnehin keine Rentenzahlung beanspruchen könnte.

Gemäß § 110 II SGB VI werden Renten an Personen, die ihren gewöhnlichen Aufent- **97**
halt außerhalb der Bundesrepublik haben, nur nach Maßgabe der §§ 111 bis 115 SGB VI erbracht. Dies gilt jedoch nicht für Versicherte, die sich lediglich vorübergehend im Ausland aufhalten (§ 110 I SGB VI). Für die Bestimmung des Aufenthalts ist maßgeblich, wo sich der Schwerpunkt der Lebensverhältnisse des Versicherten befindet.[15] Da A während ihrer Tätigkeit in Russland ihren Wohnort in Halle/Saale beibehielt und auch weniger als ein Jahr und in der Absicht dort arbeitete, nach deren Ausübung unmittelbar nach Halle zurückzukehren, hat A trotz ihrer vorübergehenden Tätigkeit ihren Wohnsitz im Inland nicht aufgegeben. Die Rente wäre folglich wegen des vorübergehenden Auslandsaufenthaltes in voller Höhe fortzuzahlen gewesen. A ist also ein Schaden entstanden, weil sie nicht ab 1. Juli 2016 die Regelaltersrente bezog. Sie hätte diese bezogen, falls sie der Versicherungsträger hinreichend informiert hätte.

Ergebnis:
A kann Zahlung einer Rente in Höhe von monatlich 1.250 € ab dem 1. Juli 2016 nach den Grundsätzen des sozialrechtlichen Herstellungsanspruchs verlangen.

15 BSGE 26, 277; *Jung*, in: *Eichenhofer/Wenner* (Hg.), Wannagat SGB VI, § 110 Rn. 4 ff.

Fall 7

Sozialrechtliche Handlungsfähigkeit – Gewaltopferentschädigung – Antragstellung durch den gesetzlichen Vertreter – Jugendhilferecht

Ausgangsfall
BSG, Urt. v. 11.12.2008 (B 9/9a VG 1/07 R) = SozR 4-3100 § 60 Nr. 5.

98 Die 2007 geborene Klara (K) wurde zwischen ihrem fünften und achten Lebensjahr von ihren Eltern M und V sexuell missbraucht. K erlitt dadurch schwere psychische Traumata, die zu einer Minderung der Erwerbsfähigkeit (MdE) von 30% führten. Die Eltern wurden wegen der Taten zu mehrjährigen Haftstrafen verurteilt. Im März 2015 entzog das zuständige Vormundschaftsgericht Bayreuth den Eltern nach Maßgabe des § 1666 BGB das Aufenthaltsbestimmungsrecht sowie das Recht zur Beantragung von Leistungen der Kinder- und Jugendhilfe (SGB VIII). Die entsprechenden Rechte übertrug das Gericht dem Jugendamt Bayreuth als Pfleger. Im März 2016 wurde M und V durch vormundschaftsgerichtlichen Beschluss die elterliche Sorge für K gänzlich entzogen und auf das Jugendamt Bayreuth als Pfleger übertragen.

Das Jugendamt beantragte im Februar 2017 beim zuständigen Versorgungsamt im Namen der K eine Beschädigtengrundrente nach § 1 OEG, § 60 BVG zur Kompensation der Schädigungsfolgen rückwirkend ab März 2015. Das Versorgungsamt bewilligte die Leistungen ab dem Tag der Antragstellung. Zwar sei K selbst nicht in der Lage gewesen, Leistungen der Opferentschädigung zu beantragen. Eine rückwirkende Leistungserbringung komme dennoch nicht in Betracht. Das Jugendamt habe bereits seit März 2015 die Möglichkeit gehabt, nach § 97 SGB VIII Versorgungsleistungen zugunsten der K zu beantragen.

K macht geltend, die Reichweite der Pflegschaft des Jugendamts habe sich auf die im SGB VIII selbst vorgesehenen Leistungen beschränkt. Der Wirkungskreis der Pflegschaft sei durch den Gerichtsbeschluss umschrieben und könne nicht durch gesetzliche Regelungen wie etwa in § 97 SGB VIII erweitert werden. Mit der Beantragung von Leistungen der Opferentschädigung vor März 2016 hätte das Jugendamt seine Befugnisse als Ergänzungspfleger nach § 1909 BGB überschritten. Dass die Antragstellung zu diesem frühen Zeitpunkt unterblieben ist, könne daher nicht zu ihren Lasten gehen.

Frage:
Wie ist die Rechtslage?

Gliederung

I. Anspruch auf Opferentschädigung

II. Rückwirkung der Antragstellung

1. Eigenes Verschulden der K
2. Zurechnung fremden Verschuldens
   a) Verschulden der Eltern
   b) Verschulden des Jugendamtes

Lösung

K hat nach § 1 OEG, § 60 BVG einen Anspruch auf rückwirkende Zahlung von Beschädigtengrundrente vom Versorgungsamt seit März 2015, wenn ein solcher Anspruch bereits zu diesem Zeitpunkt bestand (I.) und rechtzeitig geltend gemacht wurde (II.).

I. Anspruch auf Opferentschädigung

Zunächst müsste K einen Anspruch auf Beschädigtengrundrente gemäß § 1 I 1 OEG **99** haben. Dies ist der Fall, wenn eine natürliche Person im räumlichen Geltungsbereich des OEG durch einen vorsätzlichen rechtswidrigen Angriff eine gesundheitliche Schädigung erlitten hat. Zusätzliche Voraussetzung ist die Stellung eines wirksamen Antrages.

Der persönliche und räumliche Anwendungsbereich der Norm sind erfüllt. Die Rechtsfähigkeit des Menschen – einer natürlichen Person – beginnt mit seiner Geburt (§ 1 BGB). K war zum Zeitpunkt der Schädigung bereits geboren und damit rechtsfähig. Zudem ereignete sich die Schädigung im Gebiet der Bundesrepublik Deutschland, sodass auch der räumliche Anwendungsbereich des Opferentschädigungsrechts (§ 30 SGB I) eröffnet ist.

Ein tätlicher Angriff nach dem § 1 OEG ist jede in feindseliger Willensrichtung unmittelbar auf den Körper eines anderen zielende gewaltsame Einwirkung.[1] Zwar geht sexueller Missbrauch von Kindern nicht in jedem Fall mit der Ausübung körperlicher Gewalt einher. Die Rechtsprechung anerkennt aber auch gewaltlose sexuelle Handlungen an Kindern als tätlichen Angriff. Dies rechtfertigt sich zum einem daraus, dass sich einem Kind der Sinn der Handlung nicht erschließt.[2] Zum anderen ist auch die psychische Dimension von Sexualdelikten zu berücksichtigen. So werden Kinder durch eine enge – familiäre oder freundschaftliche – Bindung an den oder die Täter unter Umständen dazu veranlasst, sexuelle Übergriffe ohne Gegenwehr über sich ergehen zu lassen. K wurde zwischen 2012 und 2015 von ihren Eltern sexuell missbraucht. Folglich war sie einem tätlichen Angriff ausgesetzt. In der Folge erlitt sie schwere psychische Traumata und damit eine Gesundheitsschädigung. Der notwendige Antrag wurde im Februar 2017

---

1 Ständige Rechtsprechung: BSG v. 2.10.2008 B 9 VG 2/07 R Rn. 14 (juris); BSG SozR 4-3800 § 1 Nr. 5.

2 BSGE 77, 11, 13.

von dem Jugendamt gestellt. Folglich liegen die Voraussetzungen für die Gewährung einer Beschädigtengrundrente ab Februar 2017 vor.

II. Rückwirkung der Antragstellung

100 Fraglich ist jedoch, ob K auch ein rückwirkender Anspruch auf Leistungen der Verbrechensopferentschädigung seit März 2015 zusteht.

Gemäß § 1 I 1 OEG i.V.m. § 60 I 1 BVG beginnt die Beschädigtenversorgung grundsätzlich mit dem Antragsmonat. Eine Rückwirkung ist gemäß § 60 I 2 BVG möglich, wenn der Antrag innerhalb eines Jahres nach dem Eintritt der Schädigung gestellt wird. Die Schädigung der K erfolgte in einem Zeitraum bis 2015. Der Antrag wurde allerdings erst im Februar 2017 gestellt, so dass die Jahresfrist bereits verstrichen war.

Allerdings könnte für K die Ausnahme des § 60 I 3 BVG eingreifen. Hiernach ist eine Verlängerung der Jahresfrist möglich, wenn der Beschädigte an der Antragstellung unverschuldet verhindert war. Demnach dürfte die K weder eigenes Verschulden treffen (1.), noch dürfte sie sich die Versäumnisse Dritter zurechnen lassen müssen (2.).

1. Eigenes Verschulden der K

101 K könnte die verspätete Antragstellung selbst zu vertreten haben. Dies wäre der Fall, wenn sie den Antrag trotz bestehender Möglichkeit nicht gestellt hätte. K war seit Vollendung des siebenten Lebensjahrs nach § 107 BGB zwar beschränkt geschäftsfähig und damit in der Lage, rechtlich vorteilhafte Willenserklärungen auch ohne Wissen oder Zustimmung ihrer gesetzlichen Vertreter abzugeben. Allerdings war sie im Zeitraum zwischen Schädigung und tatsächlicher Antragstellung noch nicht sozialrechtlich handlungsfähig i.S.v. § 36 SGB I, da sie noch keine 15 Jahre alt war. Diese Fähigkeit ist Voraussetzung für die Rechtswirksamkeit sozialrechtlicher Handlungen, namentlich von Willenserklärungen, die sozialrechtliche Folgen auslösen. Sie setzt zwar die beschränkte Geschäftsfähigkeit i.S.v. § 107 BGB voraus,[3] ist im Übrigen aber streng von der zivilrechtlichen Handlungsfähigkeit zu unterscheiden. Trotz ihrer ab Geburt gegebenen Rechtsfähigkeit, die ihr die Inhaberschaft eines Anspruchs auf Leistungen der Opferentschädigung vermittelt, konnte sie noch keine rechtswirksamen Willenserklärungen abgeben, um diese Leistungen allein zu beantragen. Ein eigenes Verschulden an der verspäteten Antragstellung trifft K also nicht.

2. Zurechnung fremden Verschulden

Allerdings könnte ihr das Verhalten ihrer Eltern bzw. des Jugendamtes zuzurechnen sein.

a) Verschulden der Eltern

102 Bis März 2015 waren allein die Eltern gemäß §§ 1626, 1629 BGB gesetzlicher Vertreter der K. Sie unterließen es pflichtwidrig, einen Antrag auf Beschädigtengrundrente für K

3 *Gutzler*, in: BeckOK Sozialrecht, SGB I, § 36 Rn. 5; *Seewald*, in: KassKomm, SGB I, § 36 Rn. 2.

zu stellen. Dieses Verhalten kann K jedoch nicht zugerechnet werden.[4] Die Eltern sind zwar zugunsten ihres Kindes antragsberechtigt im Sinne des OEG. Gleichzeitig haben sie jedoch die den Entschädigungsanspruch begründenden Straftaten selbst begangen. Dass sie diesen Konflikt zwischen dem eigenen Interesse, nicht entdeckt zu werden, und den Interessen des Kindes zu ihren Gunsten lösen, darf dem Kind nicht zum Nachteil gereichen.

b) Verschulden des Jugendamtes

Allerdings könnte das Jugendamt den Antrag verspätet gestellt haben. Dies wäre der **103** Fall, wenn bereits früher die Antragstellung möglich gewesen wäre. Zwischen März 2015 und März 2016 war die Personensorge zwischen Eltern und Jugendamt aufgeteilt. Lediglich das Aufenthaltsbestimmungsrecht sowie das Recht zur Beantragung von Leistungen der Kinder- und Jugendhilfe (SGB VIII) wurden dem Jugendamt zugewiesen. Erst im März 2016 wurde die Personensorge vollständig auf das Jugendamt übertragen.

Fraglich ist also, ob die Befugnis zur Antragstellung der Beschädigtengrundrente vom Recht zur Beantragung von Leistungen der Kinder- und Jugendhilfe erfasst ist. Dafür spricht die Regelung des § 97 S. 1 SGB VIII. Danach kann der Träger der öffentlichen Jugendhilfe die Feststellung einer Sozialleistung betreiben. Die Regelung soll den Nachrang der Leistungen der Kinder- und Jugendhilfe sicherstellen.[5] Hat ein Jugendlicher Ansprüche auf Sozialleistungen, so können diese, anstelle vom Berechtigten, vom Jugendamt im eigenen Namen geltend gemacht werden.[6]

Andererseits kann das Jugendamt nur in den vom Vormundschaftsgericht gesetzten Grenzen tätig werden. Durch den Beschluss des Vormundschaftsgerichts wurde neben der Aufenthaltsbestimmung nur das Recht übertragen, Anträge auf Leistungen nach dem SGB VIII zu stellen. Dazu gehören die Leistungen der §§ 11 bis 41 SGB VIII, exemplarisch die Unterbringung in einem Heim oder einer Pflegefamilie. Darunter fällt allerdings nicht die Befugnis des Jugendamtes, beim zuständigen Versorgungsamt ein Verwaltungsverfahren zur Feststellung der Leistungspflicht nach dem OEG einzuleiten.[7] Dies ergibt sich bereits aus der systematischen Stellung der Norm. § 97 SGB VIII ist im Achten Kapitel „Kostenbeteiligung" geregelt und hängt folglich nicht unmittelbar mit der Beantragung von Leistungen nach dem SGB VIII zusammen.[8] Vielmehr betrifft die Regelung den Fall, dass das Jugendamt bei anderen Sozialleistungsträgern im eigenen Namen Leistungen beantragen kann. Zudem steht diese Befugnis dem Jugendamt nur als erstattungsberechtigter Leistungsträger zu. Die Norm ergänzt insofern die Erstattungsansprüche nach den §§ 102 ff. SGB X.[9] Die in § 97 SGB VIII geregelte Situation ist von der Entscheidung des Vormundschaftsgerichts, die elterliche Sorge teilweise auf das Jugendamt zu übertragen, folglich nicht erfasst. Die Feststellungbefugnis nach § 97

4 BSGE 59, 40; 94, 282 (284).
5 *Loos*, in: *Wiesner*, SGB VIII § 97 Rn. 1.
6 *Winkler*, in: *Rolfs/Giesen/Kreikebohm/Udsching* (Hg.), BeckOK SGB VIII, § 97 Rn. 6.
7 BSG SozR 4-3100 § 60 Nr. 5; *Hoffmann*, JAmt 2005, 329 (333).
8 BSG SozR 4-3100 § 60 Nr. 5.
9 OVG Münster FEVS 45, 286, 290; *Loos*, in: *Wiesner*, SGB VIII § 97 Rn. 1.

SGB VIII besteht vielmehr unabhängig von der übertragenen Aufgabe als Amtspfleger. Somit kann sie keine Verschuldenszurechnung begründen.

Die Annahme einer mitumfassten Befugnis zur Beantragung jedweder zugunsten des Jugendlichen zu gewährenden Sozialleistungen in § 97 S. 1 SGB VIII widerspräche ferner dem Schutzzweck der gesetzlichen Vertretung. Das Handeln des gesetzlichen Vertreters ist nur in dessen Aufgaben- und Wirkungskreis zulässig. Da die Befugnis zur Beantragung von Leistungen der Verbrechungsopferentschädigung vor März 2017 nicht auf das Jugendamt übertragen worden ist und somit nicht von der Vertretungsbefugnis gegenüber K umfasst war, kann dieser jenes Verhalten nicht zugerechnet werden.

Ergebnis:

104 K trifft weder eigenes Verschulden für die verspätete Beantragung der Beschädigtengrundrente, noch ist ihr ein fremdes Verschulden ihrer Eltern oder des Jugendamtes zuzurechnen. Erst als dem Jugendamt die Personensorge vollständig übertragen wurde, war dieses berechtigt, den Antrag auf Leistungen nach dem OEG zu stellen. Daher verlängert sich gemäß § 60 I 3 BVG die Jahresfrist um den Zeitraum der unverschuldeten Verhinderung.[10] Die Jahresfrist endet also erst im März 2017. Die Antragstellung im Februar 2017 war somit für die rückwirkende Geltendmachung der Ansprüche der K noch fristgerecht.

K hat einen Anspruch auf seit März 2015 zu gewährende Beschädigtengrundrente.

10 BSG SozR 4-3100 § 60 Nr. 5.

Fall 8

Grundsicherung im Alter – Ausgleichsansprüche unter Sozialleistungsträgern – Übertragung (= Abtretung) von Sozialleistungsansprüchen

Ausgangsfall

BSG, Urt. v. 14.11.1984 (1/4 RJ 57/84) = BSGE 57, 218.

Der 71-jährige, ledige, kinder- und vermögenslose Richard (R) wohnt in Osnabrück. Er **105** bezog von der Deutschen Rentenversicherung, Regionaldirektion Braunschweig-Hannover (DRV) ein monatliches Altersruhegeld von 750 €. Um sich einen Gebrauchtwagen zu kaufen, nahm er im April 2015 bei seiner Bank (B) ein Darlehen über 5.000 € zu einem marktüblichen Zinssatz auf. Dieses sollte in 24 Monatsraten zu jeweils 250 € zurückgezahlt werden. Um dieser Verpflichtung nachzukommen, übertrug R seinen Rentenanspruch gegen die DRV mit Wirkung ab 1. Mai 2015 in Höhe von 250 € an B. Seit Erhalt der Abtretungsanzeige zahlte die DRV allmonatlich 250 € an B, den verbleibenden Zahlbetrag der Rente in Höhe von 500 € zahlte sie an R.

Im Januar 2016 geriet R anlässlich einer Spazierfahrt auf vereister Fahrbahn von der Straße ab. Sein Kraftwagen überschlug sich mehrfach und wurde vollständig zerstört. R brach sich einen Brustwirbel und ist seither querschnittsgelähmt. Nach einem 15-wöchigen Krankenhausaufenthalt, für dessen Kosten Rs Krankenkasse aufkam, wurde R zum 1. Mai 2016 in ein kirchliches Pflegeheim in Osnabrück eingewiesen. Für die pflegerische Versorgung kommt seither die Pflegekasse auf. Die Kosten der Heimunterbringung – marktüblich 1.200 € monatlich – trägt seitdem die Stadt Osnabrück. Diese zeigte dies umgehend der DRV an.

Die Stadt Osnabrück begehrt für ihre Aufwendungen, die sie für Rs Unterbringung getroffen hat, ab Mai 2016 in Höhe von 750 € Erstattung (§ 104 SGB X) durch die DRV. Diese erklärt sich „angesichts der bis April 2017 wirksamen Abtretung an B“ nur bereit, monatlich 500 € an die Stadt zu zahlen.

Frage:

Kann die Stadt Osnabrück von der DRV ab Mai 2016 Zahlung von insgesamt 750 € monatlich verlangen?

Gliederung

Lösung

Die Stadt Osnabrück könnte von der DRV Zahlung von 750 € nach § 104 SGB X verlangen. Dies setzt voraus, dass sie dem R zur Vorleistung verpflichtet ist (I.), ihre Leistungspflicht gegenüber der DRV Nachrang hat (II.) und die Übertragung des Rentenanspruchs (§ 53 SGB I) mit Eintritt dauernder Sozialhilfebedürftigkeit des R unwirksam geworden ist (III.).

I. Vorleistungspflicht der Stadt Osnabrück

Die Stadt Osnabrück wäre R gegenüber leistungspflichtig, wenn R sozialhilfebedürftig wäre (1) und sie als örtlicher Träger der Sozialhilfe die Kosten zu tragen hätte (2).

1. Sozialhilfeanspruch

R hat gemäß § 17 I 1 SGB XII einen Rechtsanspruch auf Sozialhilfe, wenn er der Hilfe zum Lebensunterhalt (§§ 27 ff. SGB XII) bedarf. Der Sozialhilfe bedarf, wer sich nicht selbst helfen kann oder die erforderliche Hilfe nicht von anderen – Angehörigen oder anderen Sozialleistungsträgern – zu erhalten vermag (§ 2 I SGB XII) (a) und keinen Anspruch auf Grundsicherung hat (b). Der Hilfe zum Lebensunterhalt bedarf, wer seinen notwendigen Lebensunterhalt nicht zu bestreiten vermag (§ 19 I SGB XII) (c).

106 a) Ein Anspruch auf Sozialhilfe kommt nach dem das Sozialhilferecht prägenden Grundsatz des Nachrangs („Subsidiarität“, § 21 SGB XII) in Betracht, falls der notwendige Lebensbedarf (§ 27 SGB XII) oder der Bedarf in den in § 8 Nr. 2-7 SGB XII aufgeführten Lebenslagen nicht durch eigenes Einkommen oder Vermögen, andere Private oder gegenüber den Sozialhilfeträgern vorrangig leistungspflichtige Sozialleistungsträger befriedigt wird. Private sind vorrangig zur Bedarfsbefriedigung verpflichtet, falls sie

kraft privaten Haftungs-[1] oder bürgerlichen Unterhaltsrechts[2] dem Einzelnen Ersatz- oder Unterhaltsleistungen schulden. Andere Sozialleistungsträger sind zur Bedarfsbefriedigung vorrangig verpflichtet, falls sie kraft Sozialrechts[3] bedarfsdeckende Leistungen an den Berechtigten zu erbringen haben.

R ist vermögenslos; er kann die Kosten für die Heimunterbringung somit nicht aus eigenem Vermögen aufbringen. R hat den Verkehrsunfall ohne Dritteinwirkung erlitten. Deshalb ist eine Einstandspflicht Privater nach privatem Haftungsrecht nicht begründet. R ist unverheiratet und kinderlos; demnach kommt ein privatrechtlicher Unterhaltsanspruch nicht in Betracht.

Die Querschnittslähmung stellt eine behandlungsfähige Krankheit (§ 27 SGB V) nur dar, solange der akute Krankheitszustand andauert. Daher endet der Anspruch auf Krankenbehandlung mit dem Abschluss des akuten Krankheitsfalls. Ein Pflegebedürftiger hat Anspruch auf Hilfe zur häuslichen wie stationären Pflege aus der sozialen Pflegeversicherung (SGB XI).[4] Demnach bestand im Mai 2016 ein Anspruch auf Leistungen bei stationärer Pflegebedürftigkeit. Diese Leistungen (§ 43 II SGB XI) decken den Pflegebedarf, jedoch nicht die Kosten der Unterbringung und Lebenshaltung. R hat zwar gegen die DRV einen Anspruch auf Altersrente über monatlich 750 €. Dieser Betrag reicht aber nicht hin, um die sich auf 1.200 € belaufenden Kosten für den Bedarf auf Heimunterbringung zu decken.

b) R könnte jedoch Anspruch auf Grundsicherung nach §§ 41 ff. SGB XII haben. Anspruchsberechtigt sind Personen, die das 65. Lebensjahr vollendet haben[5] oder voll erwerbsgemindert sind. Die Grundsicherung stellt weder eine Rente im herkömmlichen Sinne noch eine subsidiäre Sozialleistung der Sozialhilfe dar. Träger der Leistung sind die Kreise oder kreisfreien Städte (vgl. § 3 SGB XII). Die Grundsicherung soll Altersbezüge von Rentnern aufstocken, um verschämte Altersarmut abzuwenden. Der Anspruch besteht, falls der Antragsteller den Lebensunterhalt nicht aus eigenem Einkommen und Vermögen bestreiten kann (§ 41 I SGB XII). Der Bedarf setzt sich 2016 aus **107**

- dem Regelsatz für Personen in stationären Einrichtungen in Höhe von 327,00 € (§ 42 Nr. 1 SGB XII, Anlage zu § 28 SGB XII),
- Miete und Heizkosten (bei Heimunterbringung in Höhe der durchschnittlichen angemessenen tatsächlichen Aufwendungen für die Warmmiete eines Einpersonenhaushalts, vgl. § 42 Nr. 4 SGB XII) in Höhe von ca. 350,00 € im Landkreis Osnabrück,
- bei Schwerbehinderten mit dem Merkzeichen „G" darüber hinaus aus Mehrbedarfen nach § 30 I SGB XII in Höhe von weiteren 17% des Regelsatzes (55,59 €)

zusammen. Da die Summe dieser Beträge (732,59 €) die Rente des R in Höhe von 750 € nicht übersteigt, steht R keine Grundsicherung zu.

1 Insbesondere: §§ 823 ff. BGB, 7, 18 StVG.
2 Insbesondere: Ehegatten- (§§ 1360 f.), nachehelicher (§§ 1569 ff.) oder Kindes- oder Elternunterhalt (§§ 1601 ff. BGB).
3 Zu dessen Systematik grundlegend und eingehend: *Zacher*, in: *Fürst*, Festschrift für Zeidler, 571 ff.
4 Vgl. *Udsching*, SGB XI, § 43 Rn. 4 ff.
5 Für Personen, die nach dem 31.12.1946 geboren sind, wird die Altersgrenze schrittweise bis auf das 67. Lebensjahr angehoben, § 41 II 3 SGB XII.

108 c) Weil dennoch der Betrag der Rente nicht zur Deckung der Kosten der Heimunterbringung reicht, könnte R sozialhilfebedürftig sein. Der Hilfe zum Lebensunterhalt bedarf, wer seinen notwendigen Lebensbedarf nicht oder nicht ausreichend aus eigenen Kräften und Mitteln bestreiten kann. Die Hilfe zum Lebensunterhalt kann außerhalb wie innerhalb von Einrichtungen gewährt werden (§§ 27a, 27b SGB XII). Dann ist sie primär durch Sach- und Dienstleistungen (Unterkunft, Verpflegung, Betreuung) und nur in Höhe des Barbetrages (§ 27b II SGB XII) als Geldleistung zu erbringen.[6] Hilfe zum Lebensunterhalt beschränkt sich jedoch auf die Befriedigung der in § 27a I SGB XII normierten Bedarfe (Ernährung, Unterkunft, Kleidung), die jeder Mensch hat, gleich, ob er gesund oder krank ist (= Elementarbedarf).[7] R konnte vor seinem Unfall seinen Elementarbedarf ohne fremde Hilfe befriedigen; die ihm zustehende Rente reichte hierfür aus. Sie reicht jedoch nicht mehr aus, um den durch die Querschnittslähmung ausgelösten Wohn- und Lebensbedarf zu befriedigen. R bedarf sonach der Hilfe zum Lebensunterhalt.

2. Einstandspflicht des örtlichen Trägers

109 Gemäß § 3 I SGB XII sind für die Gewährung von Sozialhilfe der örtliche wie der überörtliche Träger zuständig. Welcher Träger für eine Heimunterbringung von Einwohnern Osnabrücks in Osnabrück zuständig ist, richtet sich nach dem Recht des Landes Niedersachsen. Danach sind die kreisfreien Städte und die Landkreise[8] örtliche Träger der Sozialhilfe. Die Stadt Osnabrück ist kreisfrei. Die Stadt Osnabrück wäre also der zuständige Sozialhilfeträger, falls nicht das Land Niedersachsen[9] als überörtlicher Träger zuständig wäre (§ 6 I Nds.AG zum SGB XII). Das Landesrecht[10] sieht jedoch nur für einzelne Tatbestände der Hilfe in besonderen Lebenslagen die Leistungspflicht des Landes als überörtlichen Träger der Sozialhilfe vor. Vorliegend bezieht R jedoch Hilfe zum Lebensunterhalt, für deren Gewährung der örtliche Träger zuständig ist. Die Stadt Osnabrück schuldet dem R also Sozialhilfe.

II. Nachrang der Leistungspflicht der Stadt Osnabrück gegenüber der DRV

110 Die Stadt Osnabrück wäre gegenüber der DRV nachrangig leistungspflichtig und deshalb gemäß § 104 I SGB X erstattungsberechtigt, falls die Erstattungspflicht nicht nach § 103 I SGB X bestünde (1.), sondern wegen Nachranges (§ 104 I 2 SGB X) die Leistungspflicht des Sozialhilfeträgers nicht begründet wäre, falls die DRV rechtzeitig geleistet hätte (2.) oder § 104 SGB X erweiternd dahin auszulegen ist, dass die Leistungspflicht eines Sozialhilfeträgers gegenüber einem Träger der Sozialversicherung nachrangig ist, wenn dies zur Vermeidung doppelter Leistungsberechtigung und zur Sicherung des Nachrangs der Sozialhilfe geboten ist (3.).

---

6 *Scheider*, in: *Schellhorn/Schellhorn/Hohm/Scheider*, SGB XII, § 27b Rn. 14 ff.; *Schulte/Trenk-Hinterberger*, 150 ff.
7 *Schulte/Trenk-Hinterberger*, 145, 147 ff.
8 § 1 Niedersächsisches Ausführungsgesetz (Nds.AG) zum SGB XII; vgl. dazu *Ruland*, in: *Faber/Schneider*, 499 (504 f.).
9 § 1 III Nds.AG zum SGB XII; *Ruland*, in: *Faber/Schneider*, 504 f.
10 Vgl. §§ 97 II 1 SGB XII, 6 II-V Nds.AG zum SGB XII; vgl. *Ruland*, in: *Faber/Schneider*, S. 505.

1. § 103 SGB X

Ein Erstattungsanspruch besteht nach § 103 SGB X, wenn die Leistungspflicht eines Trägers nachträglich entfallen ist. Dies trifft zu, wenn etwa ein Träger der gesetzlichen Krankenversicherung Krankengeld gezahlt hat, sich aber nachträglich herausstellt, dass der Empfänger erwerbsgemindert gewesen ist und deshalb statt Krankengeld Erwerbsminderungsrente beanspruchen kann.[11] In diesem Fall sichert § 103 SGB X, dass der nichtleistungspflichtige Träger von dem leistungspflichtigen, jedoch nicht leistenden Träger Erstattung erlangt. § 103 SGB X ist unter institutionell gleichrangigen Sozialleistungsträgern anzuwenden.[12] **111**

Dieser Rang besteht zwischen Sozialleistungsträgern, die nach gleichen Maximen, jedoch für unterschiedliche Risiken Leistungen gewähren. Aus unterschiedlichen Rechtsgründen sind Sozialleistungspflichten indes begründet, falls ein Träger einkommensbezogene und der andere bedarfsbezogene Leistungen schuldet oder nach dem Recht eines Trägers Einkommen oder Vermögen anzurechnen ist, nach dem Recht des anderen Trägers dagegen nicht. Da sich Sozialversicherungs- und Sozialhilferecht in den genannten Gesichtspunkten grundlegend unterscheiden und gemäß § 2 SGB XII Leistungspflichten des Sozialhilfeträgers gegenüber Leistungspflichten anderer Träger nachrangig sind, besteht zwischen einem Sozialversicherungsträger und einem Sozialhilfeträger kein institutioneller Gleichrang. Folglich kann der Anspruch der Stadt Osnabrück gegen die DRV nicht auf § 103 SGB X gestützt werden.

2. § 104 SGB X

Die Leistungspflicht der Stadt Osnabrück wäre gemäß § 104 I 2 SGB X[13] nachrangig, wenn bei rechtzeitiger Erfüllung der Leistungspflicht durch den Rentenversicherungsträger eine Verpflichtung des Sozialhilfeträgers nicht bestünde. Da die Leistungspflicht des Sozialhilfeträgers mit Eintritt der Hilfebedürftigkeit einsetzte, die Leistungspflicht des Rentenversicherungsträgers aber seit Eintritt des Versicherungsfalles bestand, war die Leistungspflicht des Sozialhilfeträgers nicht nachrangig. Vielmehr besteht die Leistungspflicht des Rentenversicherungsträgers grundsätzlich unabhängig von der Verpflichtung des Sozialhilfeträgers. Ein unmittelbarer Anwendungsfall des in § 104 I 2 SGB X formulierten Nachrangs liegt sonach nicht vor. **112**

3. Fordert Erstattungsrecht Erstattung?

Ein Erstattungsanspruch nach § 104 SGB X wäre gleichwohl zu bejahen, falls geltendes Erstattungsrecht einen Erstattungsanspruch forderte, sich aber als lückenhaft geregelt erwiese. Das in §§ 103 bis 114 SGB X niedergelegte[14] Erstattungsrecht regelt Aus- **113**

11 § 50 I 1 Nr. 1 SGB V.

12 Dazu wie zum Folgenden: BSGE 69, 238; *Eichenhofer*, in: *Eichenhofer/Wenner* (Hg.), Wannagat SGB I, IV, X, § 103 SGB X Rn. 6 f.; *von Einem*, SGb 1989, 184 ff.; *Becker*, in: *Hauck/Haines/Noftz*, SGB X, § 103 Rn. 9, § 104 Rn. 11.

13 Zur Prüfung des § 104 SGB X im Einzelnen vgl. BSGE 74, 36, 38.

14 Dazu näher *Eichenhofer*, SGb 1989, 177 ff.; *ders.*, DVBl 1991, 77 ff.; *Bley*, DOK 1981, 143 ff.; *Rische*.

gleichslagen im Drei-Personen-Verhältnis.[15] Ein solches liegt vor, wenn ein Träger dem Empfänger einen Vorteil zugewendet hat, den ihm aber ein anderer Träger hätte zuwenden sollen. Jener sei „Vorleistender", der den Vorteil Empfangende sei „Leistungsberechtigter" und der den Vorteil schuldende Träger sei „Leistungspflichtiger" genannt.

In einem solchen Verhältnis kann auf zwei einander ausschließende Weisen sichergestellt werden, dass der Leistungspflichtige ohne bleibende Belastung des Vorleistenden an den Leistungsberechtigten leistet:

- entweder Rückabwicklung des Verhältnisses Vorleistender – Leistungsberechtigter (= Rückforderung der Vorleistung und Ausgleich zwischen Vorleistendem und Leistungsempfänger) und Leistung im Verhältnis Leistungspflichtiger – Leistungsberechtigter;
- oder: Ausschluss der Rückabwicklung im Verhältnis Vorleistender – Leistungsberechtigter sowie Ausschluss der Leistung im Verhältnis Leistungspflichtiger – Leistungsberechtigter; stattdessen Ausgleich im Verhältnis Vorleistender – Leistungspflichtiger.

114 Die zweite Möglichkeit minimiert die Transaktionen im Drei-Personen-Verhältnis. Statt die rechtsgrundlose Leistung rückabzuwickeln, wird der gebotene Vermögensausgleich unter den beteiligten Leistungsträgern vorgenommen, bei dem der Vorleistende vom Leistungspflichtigen Ausgleich erhält und die Vorleistung als Erfüllung des Leistungsanspruchs gilt.

Dieser Ausgleich lässt den Leistungsberechtigten aus dem Spiel und belässt ihm, was er letztlich von einem Sozialleistungsträger – wenn auch einem anderen als dem gewährenden – erhalten kann.

Die zweite Möglichkeit des Ausgleiches führt im Ergebnis dazu, dass unter Sozialleistungsträgern eine Verrechnung (§ 52 SGB I) stattfindet, so dass der Vermögensvorteil dem Empfänger verbleibt und der letztlich Leistungspflichtige dem Vorleistenden den Betrag zu erbringen hat, den jener durch die Schuldbefreiung gegenüber dem Empfänger (§ 107 SGB X) erspart. Besteht eine Vorleistung zwischen institutionell gleichrangigen Trägern, vollzieht sich der Ausgleich nach § 103 SGB X. Besteht der Ausgleich zwischen institutionell verschiedenrangigen Trägern, richtet er sich nach § 104 SGB X.

Da R vorliegend Hilfe zur Pflege durch die Stadt Osnabrück erhalten hat und deshalb ungerechtfertigt bereichert wäre, falls ihm daneben noch die Rentenleistungen in vollem Umfang zustünden, vermag der Sozialhilfeträger zur Sicherung des Nachrangs der Sozialhilfe gegenüber dem Rentenversicherungsträger ab Eintritt der Leistungspflicht gemäß § 104 SGB X Erstattung zu verlangen.

Der Umfang der Erstattung beläuft sich jedenfalls auf den Betrag, der dem R gegen den Rentenversicherungsträger zusteht; hier also zumindest 500 €. Die Stadt Osnabrück hat daher gegen die DRV jedenfalls einen Erstattungsanspruch in Höhe von 500 € monatlich.

15 § 106 regelt sogar die Fälle des Vier- und mehr als Vier-Personen-Verhältnisses, vgl. dazu *Eichenhofer*, in: *Eichenhofer/Wenner*, Wannagat SGB I, IV; X, § 106 SGB X; *Becker*, in: *Hauck/Noftz*, SGB X, Rn. 1 zu § 106.

III. Wirksamkeit der Übertragung nach Eintritt der dauernden Sozialhilfebedürftigkeit

Der Anspruch der Stadt Osnabrück gegen die DRV könnte sich allerdings auf 750 € monatlich belaufen, falls ein Erstattungsanspruch nach § 104 SGB X einer Übertragung eines Sozialleistungsanspruchs selbst dann vorginge, wenn er nach der Übertragung entstanden ist. Dies wäre zu verneinen, falls diese Folge der Priorität widerspräche (1.), indessen zu bejahen, falls aus § 53 III SGB I die Unwirksamkeit der Vorausabtretung von Sozialleistungsansprüchen bei Eintritt dauernder Sozialhilfebedürftigkeit des Zedenten zu folgern wäre (2.) und sich ferner aus § 53 V SGB I ergäbe, dass die Vorausabtretung mit Eintritt der dauernden Sozialhilfebedürftigkeit kraft Gesetzes unwirksam wird, ohne dass es gemäß § 48 SGB X einer Erklärung durch den leistungspflichtigen Sozialleistungsträger bedürfte (3.). **115**

1. Wirksamkeit der Übertragung

Die Übertragung einer Sozialleistung ginge nach dem die Abtretung von Forderungen prägenden Grundsatz der Priorität jedem Erstattungsanspruch vor, falls der für die Verfügung über subjektive Rechte im Privatrecht geltende Grundsatz: prior tempore potior iure (dt.: „Wer zuerst kommt, mahlt zuerst!“) auch für Verfügungen über Sozialleistungsansprüche gälte.

a) Für diese Ansicht spricht, dass das SGB I die Sozialleistungsansprüche dem rechtsgeschäftlichen Verkehr unterworfen hat,[16] weil in der Konsumgesellschaft zunehmend die Menschen ihre Konsumbedürfnisse mittels Kreditaufnahme befriedigen. Von der Möglichkeit solchen Konsumverhaltens sollten Sozialleistungsberechtigte nicht länger ausgeschlossen sein. Ferner bemisst sich gemäß § 104 III SGB X der Umfang des Erstattungsanspruchs nach dem Umfang der dem Berechtigten zustehenden Leistung. Hätte die Abtretung nicht vor dem Erstattungsanspruch Vorrang, müsste der vorleistende Träger mehr leisten, als er ohne Abtretung schuldete.[17] Außerdem würde die freie Verfügbarkeit von Sozialleistungsansprüchen erschwert, falls diese nur abgetreten werden könnten, solange der Zedent nicht dauerhaft pflegebedürftig ist.[18] Ferner hat der Gesetzgeber den Vorrang der Erstattung vor der Pfändung trotz entsprechender Vorschläge im Gesetzgebungsverfahren[19] nicht ausdrücklich angeordnet,[20] weshalb der Gesetzgeber den Vorrang des Erstattungsanspruchs vor der Verpfändung nicht habe anordnen wollen.[21] **116**

b) Dieser Ansicht ist jedoch entgegenzuhalten, dass der Eintritt dauernder Sozialhilfebedürftigkeit nicht einer weiteren Verfügung über einen Sozialleistungsanspruch gleich- **117**

16 BT-Drs. 7/868, S. 1 ff.; zit. nach *Zacher*, Materialien zum Sozialgesetzbuch, 76.
17 BSGE 57, 218, 222; hierzu *Stober*, JbSozR, Bd. 8 (1986), 291, 313; vgl. auch BSG SozR 1300 § 104 Nr. 4; kritisch zu dieser Entscheidung: *Andre*, NDV 1985, 337; *von Einem*, SGb 1987, 147 ff.; *Liebe*, SozVers 1985, 85 ff.; vgl. auch *Pickel*, SGb 1984, 545 ff.
18 Insbesondere die Rechtsprechung beruft sich daher auf den Prioritätsgrundsatz, um die Konkurrenzverhältnisse zwischen Erstattung und Abtretung zu bewältigen: vgl. BSGE 65, 258, 259; 69, 238, 244 f.; Die Leistung 1992, 417 ff.
19 Vgl. BT-Drs. 11/1004, S. 20.
20 Zu den Beweggründen vgl. *Michaelis/Kramer*, DAngVers 1989, 67, 75; *Sasdrich*, BABl. 12/1988, 5, 8.
21 So BSGE 69, 238, 245 f.

steht. Zwar gilt auch für Verfügungen über Sozialleistungsansprüche der im Vermögensrecht allgemein gültige Grundsatz der Priorität. Der Eintritt dauernder Sozialhilfebedürftigkeit bedeutet jedoch nicht eine neuerliche Verfügung über den übertragenen Sozialleistungsanspruch. Dauerhafte Sozialhilfebedürftigkeit führt vielmehr zu einer Erhöhung des individuellen Bedarfs.

Weil auch Sozialleistungsansprüche nur verfügbar sind, soweit sie verpfändbar sind, die Übertragbarkeit eines Sozialleistungsanspruchs sich auf den pfändbaren Teil beschränkt (§ 53 III SGB I) und die Pfändungsgrenzen die Bedarfsbefriedigung des Zedenten vor der Bedarfsdeckung durch Dritte aus dem Ertrag des Forderungsrechts sichern, beschränkt oder beseitigt die Steigerung des Bedarfs eines Zedenten auch die Verkehrsfähigkeit des abgetretenen Rechts.

Aus § 104 III SGB X folgt nicht, dass der Erstattungsanspruch hinter der Abtretung zurückträte. Der Träger wäre nur zusätzlich belastet, falls die Abtretung gegenüber der Erstattung Vorrang hätte. Wäre die Abtretung hingegen unwirksam und flösse der dem Berechtigten geschuldete Betrag dem Vorleistenden zu, wäre der Leistungspflichtige nicht zusätzlich belastet.

2. Verfügbarkeit der Ansprüche

§ 53 III SGB I sieht die freie Verfügbarkeit von Sozialleistungsansprüchen vor, „die der Sicherung des Lebensunterhalts zu dienen bestimmt sind".

118 a) Der Sicherung des Lebensunterhalts zu dienen bestimmt sind alle Ansprüche, die dem Berechtigten die Bedarfsbefriedigung durch Geld ermöglichen. Unter dieser Voraussetzung ist die rechtsgeschäftliche Verfügbarkeit über sozialrechtliche Ansprüche im gleichen Umfange wie über privatrechtliche Ansprüche zu gewährleisten. Wird der Lebensunterhalt statt durch sozialrechtliche Geld-, durch Sach- und Dienstleistungen gesichert, kumulieren Leistungsansprüche. Eine solche Kumulation ist aus Gründen der Bereicherungsvermeidung aufzulösen. Der auf Geldzahlung gerichtete Sozialleistungsanspruch wird zum Kostenbeitrag für den den aktuellen Lebensunterhalt sichernden vorleistenden Träger. Dieser Ausgleich wird durch § 104 SGB X erreicht. Mit der Änderung seines Rechtscharakters entfällt – mit anderen Worten – die Verkehrsfähigkeit des übertragenen Anspruchs.[22]

119 b) Käme der Abtretung gegenüber dem Erstattungsanspruch Vorrang zu, trüge letztlich der Sozialhilfeträger das Risiko der Beitreibung von Darlehensforderungen. Er müsste dann nicht nur – was seine Pflicht ist – die Aufwendungen für die Bedarfssicherung des Empfängers garantieren, sondern mittelbar für die Schulden des Hilfeempfängers haften. Diese letztgenannte Pflicht trifft den Sozialhilfeträger aber grundsätzlich nicht.[23]

22 Sie entfiele auch dann, wenn der Rentenversicherungsträger selbst statt Geldleistungen Sach- oder Dienstleistungen gewährte, denn diese Ansprüche sind nach § 53 SGB I nicht übertragbar.

23 *Schellhorn*, in: *Schellhorn/Schellhorn/Hohm/Scheider*, SGB XII, Rn. 14 zu § 33; *Hohm*, in: *Schellhorn/Schellhorn/Hohm/Scheider*, SGB XII, § 17 Rn. 24; *Schulte/Trenk-Hinterberger*, 127 ff.

§ 36 I SGB XII sieht die Übernahme von Schulden als Hilfe zum Lebensunterhalt nur vor, wenn dies der Sicherung zur Unterkunft oder Behebung einer vergleichbaren Notlage erforderlich ist. Dies ist nur bei existenziellen Beeinträchtigungen der Fall, beispielsweise zur Sicherung der Strom-, Heizungs- oder Wasserversorgung oder von Möbeln und notwendigem Hausrat.[24]

Es ist vielmehr ein Risiko jedes Kreditgebers, dass der Kreditnehmer vor der endgültigen Darlehenstilgung verstirbt. Nichts anderes kann für den Eintritt der Sozialhilfeabhängigkeit gelten. Ein Kreditgeber kann sich gegen das Risiko des Todes des Kreditnehmers versichern. Die hierfür entstehenden Kosten müssten dann vom Kreditnehmer in Form einer Prämie für eine Risikoversicherung getragen werden. Unterlässt der Kreditgeber eine derartige Sicherung, so kann er den Schaden nicht auf den Sozialhilfeträger abwälzen. Mit Eintritt der dauernden Pflegebedürftigkeit hat also der Rentenanspruch seine Verkehrsfähigkeit eingebüßt, weil er nicht mehr der Sicherung des laufenden Lebensunterhalts des Rentners zu dienen bestimmt ist.

3. Änderung der Verhältnisse

Der Wegfall der Verfügbarkeit des Leistungsanspruchs ist eine Änderung der tatsächlichen Verhältnisse. Gemäß § 48 SGB X dürfte der Rentenversicherungsträger deshalb durch Bescheid gegenüber B die fehlende Verfügbarkeit bewirken.[25] Die Verpflichtung zum Erlass eines solchen Bescheides entfiele allerdings, wenn sich aus § 53 V SGB I unmittelbar ergäbe, dass auch ohne Bescheid die Verkehrsfähigkeit des Rentenanspruchs kraft Gesetzes entfiele.

a) § 53 V SGB I erweitert die Aufrechnungsmöglichkeiten eines schuldenden Sozialleistungsträgers bei Übertragung des Anspruchs über § 406 BGB hinaus in doppelter Weise. Zum einen erfasst § 53 V SGB I auch die Verrechnung (§ 52 SGB I = Aufrechnung mit Forderung eines anderen Sozialleistungsträgers – also Aufrechnungseffekt trotz fehlender Gegenseitigkeit der Forderungen). Zum anderen ermöglicht § 53 V SGB I auch bei Kenntnis der vorgängigen Übertragung des Leistungsanspruchs eine Aufrechnung oder Verrechnung durch den schuldenden Leistungsträger gegenüber dem Zessionar. **120**

b) Die Erstattung ist ein auf gesetzlicher Anordnung beruhender Fall der Verrechnung. Die in § 107 SGB X statuierte Tilgung des Anspruchs des Berechtigten gegen den Leistungspflichtigen bei gleichzeitigem Ausschluss eines Rückforderungsanspruchs des vorleistenden Trägers gegenüber dem Empfänger der Leistung (= dem Berechtigten) beruht auf dem Prinzip der Verrechnung. Der Berechtigte kann die vom Vorleistenden gewährte Leistung behalten; gleichzeitig wird die Rückforderung der rechtsgrundlos erbrachten Leistung ausgeschlossen.[26] **121**

24 *Grube*, in: *Grube/Wahrendorf*, SGB XII, § 36 Rn. 4 m.w.N.
25 Zum Ganzen näher: *Eichenhofer*, ZfSH/SGB 1989, 281, 289; *Eichenhofer*, SGb 1991, 292 ff.; die Rechtsprechung ist jedoch dieser Auslegung nicht gefolgt: vgl. BSGE 69, 238, 246. Die Berufung auf eine angeblich entgegenstehende Gesetzgebungsgeschichte überzeugt jedoch nicht.
26 *Eichenhofer*, in: *Eichenhofer/Wenner* (Hg.), Wannagat SGB I, IV, X, § 107 SGB X Rn. 12 ff.

122 c) Weil Grundlage des Erstattungsanspruchs eine auf gesetzlicher Anordnung beruhende Verrechnung ist, sind auch die in anderen Zusammenhängen für die Verrechnung geltenden Regeln auf die Erstattung entsprechend anzuwenden. § 53 V SGB I soll den Vorrang der Gegenansprüche des Leistungspflichtigen oder eines anderen Sozialleistungsträgers vor der Übertragung sichern, anders formuliert die Gesamtsaldierung von Sozialleistungsansprüchen und Rückzahlungsverpflichtungen des Empfängers unter Sozialleistungsträgern ermöglichen. Eine solche Gesamtsaldierung bezweckt und verwirklicht auch das Erstattungsrecht, weil jede nach § 52 SGB I vorgenommene Verrechnung den Erstattungsanspruch unter Sozialleistungsträgern (§ 103 SGB X) auslöst.[27] Folglich geht der Erstattungsanspruch (§ 104 SGB X) der Übertragung eines Sozialleistungsanspruchs in entsprechender Anwendung des § 53 V SGB I vor.

Ergebnis:

Demgemäß hat die Stadt Osnabrück gegenüber der DRV ab Mai 2016 einen Anspruch auf monatliche Zahlung von 750 €.

27 Ebd., § 107 SGB X Rn. 12 ff.; Verrechnung und Erstattung sind also funktional aufeinander bezogen.

Fall 9

Unfallschutz bei ehrenamtlicher Betätigung – Erstattungsanspruch – Verhältnis von privatrechtlicher Haftung und sozialrechtlicher Einstandspflicht – Bereicherungsrecht – Vergleich – Wegfall der Vergleichsgrundlage

Ausgangsfall

BGH, Urt. v. 8.7.2003 (VI ZR 274/02) = BGHZ 155, 342.
BSG, Urt. v. 27.1.1976 (8 RU 114/75) = BSGE 41, 149.
BSG, Urt. v. 12.5.1981 (2 RU 40/79) = BSGE 52, 11.
BSG, Urt. v. 20.2.2001 (B 2 U 7/00 R) = BSGE 87, 294.
BSG, Urt. v. 7.9.2004 (B 2 U 45/03 R) = SozR 4-2700 § 2 Nr. 2.

Der 23-jährige Otto (O) ist als Kfz-Mechaniker abhängig beschäftigt und bei der AOK **123** Bayern gegen Krankheit und Pflegebedürftigkeit versichert. Er wohnt in Großdingharting und ist im dortigen Heimatverein e.V. zur Pflege des örtlichen Brauchtums tätig. Alljährlich wird auf dem Dorfplatz von Großdingharting in der Nacht zum 1. Mai der Maibaum im Zusammenwirken von Gemeinde (G) und Heimatverein errichtet.

2014 verletzte sich O beim Errichten des Maibaums, weil die auf dem Fahrzeug der G angebrachte Seilwinde an dem regenbedingt glitschigen Baum abrutschte, der Baum zu Boden fiel und O an Schulter und rechtem Arm schwer verletzte. Für den in den Monaten Mai und Juni 2014 notwendig gewordenen Krankenhausaufenthalt, den eingetretenen Einkommensausfall und die erforderliche Heilbehandlung wandte die AOK insgesamt 30.000 € auf. Diese nahm bei G als Fahrzeughalterin Rückgriff. Weil G einem Gemeindeverband angehörte, verpflichtete sich G in einem im Juli 2014 mit der AOK geschlossenen „Abfindungsvergleich“, zwei Drittel der durch den Unfall bedingten Kosten – also 20.000 € – zu zahlen, die G unmittelbar nach Vergleichsabschluss überwies.

Im Juni 2015 gelangte die AOK zu der Ansicht, dass statt ihrer die Bayerische Landesunfallkasse für Os Verletzung einstandspflichtig sei. Dieses Begehren wurde im Juli 2015 erstmals gegenüber der Unfallkasse erhoben. Denn O sei geschädigt worden, als er ehrenamtlich für G tätig geworden sei. Im März 2017 wurde in einem von der AOK gegen die Unfallkasse im Oktober 2015 angestrengten Erstattungsrechtsstreit letztinstanzlich durch das Bayerische LSG festgestellt, dass für den Unfall des O die Unfallkasse aufkommen müsse, eine Erstattungspflicht aber unterdessen wegen Zeitablaufs entfallen sei.

G klagte daraufhin vor dem örtlich zuständigen Landgericht gegen die AOK auf Rückzahlung von 20.000 €. Diese weigerte sich zu zahlen, weil sie auf den Kosten für O sitzen bleibe und G deshalb auch nicht von der Unfallkasse auf Schadensersatz belangt werden könne.

Frage:

Wie ist die Rechtslage?

Gliederung

I. Einstandspflicht der Unfallkasse?
1. Die Unfallkasse als Träger sozialer Entschädigung für ehrenamtlich Tätige?
2. Vereinstätigkeit als ehrenamtliche Tätigkeit für die Gemeinde?
3. Kooperation mit Verein als Basis gemeindlicher Tätigkeit?

II. Erstattungsanspruch der AOK gegen die Unfallkasse
1. Nachträgliches Entfallen des Rechtsgrundes einer Sozialleistung
2. Umfang der Erstattung
3. Ausschluss des Erstattungsanspruchs

III. Bereicherungsanspruch der G gegen die AOK (§§ 779, 812 I 2, 1. Alt. BGB)
1. Rechtsgrund der Leistung – Vergleich
2. Wegfall der Vergleichsgrundlage?

Lösung

G könnte gegen die AOK einen Anspruch auf Rückzahlung der auf Grund des Abfindungsvergleichs gezahlten 20.000 € aus §§ 779 I, 812 I 2, 1. Alt. BGB haben. Dies setzt voraus, dass wegen der vorrangigen Einstandspflicht der Unfallkasse (I) die AOK einen Erstattungsanspruch gegen die Unfallkasse hätte (II), dies zum Wegfall der Vergleichsgrundlage (§ 779 I BGB) führte und sich daraus ein Anspruch auf Rückzahlung der von G an die AOK gezahlten 20.000 € ergäbe (III).

I. Einstandspflicht der Unfallkasse?

1. Die Unfallkasse als Träger sozialer Entschädigung für ehrenamtlich Tätige?

124 Die nach § 114 I Nr. 7 SGB VII als Unfallversicherungsträger anerkannte Unfallkasse wäre nach § 129 I Nr. 1 SGB VII einstandspflichtig, falls O bei der Schädigung durch den Maibaum für die Gemeinde G ehrenamtlich tätig geworden wäre (§ 2 I Nr. 10a SGB VII). Die Gemeinde ist eine Gebietskörperschaft des öffentlichen Rechts. Eine ehrenamtliche Tätigkeit ist eine unentgeltliche Tätigkeit,[1] welche einer Körperschaft, Anstalt oder Stiftung des öffentlichen Rechts oder einer öffentlich-rechtlichen Religionsgemeinschaft zugutekommt. O war unentgeltlich tätig. Darüber hinaus müsste die Tätigkeit der Gemeinde dienlich sein. Dies könnte sich daraus ergeben, dass die Tätigkeit für den Verein (2) oder die Gemeinde (3) erbracht worden ist.

2. Vereinstätigkeit als ehrenamtliche Tätigkeit für die Gemeinde?

125 Fraglich ist jedoch, ob die Tätigkeit des O einen gemeindlichen Bezug aufweist, obgleich der Verletzte seine Tätigkeit im Verein ausführte. Vereinsmitglieder waren – vor

1 BSG NJW-RR 2005, 330; BSGE 34, 163, 165; 39, 24; 40, 139.

Neuregelung der Unfallversicherungspflicht bei ehrenamtlicher Tätigkeit 2004[2] – grundsätzlich nicht versichert, es sei denn, sie waren für einen Verein wie Beschäftigte tätig geworden (§ 2 II SGB VII). Letzteres war namentlich der Fall, wenn das Vereinsmitglied unentgeltlich Tätigkeiten ausübte, welche üblicherweise durch bezahlte und demnach abhängig Beschäftigte durchgeführt wurden – etwa mit Verwaltungsaufgaben beim Einzug der Mitgliedsbeiträge oder der Wahrnehmung von Informationsaufgaben in der ständig mit einem Arbeitnehmer besetzten Geschäftsstelle betraut waren. Weil das Aufstellen eines Maibaums üblicherweise nicht von Arbeitnehmern des Vereins erbracht wird, scheidet vorliegend ein solcher Zusammenhang jedoch aus.

3. Kooperation mit Verein als Basis gemeindlicher Tätigkeit?

Eine Tätigkeit für eine juristische Person des öffentlichen Rechts wird nach § 2 I Nr. 10a SGB VII ausgeübt, falls dem Tätigen von dem veranlassenden Rechtsträger ein abgegrenzter Aufgabenkreis übertragen wird, der seinerseits in den einer öffentlich-rechtlichen Körperschaft oder Anstalt zugewiesenen Aufgaben- und Verantwortungsbereich fällt.[3] Vorliegend könnte sich der Zusammenhang mit der Gemeinde daraus ergeben, dass zwischen Verein und Gemeinde auf dem Gebiet der Brauchtumspflege eine Zusammenarbeit vereinbart wurde. 126

Die Rechtsprechung[4] hat bei Maßnahmen der Brauchtumspflege, die im Interesse der Gemeinde liegen und durch diese veranlasst sind, eine Einstandspflicht der Gemeinde bejaht, selbst wenn die Tätigkeit statt durch die Gemeinde durch den Verein veranlasst wurde. Der Grund für die Einstandspflicht der Gemeinde liegt in der sich aus der Zusammenarbeit von Gemeinde und Verein ergebenden öffentlichen Gesamtverantwortung für die Pflege des Brauchtums.

Ehrenamtlich sei eine Tätigkeit nicht nur, wenn sie üblicherweise ehrenamtlich ausgeübt werde.[5] Eine ehrenamtliche Tätigkeit liegt vielmehr in jeder unentgeltlichen Wahrnehmung einer im öffentlichen Interesse liegenden Aufgabe. Der den ehrenamtlich Tätigen zuteilwerdende Unfallversicherungsschutz soll deren Wirken für das Gemeinwohl anerkennen und fördern.[6] Die Brauchtumspflege liegt im öffentlichen Interesse. Als O beim Maibaumsetzen mithalf, übte er demnach eine ehrenamtliche Tätigkeit aus, die – insoweit sie dem Verein geleistet wurde – der G zugutekam. Daraus ergibt sich auch die Einstandspflicht der Unfallkasse für den entstandenen Schaden.

II. Erstattungsanspruch der AOK gegen die Unfallkasse

Die AOK könnte gegen die Unfallkasse gemäß § 105 SGB X einen Erstattungsanspruch haben, falls die AOK an den Verletzten eine Sozialleistung erbrachte, deren Rechtsgrund nachträglich entfallen ist, der einstandspflichtige Leistungsträger hingegen keine eigene

2 § 2 I Nr. 10 a) b) SGB VII, BT-Drs. 15/3439, S. 5, Gesetz zur Verbesserung des unfallversicherungsrechtlichen Schutzes bürgerschaftlich Engagierter und weiterer Personen; BT-Drs. 15/4051, dazu ausführlich *Merten*, SGb 2005, 427; *Geckle*.

3 BSG NJW-RR 2005, 330, 331; BSG SozR 2200 § 539 Nr. 63; SozR 3-2200 § 539 Nr. 11, 14, 31, 38.

4 BSG SozR 3-2200 § 539 Nr. 11.

5 BSG NJW-RR 2005, 330, 331.

6 BSGE 40, 139, 140; BSG SozR 2200 § 539 Nr. 95.

Leistung vornahm (1). Der Umfang der Erstattung bemisst sich nach den durch die Vorleistung eingetretenen Entlastungen der Unfallkasse (2). Schließlich darf die Frist zur Geltendmachung des Erstattungsanspruchs nicht verstrichen sein (3).

1. Nachträgliches Entfallen des Rechtsgrundes einer Sozialleistung

127 Die Sozialleistungen untergliedern sich gemäß § 11 SGB I in Geld-, Sach- und Dienstleistungen. Eine Dienstleistung liegt in der Rehabilitation, eine Sach- und Dienstleistung in der Heilbehandlung und eine Geldleistung in der Abgeltung von Einkommensverlusten. Die AOK erbrachte also eine sich aus Heilbehandlung, Rehabilitation und Einkommensersatz zusammengesetzte Sozialleistung.

Diese wäre von der Unfallkasse zu erbringen gewesen. Ein nachträgliches Entfallen einer Leistungspflicht liegt nicht nur vor, falls sich nachträglich die Einstandspflicht eines anderen Trägers ergibt, sondern auch, wenn die Annahme der Einstandspflicht auf einer Fehlbeurteilung beruht. Da die AOK bei der Leistungsgewährung nicht die Leistungspflicht der Unfallkasse als Träger sozialer Entschädigung wahrgenommen hat, ist der Rechtsgrund ihrer Leistung nachträglich entfallen.

2. Umfang der Erstattung

128 Weil die Unfallkasse bisher keine Leistungen an den Verletzten erbracht hat, ist der Erstattungsanspruch dem Grunde nach erfüllt. Der Umfang des Erstattungsanspruchs richtet sich gemäß § 103 II SGB X nach den für den zuständigen Leistungsträger geltenden Rechtsvorschriften. Dies folgt aus § 107 SGB X, wonach die Leistung des unzuständigen Trägers den Anspruch des Berechtigten gegenüber dem zuständigen Träger tilgt. Die Leistung des unzuständigen wird als diejenige des zuständigen Trägers fingiert. Aufgrund des § 107 SGB X wird der zuständige Träger also endgültig gegenüber dem Berechtigten entlastet. Der Erstattungsanspruch soll die durch Vorleistung eingetretene Freistellung ausgleichen. Der Anspruch ähnelt damit der Rückgriffskondiktion (§ 812 I 1, 2. Alt. BGB). Sie bezweckt wie der Erstattungsanspruch die Abschöpfung eines rechtswidrig eingetretenen Vermögensvorteils.[7]

3. Ausschluss des Erstattungsanspruchs

129 Der Anspruch könnte jedoch gemäß § 111 SGB X ausgeschlossen sein, falls die Frist von zwölf Monaten zur Geltendmachung des Erstattungsanspruchs nach Inanspruchnahme der letzten Leistungen verstrichen wäre. Die Frist beginnt mit dem Zeitpunkt zu laufen, in welchem der erstattungsberechtigte Träger von der Entscheidung des pflichtigen Trägers über seine Leistungspflicht erfahren hat. Da im Juni 2014 die letzte Leistung erbracht worden ist, kann der im Juli 2015 erstmals geltend gemachte Erstattungsanspruch nicht mehr durchgesetzt werden. Weil die einjährige Ausschlussfrist (§ 111 SGB X) bereits verstrichen war, kann die AOK den nach § 105 SGB X zu beurteilenden Anspruch nicht mehr durchsetzen.

7 *Eichenhofer*, Sozialrecht, Rn. 243 ff.

III. Bereicherungsanspruch der G gegen die AOK (§§ 779, 812 I 2, 1. Alt. BGB)

1. Rechtsgrund der Leistung – Vergleich

G könnte einen Anspruch auf Rückzahlung der aufgrund des Vergleichs gezahlten 20.000 € aus § 812 I 2, 1. Alt. BGB haben. Dazu müsste der die Leistungsgewährung tragende Rechtsgrund nachträglich entfallen sein. Eine Leistung ist die bewusste und zweckgerichtete Vermehrung fremden Vermögens. Als G an die AOK 20.000 € zahlte, geschah dies, um ihrer Halterhaftung nach § 7 StVG gegenüber dem an O vorleistenden und deshalb nach § 116 SGB X zuständigen Sozialversicherungsträger gemäß § 3 PflVG nachzukommen. Da für die in § 2 PflVG genannten Körperschaften Bund, Länder, Gemeinden mit über 100.000 Einwohnern oder Gemeindeverbände keine Haftpflichtversicherung einzustehen hat, hat G als Angehörige eines Gemeindeverbandes selbst für die durch den Fahrzeugeinsatz hervorgerufenen Schäden gegenüber O und nach § 116 SGB X gegenüber der AOK aufzukommen. Der dafür bestehende Rechtsgrund lag in dem von G und der AOK geschlossenen Vergleich. Aufgrund dessen entschloss und verpflichtete sich G zur Übernahme von 2/3 der Gesamtkosten des dem O widerfahrenen Unfalls in Höhe von 30.000 € 130

2. Wegfall der Vergleichsgrundlage?

Dieser Vergleich könnte jedoch gemäß § 779 I BGB unwirksam geworden sein, wenn die Beteiligten bei dessen Abschluss irrtümlich von der Einstandspflicht der AOK ausgingen und diesen Vergleich nicht abgeschlossen hätten, sofern sie gewusst hätten, dass statt der AOK die Unfallkasse den Ausgleich schuldete. Bedenken gegen die Leistungspflicht der Unfallkasse ergeben sich jedoch daraus, dass die AOK letztlich den Schaden tragen muss, weil deren Erstattungsanspruch gegenüber der Unfallkasse nach § 111 SGB X ausgeschlossen ist. 131

a) Der BGH[8] nimmt einen Wegfall der Bereicherung (§ 818 III BGB) an, falls entweder eine grundlose Entlastung einträte oder kein Rückgriff des Leistenden zu befürchten ist. Dies wird damit begründet, dass bei einem nach Arbeitsunfallrecht zu entschädigenden Ereignis der Schadensersatzanspruch aus Delikts- oder Gefährdungshaftung auf den leistungspflichtigen Träger und nicht auf den tatsächlich leistenden Träger nach § 116 I SGB X übergehe. 132

Leiste der unzuständige Träger, so erwerbe dieser nicht kraft Gesetzes den Schadensersatzanspruch. Ferner besorge er ein eigenes Geschäft, weshalb kein Anspruch aus Geschäftsführung ohne Auftrag (§§ 677-687 BGB) bestehe. Leiste der Schädiger – hier die G – an den unzuständigen Sozialleistungsträger, so erfolge die Leistung ohne Rechtsgrund; der Leistende könne diese daher kondizieren. Dieser Bereicherungsanspruch ist nach Auffassung des BGH jedoch ausgeschlossen, wenn sich die Krankenkasse im Hinblick auf die Versäumnis der Frist der §§ 111, 113 SGB X erfolgreich auf Entreicherung berufen kann (§ 818 III BGB) oder wenn die für die Folgen des Unfalls einstandspflich-

8 BGHZ 155, 342; Anmerkung *Eichenhofer*, LMK 2003, 207-208.

tige Gemeinde durch die gestaffelte Rückabwicklung hinsichtlich der von der Krankenkasse erbrachten Leistungen grundlos entlastet würde (§ 242 BGB).[9]

Ein Bereicherungsanspruch gegenüber der Krankenkasse soll also – anders formuliert – davon abhängen, ob diese gegen die zuständige Unfallkasse einen Erstattungsanspruch geltend machen kann oder ob die G einem Ersatzanspruch der Unfallkasse ausgesetzt ist.

133 b) Dem BGH ist zuzustimmen, soweit dieser den gesetzlichen Forderungsübergang auf den zuständigen Träger zuerkennt: § 116 SGB X ordnet den Forderungsübergang für den einstandspflichtigen und nicht den einstehenden Träger an. Bedenklich ist aber die Annahme, die an den unzuständigen Träger gelangende Schadensersatzleistung geschehe ohne Rechtsgrund. Entschieden zu widersprechen ist dem BGH in seinen Aussagen zum Bereicherungswegfall. § 818 III BGB schließt die Kondiktion aus, wenn die Bereicherung in der Person des *Bereicherungsschuldners entfallen* ist.

Ein solcher Wegfall tritt mit Untergang des von diesem Erlangten ein. Das vom unzuständigen Träger durch Zahlung Erlangte befindet sich jedoch nach wie vor in dessen Vermögen. Der ein Jahr nach Leistung gemäß §§ 111, 113 SGB X entfallende Erstattungsanspruch lässt jedoch nicht das Erlangte, sondern eine anderweitige Möglichkeit des Ausgleichs entfallen.

134 c) Die Entscheidung ist auch bedenklich, weil sie dem Schädiger einen Bereicherungsanspruch dem Grunde nach zuerkennt. Dieser setzte voraus, dass die Schadensersatzgewähr an den unzuständigen Träger gegenüber dem zuständigen Träger keine Erfüllungswirkung entfalten würde. Es fragt sich jedoch, ob die in § 107 SGB X niedergelegte Regel – die Leistung des unzuständigen für den zuständigen Träger gilt als Erfüllung – im bürgerlichen Recht eine Entsprechung findet.

Denn die Schadensersatzgewähr an den Leistenden soll den Vorrang privatrechtlicher Haftung vor sozialrechtlicher Leistungsgewähr sichern. Es fragt sich deshalb, ob der an den unzuständigen Träger gezahlte Schadensersatz gegenüber dem zuständigen Träger nach §§ 362 II, 185 BGB die Erfüllung bewirkt. Dies wäre zu bejahen, falls der Vorleistende wegen Fristablaufs keinen Erstattungsanspruch gegenüber dem zuständigen Träger mehr geltend machen kann. Es widerspräche der im Erstattungsrecht verwirklichten, die Transaktionskosten minimierenden Ausgleichsordnung unter Sozialleistungsträgern,[10] wenn die Belastung aus der Gewährung von Sozialleistungen und die Regressberechtigung gegenüber vorrangig einstandspflichtigen Privaten nicht in ein und demselben Träger zusammenfielen.

135 Diese Überlegung lässt sich verallgemeinern. Der unzuständige Träger muss die Erstattung nicht geltend machen, zumal falls Private ihm stattdessen den Vermögensausgleich leisten. Wird der Unfallversicherungsträger durch die Krankenkasse also um einen diesem zugeordneten Leistungsfall dauerhaft entlastet, so billigt er damit auch, dass der vorrangige Ausgleich an den leistenden Träger fließt.

9 BGHZ 155, 342.
10 Dazu eingehend *Eichenhofer*, in: *Eichenhofer/Wenner* (Hg.), Wannagat SGB I, IV, X, § 102 ff. SGB X Rn. 9 f.; vgl. oben Rz. 110.

Die Zahlung an diesen wirkt also nach §§ 362 II, 185 BGB schuldbefreiend durch Erfüllung. Sie hat daher dieselbe Wirkung wie wenn der Forderungsübergang nach § 116 SGB X an den tatsächlich leistenden Träger einträte.

Die Wahrung sozialrechtlicher Zuständigkeiten ist zwar wichtig, aber weniger wichtig als der sachgerechte Ausgleich zwischen privat(rechtlich)er und sozial(rechtlich)er Einstandspflicht. Der in § 116 SGB X für haftpflichtrechtliche Ansprüche angeordnete Forderungsübergang sichert den Vorrang privater vor sozialer Einstandspflicht. Kommt ein Privater dieser Pflicht gegenüber einem zwar unzuständigen, aber leistenden Träger sozialer Sicherheit nach, handelte der zuständige Träger treuwidrig, nähme er die Entlastung des anderen hin, billigte diesem hingegen den dafür gewährten privaten Ausgleich nicht zu. § 107 SGB X hat daher auch bei der Zahlung Privater an unzuständige Träger Bedeutung.

Die Vergleichsgrundlage ist daher nicht entfallen, weil der sozialrechtliche Ausgleich mangels eines Erstattungsanspruchs zwischen AOK und Unfallkasse letztlich von der AOK zu tragen ist. Der im Abfindungsvergleich geschuldete Zahlbetrag fließt demjenigen Träger zu, der den Schadensausgleich letztlich zu bewirken hat. Weil der zu entschädigende Unfall auch als Folge ihrer privatrechtlichen Einstandspflicht (§ 7 StVG) durch G zu entschädigen ist, und diese gegenüber dem zuständigen Sozialleistungsträger besteht, kommt der Vergleich damit demjenigen Träger zugute, den die Last der sozialrechtlichen Abgeltung des eingetretenen Schadens letztlich trifft – einerlei, ob er der förmlich zuständige oder ein unzuständiger, aber wirksam vorleistender Träger ist.

Ergebnis:
Die Klage der G gegen die AOK vor dem Landgericht hat keine Aussicht auf Erfolg.

Fall 10

Pfändbarkeit künftiger Ansprüche auf Altersrente – Pfändungsschutz des Sozialleistungsberechtigten

Ausgangsfall
BGH, Urt. v. 21.11.2002 (IX ZB 85/02) = NJW 2003, 1457.
BGH, Urt. v. 10.10.2003 (IXa ZB 180/03) = NJW 2003, 3774.
BGH, Urt. v. 20.12.2006 (VII ZB 56/06) = NJW 2007, 604.

136 Der in Münsingen wohnende, seit Jahrzehnten bei der Bahn beschäftigte 46-jährige Sven (S) ist Vater von fünf Kindern. Sein bescheidenes Einkommen reicht gerade aus, um seine Familie zu unterhalten. Eines Tages ließ er sich jedoch von seiner Frau Sandra erweichen, ein neues Wohn- und Schlafzimmer gegen Kredit zum Vorzugspreis von 6.000 € auf Abzahlung zu erwerben.

Die mit dem Darlehensgeber – dem Kreditinstitut Gustav (G) – vereinbarten Rückzahlungsraten von monatlich 200 € vermochte S jedoch alsbald nicht mehr aufzubringen. Als das Haus von S bei einem Herbststurm beschädigt und dabei auch die neu erworbene Wohn- und Schlafzimmereinrichtung völlig zerstört wurde, stellte S die Zahlungen an G ein. G erwirkte gegen S ein auf Zahlung der Restschuld nebst Kosten der Rechtsverfolgung in Höhe von 7.000 € lautendes Zahlungsurteil vor dem zuständigen Landgericht Tübingen. Da S über kein pfändbares Bar- und Sachvermögen verfügte, beantragte G bei dem für die Forderungspfändung zuständigen Vollstreckungsgericht, dem Amtsgericht Münsingen, die dem S gegen die Deutsche Rentenversicherung Bund: Knappschaft, Bahn, See (DRV) zustehenden Anwartschaften auf Zahlung einer Altersrente ab Vollendung des Rentenalters durch S (67. Lebensjahr) zu pfänden.

Frage:
1. Hat das angerufene Vollstreckungsgericht dem zulässigen Antrag stattzugeben?
2. Wäre bei Zulässigkeit der Pfändung gesichert, dass S den Lebensbedarf für sich und seine Familie aus der Rentenleistung bestreiten könnte?

Gliederung

I. Frage 1: Pfändung von Rentenanwartschaften
1. Pfändbarkeit „laufender Geldleistungen"
2. Unpfändbarkeit künftiger Forderungen?
3. Existenzsicherung
4. Pfändbarkeit in ferner Zukunft entstehender Rechte?

II. Frage 2: Existenzsicherung bei Pfändung der Rente

Lösung

I. Frage 1: Pfändung von Rentenanwartschaften

Der Antrag an das als Vollstreckungsgericht zuständige Amtsgericht (§ 828 ZPO), über den gemäß § 20 Nr. 17 RPflG der Rechtspfleger zu entscheiden hat, wäre statthaft, falls die Ansprüche der Rentenversicherten auf künftige Zahlung von Altersrenten der Forderungspfändung unterlägen. Dies scheint fraglich, da nach § 54 IV SGB I nur die Pfändung „laufender" (1.), nicht aber künftiger Geldleistungen der Pfändung unterliegt (2.). Es könnte ferner sozialstaatswidrig, weil unverhältnismäßig sein, wenn ein vollstreckungsrechtlicher Zugriff auf Vermögenswerte des Schuldners unter weiter reichenden Bedingungen als im Rahmen der Verbraucherinsolvenz (§§ 304 ff. InsO) erlaubt wäre (3.). Schließlich könnte dem vollstreckenden Gläubiger für den Zugriff auf erst in Jahrzehnten erstmals fällig werdende Forderungen das Rechtsschutzbedürfnis fehlen (4.).

1. Pfändbarkeit „laufender Geldleistungen"

Die Pfändung sozialrechtlicher Ansprüche ist in § 54 SGB I geregelt. Danach können **137**
„Ansprüche auf laufende Geldleistungen wie Arbeitseinkommen gepfändet werden." Der Begriff „laufende Geldleistungen" stellt den Gegenbegriff zu „einmaligen Geldleistungen" dar und bezeichnet periodisch wiederkehrende Leistungen.[1] Sie gleichen darin den Arbeitsentgelt-, Beamten(versorgungs)- oder Betriebsrentenansprüchen, die ebenfalls bereits vor Fälligkeit gepfändet werden können, sofern im Zeitpunkt der Pfändung für deren Entstehung der Rechtsgrund bereitet ist. Demgemäß ist zwar das Rentenstammrecht unpfändbar,[2] die dem Berechtigten daraus erwachsenden Einzelansprüche können indes gepfändet werden.

2. Unpfändbarkeit künftiger Forderungen?

Sozialleistungsansprüche sind vielfach zukunftsoffen, weil sie nicht nur – wie jede For- **138**
derung[3] – auf ein vom Schuldner zu erbringendes künftiges Verhalten gerichtet, sondern darüber hinaus durch den Eintritt des Vorsorgungsfalles bedingt sind und von der Antragstellung (§ 99 I SGB VI), Zurücklegung der Wartezeit[4], Entwicklung des Einkommens oder Zahl der versicherungspflichtig Beschäftigten[5] und der angesichts der Zukunftsoffenheit des Sozialstaates grundsätzlich zwingenden, im Einzelfall aber unklaren künftigen Reformen der Sozialversicherung abhängen. Sozialversicherungsansprüche stehen deshalb trotz ihres Anspruchs auf Sicherheit konkret stets auf schwankendem Rechtsboden. Daraus ergeben sich Zweifel hinsichtlich ihrer Pfändbarkeit.

Der Eintritt des Versicherungsfalles „Alter" ist in Anbetracht der hohen Lebenserwartung der Menschen höchst wahrscheinlich. Alter ist heutzutage ein *risque heureux*. Anders als Geldleistungsansprüche bei Verwirklichung anderer sozialer Risiken – etwa arbeits-

1 *Mrozynski*, SGB I, § 54 Rn. 20.
2 So schon BGH NJW-RR 1989, 286, 290; BSGE 48, 159; *Mrozynski*, SGB I, § 54 Rn. 5.
3 *Larenz/Wolf/Neuner*, 14 ff.
4 Weshalb LG Bremen, RPfleger 1996, 210; LG Paderborn JurBüro 1995, 270 eine Pfändung ohne Wartezeiterfüllung ablehnten.
5 Weshalb LG Berlin, NJW 1989, 1738 die Pfändbarkeit von künftigen Rentenansprüchen verneinte.

los, erwerbsgemindert oder Opfer eines Arbeitsunfalls oder eines Gewaltverbrechens zu werden – ist wegen der weit geringeren Eintrittswahrscheinlichkeit der genannten Risiken eine Pfändung künftiger Ansprüche der bei Eintritt dieser Risiken zu erbringenden laufenden Geldleistungen nur möglich, falls der vollstreckende Gläubiger die hohe Eintrittswahrscheinlichkeit des Risikos im Einzelfall darlegt. Andernfalls bestünde für die begehrte Pfändung kein hinreichender Rechtsboden.

Die Pfändung von *künftigen* Ansprüchen auf *Altersrente* ist indes nach § 54 IV SGB I statthaft, weil in Anbetracht der hohen Lebenserwartung eine hohe Wahrscheinlichkeit für den Eintritt der Rentenberechtigung spricht und die Rente als wiederkehrende und damit laufende Geldleistung auch dann der Pfändung unterliegt, wenn sie noch nicht sofort, sondern erst in Zukunft fällig wird. Dass die Rente nur auf Antrag gewährt wird (§ 99 SGB VI), berührt die Pfändbarkeit des Anspruchs nicht. Zwar kann nur der Anspruch, nicht aber das Stammrecht gepfändet werden. Aber dieser Zahlungsanspruch wird in § 54 IV SGB I gleich dem ebenfalls der Existenzsicherung dienenden Arbeitsentgelt als Teil des haftenden Vermögens eines Schuldners für pfändbar erklärt.

3. Existenzsicherung

139 Aus dem Institut der Restschuldbefreiung in der Verbraucherinsolvenz (§§ 286 ff. InsO) könnte für die Pfändung künftiger Ansprüche auf Altersrente eine Begrenzung folgen. Neben den Regeln über die Verjährung titulierter Forderungen können weitere Grenzen für die Vollstreckung von Forderungen bestehen. Den Schutz des Schuldners vor Verarmung bezwecken und gewährleisten die §§ 765a, 850c-850i ZPO.

Die existenzsichernde Rolle der genannten Sozialleistungen, im Hinblick auf die bis zur Schaffung des § 54 SGB I eine Pfändung von Sozialleistungen generell ausgeschlossen war, rechtfertigt deren Ausschluss allerdings nicht. Denn diese sind regelmäßig Substitute für Arbeitseinkommen (Einkommensersatzleistungen) und sichern daher wie dieses, Beamten(versorgungs)bezüge oder Betriebsrenten die individuelle Existenz.

Dieses Anliegen wird jedoch durch soziales Prozessrecht[6] in den §§ 765a, 850c-850i ZPO nach den darin im Einzelnen formulierten Regeln und Maximen gesichert, so dass eine gesonderte Begrenzung der Pfändbarkeit dieser Ansprüche durch sozialrechtliche Vorkehrungen nicht geboten ist.

4. Pfändbarkeit in ferner Zukunft entstehender Rechte?

140 Nach gefestigter Rechtsprechung[7] erfordert jeder Akt der Zwangsvollstreckung ein Rechtsschutzbedürfnis des Gläubigers. Daran fehlt es etwa, wenn ein Gläubiger die künftigen Ansprüche auf Altersrente eines 24-jährigen Schuldners und Versicherten zu pfänden bezweckt.[8] Weil der Anspruch bei dem 46-jährigen S erstmals in 21 Jahren fällig wird, könnte wegen des beträchtlichen zeitlichen Zwischenraums die Pfändung als „Verdachtspfändung" unstatthaft sein.[9] Die Pfändung einer künftigen gesetzlichen Al-

6 *Eichenhofer*, Sozialrecht, Rn. 3 ff.
7 BGH NJW 2002, 3178, 3179.
8 LG Heilbronn, RPfleger 1999, 455; ähnlich bereits LG Siegen, RPfleger 1995, 425.
9 LG Tübingen, JurBüro 2000, 42 f.

tersrente könnte deshalb nur in absehbarer Nähe zum Rentenalter statthaft sein. Das LG Tübingen[10] hat eine Frist von maximal fünf Jahren vor dem zu erwartenden Renteneintritt als zulässig erachtet.

Im Einklang mit der Praxis[11] wird jedoch weit überwiegend ein Rechtsschutzbedürfnis für die Pfändung auch von künftigen Rentenansprüchen angenommen. Mit der Unterscheidung zwischen der Unpfändbarkeit des Stammrechts und der Pfändbarkeit der daraus periodisch fließenden Einzelansprüche steht dies des Weiteren im Einklang mit der Regelung über die Verzichtbarkeit von Sozialleistungsansprüchen (§ 46 SGB I). Denn diese ist für das Stammrecht ausgeschlossen, für daraus fließende Leistungsansprüche indes zu bejahen. Zwischen Rentenanwartschaft und Rentenstammrecht einerseits und den daraus erwachsenden Einzelansprüchen andererseits besteht hinsichtlich deren Abtret-, Verpfänd- und Pfändbarkeit ein grundsätzlicher Unterschied.[12] Die genannte Gerichtspraxis hat auch in der Literatur Zustimmung gefunden.[13]

Dies hat weit reichende Folgen. Für viele Menschen ist die Rentenanwartschaft deren wichtigstes Vermögen. Dies erklärt, dass Rentenanwartschaften auch nach Art. 14 GG geschützt sind wie Eigentum.[14] Der Zugriff darauf würde gefördert, ganz ebenso wie Tendenzen zunehmen dürften, Rentenansprüche zum Gegenstand von Vorausabtretungen zu machen. Allerdings unterliegen der Pfändung nur Ansprüche auf künftige Altersrenten. Künftige laufende Geldleistungen auf andere Sozialleistungen unterliegen der Pfändung hingegen nur ausnahmsweise, falls die Wahrscheinlichkeit der Verwirklichung eines sozialen Risikos erheblich ist. Eine Grenze findet die Pfändung künftiger Rentenansprüche nur im fehlenden Rechtsschutzbedürfnis des vollstreckenden Gläubigers. Dieses ist jedoch wegen der Werthaltigkeit der Rentenansprüche regelmäßig vorauszusetzen und nur ausnahmsweise, d.h. in ganz atypischen Konstellationen zu verneinen.[15] Im Gegensatz zu der der h.M. zuwiderlaufenden Spruchpraxis des LG Tübingen[16] sind die auf laufende Geldleistungen gerichteten Sozialleistungen den allgemeinen Regeln über die Pfändung von Geldforderungen unterworfen. Eine zeitliche Begrenzung der Pfändbarkeit ist gesetzlich nicht vorgesehen; sie durch Richterspruch zu schaffen, überstiege die richterliche Zuständigkeit, weil sie auf bloßer Setzung beruhte, in der jeder Präzisierungsversuch dem Einwand willkürlicher Entscheidung ausgesetzt wäre. Demgemäß steht auch die Pfändung künftiger Ansprüche mit § 54 IV SGB I im Einklang. 141

Ergebnis:
Dem Pfändungsantrag des G ist stattzugeben.

10 So LG Tübingen, Justiz 1997, 52; JurBüro 1996, 440; RPfleger 1997, 175.

11 BFH NJW 1992, 855; OLG Oldenburg, NJW-RR 1992, 512; OLG Köln, NJW 1992, 3307; LG Marburg, RPfleger 1999, 33; LG Braunschweig, RPfleger 2000, 508; ähnlich ist die Pfändung für künftig fällig werdende Unterhaltsansprüche zulässig, BGH NJW 2004, 369.

12 Anders LG Osnabrück, RPfleger 1999, 31: „Die Pfändung der Rentenanwartschaft dürfte ein Synonym für die Pfändung des künftigen Rentenanspruchs sein".

13 *David*, NJW 1991, 2615; *Kothe*, NJW 1992, 393; *Heilmann*, 195 ff.; *Rosenberg/Gaul/Schilken*, § 56 Rn. 19 ff.

14 BVerfGE 100, 1; 100, 138; 117, 272; BVerwG NZS 2012, 752.

15 BGH WM 2003, 548, 550 f.

16 LG Tübingen, RPfleger 1997, 175.

II. Frage 2: Existenzsicherung bei Pfändung der Rente

142 Die nach § 54 SGB I pfändbaren laufenden Sozialleistungen genießen Pfändungsschutz als wären sie Arbeitseinkommen, § 54 IV SGB I. Somit ist insbesondere § 850c ZPO anwendbar. Danach können bis zu 2.378,72 € (seit 1.7.2015) monatlich von der Pfändung ausgeschlossen sein, soweit der Schuldner seinen und den Lebensunterhalt seiner Familie zu bestreiten hat.

Indes erlischt dieser Schutz, sobald der Sozialleistungsträger die Geldleistung auf das Girokonto des Empfängers überwiesen hat. Dann tritt gegenüber dem Sozialleistungsträger Erfüllung ein. Zugleich wird eine neue Forderung gegen das kontoführende Kreditinstitut begründet, in die der Gläubiger durch einen an jenes zu adressierenden Pfändungs- und Überweisungsbeschluss vollstrecken könnte.

Allerdings besteht für S die Möglichkeit, sein Girokonto in ein Pfändungsschutzkonto („P-Konto") umstellen zu lassen, § 850k VII 2 ZPO. Auf diese Weise kann er sicherstellen, bis zum Ende des Kalendermonats über das Guthaben in der Höhe des Sockelbetrages von 1.073,88 € (§ 850k I 1 Nr. 1 i.V.m. § 850c I 1 ZPO) frei verfügen zu können. Die Vorschrift soll bewirken, dass dem Schuldner die nötigen Mittel verbleiben, um sein Existenzminimum auch im bargeldlosen Zahlungsverkehr jederzeit decken zu können.[17] Hat der Schuldner nicht nur sich selbst, sondern auch Angehörige zu unterhalten, ist der Sockelbetrag um die pfändungsfreien Grundbeträge (§ 850c I 2 ZPO) für die unterhaltspflichtigen Angehörigen erhöht, § 850k II 2 ZPO. Die Unterhaltspflicht hat der Schuldner gegenüber dem Kreditinstitut glaubhaft zu machen, § 850k V 2 ZPO.

Ergebnis:
Das Zwangsvollstreckungsrecht bietet dem Schuldner hinreichend sozialen Schutz vor einer Pfändung seiner Forderungen gegen den zuständigen Sozialleistungsträger und sein Kreditinstitut, die das Bestreiten des Familienunterhaltes gefährden würde.

17 BT-Drs. 16/7615, S. 18; BGHZ 186, 242.

Fall 11

Grundsicherung für Arbeitsuchende und Unterhaltsvorschuss – Nachrangigkeit der sozialen Hilfen gegenüber Unterhaltspflichten – Kostenersatz bei gewährter Leistung – Bedürftigkeit und Darlegungslast – Sozialrecht und Grundrechtsverwirklichung – Eltern-Kind-Verhältnis und Recht auf Kenntnis der eigenen Abstammung – Datenschutz

Ausgangsfall

BVerwG, Urt. v. 5.5.1983 (5 C 112/81) = BVerwGE 67, 163.

Martha (M) wurde 1993 geboren und lebt seit ihrer Geburt unverheiratet in Augsburg. **143**
Nach dem Abitur 2012 studierte sie dort, brach das Studium aber wegen einer chronischen Erkrankung ab. Wegen ihrer Krankheit kann sie nur vier Stunden täglich einer Arbeit nachgehen. Da sie weder über eigenes Einkommen, noch über Vermögen verfügt, bezog sie seit 2015 Leistungen der Grundsicherung für Arbeitsuchende.

Im Mai 2016 gebar M ihre Tochter Karoline (K). Sie beantragte für K beim Jobcenter Sozialgeld und beim Jugendamt der Stadt Augsburg Unterhaltsvorschuss. Beide Leistungen wurden bewilligt. Im Juli 2016 forderten das Jobcenter wie auch das Jugendamt M auf, den Vater der K zu benennen. M weigerte sich jeweils in einem Schreiben vom August 2016, die ihr gestellten Fragen zu beantworten. Dies verletze ihre Intimsphäre und beeinträchtige sie in ihrer Persönlichkeitsentfaltung.

Im November 2016 stellten sowohl das Jobcenter als auch das Jugendamt die Zahlungen ein und forderten von M die ihr seit Mai 2016 gewährten Leistungen der Grundsicherung sowie den Unterhaltsvorschuss in Höhe von 3.000 € zurück.

Fragen:

1. Können M und K auch in Zukunft vom zuständigen Träger Grundsicherung für Arbeitsuchende und Sozialgeld verlangen?
2. Kann K auch in Zukunft Unterhaltsvorschuss von der Stadt Augsburg verlangen?
3. Muss M den Gegenwert ihrer zwischen Mai und November 2016 empfangenen Sozialleistungen erstatten?

Gliederung

I. Anspruch von M und K für die Zukunft
1. Anspruch der M auf Grundsicherung für Arbeitsuchende
   a) Erwerbsfähigkeit und Bedürftigkeit der M
   b) Nachrangigkeit der Grundsicherung gegenüber Unterhaltsansprüchen
   c) Möglichkeit zur Geltendmachung von Unterhaltsansprüchen
   d) Mitwirkungspflicht der M zur Klärung der Vaterschaft
2. Anspruch der K auf Sozialgeld
3. Anspruch der K auf Unterhaltsvorschuss

II. Rückforderung der an M gewährten Leistungen für die Vergangenheit
1. Anspruch wegen schuldhafter Herbeiführung eines materiell begründeten Grundsicherungsanspruchs, § 34 SGB II
2. Erstattungspflicht nach § 34a SGB II

Lösung

I. Anspruch von M und K für die Zukunft

1. Anspruch der M auf Grundsicherung für Arbeitsuchende

M könnte nach § 7 I SGB II von der gemeinsamen Einrichtung der Stadt Augsburg und der Bundesagentur für Arbeit („Jobcenter", § 6d SGB II) als sachlich und örtlich zuständiger Trägerin (§§ 44b I SGB II, Art. 2 BayAGSG[1]) Grundsicherung für Arbeitsuchende beanspruchen, wenn sie das 15. Lebensjahr vollendet hat, erwerbsfähig und hilfebedürftig ist (a) und ihr zwar eine anderweitige Grundlage zur Sicherung ihres Lebensunterhalts zustünde (b), die Voraussetzungen für die Geltendmachung dieses Anspruchs jedoch nicht vorliegen (c) und M nicht zur Offenbarung der Vaterschaft verpflichtet wäre (d).

a) Erwerbsfähigkeit und Bedürftigkeit der M

144 M ist trotz einer chronischen Erkrankung in der Lage, mehr als drei Stunden am Tag einer Arbeit nachzugehen. Sie ist daher nach Maßgabe des § 8 I SGB II erwerbsfähig.

Die Grundsicherung für Arbeitsuchende soll den Berechtigten die Führung eines menschenwürdigen Lebens ermöglichen (§ 1 SGB II). Sie umfasst Regelleistungen zur Deckung des Lebensbedarfs (§ 20 SGB II), Mehrbedarfe (§ 21 SGB II) sowie die Kosten für Unterkunft und Heizung (§ 22 SGB II). M müsste jedoch bedürftig sein. Hilfebedürftigkeit besteht bei fehlendem eigenen Einkommen oder Vermögen (§§ 9 I, 11, 12 SGB II). M hat kein Einkommen.

1 Bayerisches Gesetz zur Ausführung der Sozialgesetze v. 8.12.2006, GVBl 2006, S. 942.

b) Nachrangigkeit der Grundsicherung gegenüber Unterhaltsansprüchen

Wegen des Nachrangs der Grundsicherung für Arbeitsuchende gegenüber sämtlichen privat- und sozialrechtlichen Leistungsansprüchen (§ 33 SGB II) könnte die Leistungsberechtigung der M jedoch wegen möglicher Unterhaltspflichten des Vaters der K ihr gegenüber zurücktreten. Dies wäre zu bejahen, wenn M einen Anspruch auf Unterhalt gegen den Vater nach § 1615l BGB hätte. **145**

Väter nichtehelicher Kinder schulden deren Müttern Unterhalt. Die Unterhaltspflicht beginnt sechs Wochen vor und endet acht Wochen nach der Geburt des Kindes (§ 1615l BGB). Die Unterhaltspflicht besteht für drei Jahre, falls die Mutter einer Erwerbstätigkeit nicht nachgeht und von ihr wegen der Kindererziehung auch keine Erwerbstätigkeit erwartet werden kann (1615l II 2 BGB).[2] Weil die Mutter jedenfalls im ersten Lebensjahr des Kindes keine Erwerbsobliegenheit trifft, steht M gegen Ks Vater ein Unterhaltsanspruch zu. Dieser gehört zum Bestand der Aktiva der M und ist damit Vermögen i.S.v. § 12 I SGB II. Da die Leistungen der Grundsicherung gegenüber privatrechtlichen Ansprüchen nachrangig sind, könnte die Leistungspflicht des Grundsicherungsträgers wegen des Bestehens einer vorrangigen privatrechtlichen Unterhaltspflicht entfallen.

c) Möglichkeit zur Geltendmachung von Unterhaltsansprüchen

Voraussetzung für die Geltendmachung des Unterhaltsanspruches ist jedoch, dass die Vaterschaft für K geklärt ist. Nach § 1592 BGB ist Vater eines Kindes derjenige Mann, der im Zeitpunkt der Geburt mit der Mutter verheiratet ist, die Vaterschaft anerkannt hat oder dessen Vaterschaft festgestellt worden ist. Da M bei Geburt der K unverheiratet war und weder eine Vaterschaftsanerkennung noch -feststellung vorliegt, könnte M die Grundsicherung nur verweigert werden, falls sie vom Jobcenter auf die abstrakte Möglichkeit einer anderweitigen Existenzsicherung verwiesen werden könnte. **146**

Wie aus § 9 IV SGB II folgt, lässt die Unmöglichkeit oder Unzumutbarkeit des sofortigen Vermögenseinsatzes die Hilfebedürftigkeit jedoch nicht entfallen. Die Einstandspflicht des Grundsicherungsträgers folgt in solchen Fällen aus dem Mangel an „bereiten Mitteln".[3] Diese Regel gilt für sämtliche Vermögensrechte – auch für Unterhaltsansprüche. M hätte also bis zur Klärung der Anspruchsberechtigung nach § 1615l BGB einen Anspruch auf Leistungen der Grundsicherung für Arbeitsuchende. Fehlt die Vaterschaftsanerkennung, kommt die Ermittlung des Vaters nur durch Feststellung nach § 1600d I BGB in Betracht. Weil der Kreis der feststellungsberechtigten Personen analog § 1600 I BGB, § 172 FamFG auf Kind, Mutter und den Mann, um dessen Vaterschaft es geht, beschränkt ist,[4] kann das Jobcenter selbst eine Vaterschaftsfeststellung nicht betreiben.

---

2 *Gernhuber/Coester-Waltjen*, Familienrecht, § 59 II Rn. 14, 17.

3 Für das Sozialhilferecht BVerwGE 21, 208, 211; 38, 307, 308; 55, 148, 152.

4 *Gernhuber/Coester-Waltjen*, Familienrecht, § 52 IV Rn. 75; *Wellenhofer*, in: MünchKomm, BGB, § 1600d Rn. 13.

d) Mitwirkungspflicht der M zur Klärung der Vaterschaft

147 M könnte jedoch als Sozialleistungsberechtigte nach §§ 60-65 SGB I zur Mitwirkung in der Weise verpflichtet sein, dass sie zur Abwendung der Einstandspflicht des Grundsicherungsträgers ein Vaterschaftsfeststellungsverfahren betreibt. Die Vaterschaftsfeststellung ist Voraussetzung für die Geltendmachung privatrechtlicher Unterhaltsansprüche. Da diese die Leistungspflicht des Grundsicherungsträgers berühren, ist ihre Geltendmachung aber Voraussetzung für die Nicht-Entstehung von Leistungsansprüchen nach dem SGB II. Dies setzt jedoch voraus, dass die Mutter zur Geltendmachung der Vaterschaftsfeststellung in der Lage ist, also z.B. Namen oder andere Begleitumstände kennt, aus denen sich die Identität des Vaters ermitteln lässt.

Aus dem Schutz der Menschenwürde (Art. 1 I GG) und der Freiheit der Entfaltung der Persönlichkeit (Art. 2 I GG) folgt zwar das Verbot für den Staat, in die intimen Vorgänge menschlichen Lebens einzudringen.[5] Ferner widerspräche es dem Grundrecht auf freie Entfaltung der Persönlichkeit (Art. 2 I GG), wollte der Staat dem Einzelnen Vorschriften hinsichtlich des Lebensstils machen. Es kann jedoch aus dem genannten Grundrecht kein Anspruch darauf abgeleitet werden, dass die Sozialleistungsträger deswegen Sozialleistungen ohne Kenntnis der Lebensumstände des Antragstellers und möglicher vorrangig leistungspflichtiger Schuldner gewähren müssen.[6] Der Sozialstaat hat nicht sicherzustellen, dass subsidiäre soziale Leistungen ohne weitere Darlegung anderweitiger Anspruchsbegründungen und damit vorrangig gewährt werden. Wenn ein Sozialgesetz als Anspruchsvoraussetzung die Bedürftigkeit vorsieht, hat der Antragsteller alle Tatsachen darzulegen, aus denen sich die vorrangige Einstandspflicht anderer Verantwortlicher ergibt oder ergeben kann. Dem grundrechtlich geschützten Anliegen auf Wahrung der Intimsphäre[7] ist durch den Datenschutz (§§ 35 SGB I, 67 ff. SGB X)[8] zu entsprechen. In gravierenden Ausnahmefällen kann die Preisgabe der Vaterschaft zwar unzumutbar sein. Der Antragsteller hat dem Sozialleistungsträger dann aber zumindest die Umstände mitzuteilen, aus denen diese außergewöhnliche Konfliktlage folgt.[9]

148 Der Schutz der Privatsphäre und des Persönlichkeitsrechts berechtigt also nicht zur Verweigerung der Mitteilung entscheidungserheblicher Tatsachen (§ 60 SGB I), sondern verpflichtet die Antragsteller zur Darlegung sämtlicher Entstehungsvoraussetzungen von konkurrierenden privatrechtlichen Ansprüchen. Auf diese Weise wird auch ein möglicher Gewissenskonflikt vermieden. Denn die Mutter schuldet die Offenlegung der die Vaterschaft begründenden Umstände auch dem Kind gegenüber. Dieser – einklagbare – Anspruch des Kindes wird aus § 1618a BGB abgeleitet, der Eltern und Kinder einander zu Beistand und Rücksicht verpflichtet.[10] Er gründet in dem durch Art. 6 V GG sowie das allgemeine Persönlichkeitsrecht aus Art. 2 I, 1 I GG geschützten Recht von Kind

5 *Dreier*, in: *Dreier* (Hg.), Grundgesetz Kommentar Bd. 1, Art. 2 I Rn. 71, 92 ff.
6 *Rüfner*, JuS 1984, 680, 681 ff.
7 Recht auf informationelle Selbstbestimmung, BVerfGE 65, 1, 42; 109, 279, 325; 115, 320, 343; 117, 202, 226.
8 *Eichenhofer*, Sozialrecht, Rn. 209.
9 *Schlamelcher*, NDV 1984, 40, 41.
10 BVerfGE 96, 56; 117, 202; zustimmend *Muscheler/Bloch*, FPR 2002, 339; *Gernhuber/Coester-Waltjen*, Familienrecht, § 54 Rn. 67; *v. Sachsen Gessaphe*, in: MünchKomm, BGB, § 1618a Rn. 14.

(und Vater!) auf Kenntnis der Abstammung.[11] Die Offenlegung von Name und Identität des Vaters ist überdies durch das in Art. 7 I, 8 der UN-Kinderrechtskonvention[12] verankerte Recht des Kindes auf Kenntnis der Eltern und auf Achtung der eigenen Identität geboten.

Die Offenbarung ist in gleicher Weise[13] auch gegenüber dem Grundsicherungsträger geboten, der seinerseits aufgrund des Sozialgeheimnisses (§ 35 SGB I) allerdings Diskretion gegenüber Dritten zu wahren hat. Aus den in §§ 60-65 SGB I genannten Mitwirkungshandlungen folgt zwar keine Pflicht zur Durchführung einer Vaterschaftsfeststellung.[14] Allerdings schuldet M dem Grundsicherungsträger die Darlegung der für die Durchsetzung möglicher vorrangiger privatrechtlicher Ansprüche maßgeblichen Tatsachen (§ 60 SGB I). M hat dem Grundsicherungsträger also mitzuteilen, was sie über den Vater oder von der Vaterschaft weiß.[15] Bis zur Klärung der Vaterschaft bestünde wegen § 9 IV SGB II ein Anspruch auf Grundsicherung für Arbeitsuchende. Genügt M ihrer Darlegungslast nicht, misslingt ihr der Nachweis ihrer Bedürftigkeit und sie kann keine Grundsicherung für Arbeitslose beanspruchen. 149

2. Anspruch der K auf Sozialgeld

In Ermangelung eigenen Vermögens und Einkommens besteht für K ein Anspruch auf Sozialgeld wegen Bedürftigkeit (§§ 19 I 2, 23 SGB II). Ein vorrangiger Unterhaltsanspruch (§ 1602 BGB) gegenüber M besteht wegen deren aktueller Einkommens- und Vermögenslosigkeit nicht. Selbst wenn der M ein Anspruch nach § 1615l BGB zustünde, diente dieser der Deckung ihres eigenen Unterhaltsbedarfs und nicht dem Unterhalt der K.[16] Zwar hat K auch gegenüber ihrem Vater einen Anspruch auf Unterhalt (§§ 1601 ff. BGB). Die Geltendmachung dieses Anspruchs setzt aber die Klärung der Vaterschaft voraus. K hat gegenüber M einen Anspruch auf Kenntnis des eigenen Vaters (Art. 2 I GG).[17] Dieser kann M gegebenenfalls sogar zu eigenen Maßnahmen der Vaterschaftsfeststellung verpflichten. Der privatrechtliche Anspruch der K besteht aber nur höchstpersönlich, so dass die Befugnisse der K nicht auf den Grundsicherungsträger übergehen können. In keinem Fall kommt eine Einforderung dieser Rechte nach §§ 60-65 SGB I in Betracht, weil die Voraussetzungen der Mitwirkung außerhalb der von K beherrschbaren Handlungssphäre liegen.[18] Also kann K vom Jobcenter Augsburg Sozialgeld verlangen. 150

11 BVerfGE 79, 256; 96, 56; 108, 82; 141, 186; dazu ausführlich *Enders*, NJW 1989, 881; Smid, JR 1990, 221; Wellenhofer, JuS 2016, 1032; *Heiderhoff*, NJW 2016, 1918.

12 Übereinkommen über die Rechte des Kindes vom 20. November 1989, Bekanntmachung vom 10. Juli 1992, BGBl. II, S. 122.

13 Vgl. BGHZ 82, 173 für die Offenbarungspflicht der Mutter gegenüber dem Jugendamt im Rahmen einer Beistandschaft zur Feststellung der Vaterschaft im Interesse des Kindswohls nach § 1712 I Nr. 1 BGB.

14 BVerwGE 67, 163, 168; a.A. OLG Naumburg, Beschl. v. 31.1.2014 (3 UF 155/13).

15 Kritisch: *Oberlies*, Streit 1983, 19, 21; *Scheibe*, Sozialrecht aktuell 2011, 164.

16 *Engler*, in: Staudinger, BGB-Kommentar, § 1602 Rn. 7, § 1615 Rn. 4.

17 BVerfGE 79, 256; 90, 263; 96, 56; 117, 202; *Gernhuber/Coester-Waltjen*, Familienrecht, § 52 I Rn. 17.

18 So auch *Oberlies*, Streit 1983, 19, 20.

3. Anspruch der K auf Unterhaltsvorschuss

151 Solange Ks Vater unbekannt ist, steht ihr ferner ein Anspruch gegen das Jugendamt Augsburg auf Unterhaltsvorschuss zu (§ 1 I Nr. 1 UnterhVG). Dieser von Ks Vater geschuldete Unterhaltsanspruch geht kraft Gesetzes (§ 7 UnterhVG) auf das leistungspflichtige Jugendamt über.

II. Rückforderung von an M gewährten Leistungen für die Vergangenheit

Das Jobcenter Augsburg könnte von M die für den Zeitraum von Mai bis November 2016 gewährte Grundsicherung für Arbeitsuchende von M zurückfordern, falls diese nach §§ 34 f. SGB II zum Kostenersatz verpflichtet wäre. In Betracht kommt zum einen eine Verpflichtung zum Kostenersatz nach § 34 SGB II. Einer solchen Ersatzpflicht sind volljährige Grundsicherungsempfänger ausgesetzt, die schuldhaft die rechtlichen Voraussetzungen einer materiell-rechtlich begründeten Hilfebedürftigkeit herbeigeführt haben.[19] Einer Pflicht zum Kostenersatz nach § 34a SGB II unterliegt hingegen ein Leistungsberechtigter, der die Voraussetzungen einer materiell-rechtlich unstatthaften Leistungsgewährung schuldhaft herbeigeführt hat. Der Anspruch gegen M könnte folglich nach § 34 SGB II (1) oder § 34a SGB II (2) begründet sein.

1. Anspruch wegen schuldhafter Herbeiführung eines materiell begründeten Grundsicherungsanspruchs, § 34 SGB II

Der Kostenersatz nach § 34 SGB II ist begründet, wenn die Voraussetzung der Hilfegewährung zwar nach materiellem Sozialrecht gegeben, die Hilfebedürftigkeit jedoch von dem Leistungsempfänger schuldhaft durch sozialwidriges Verhalten herbeigeführt worden ist.[20] Ein Anspruch auf Kostenersatz steht dem Träger also nur zu, wenn er sich nicht entgegenhalten lassen muss, er habe die Hilfe von vorneherein nicht zu leisten brauchen.[21] Fraglich ist vorliegend, ob die Grundsicherungsgewährung an M in der Vergangenheit rechtswidrig war.

152 Dafür hätte der Träger zunächst prüfen müssen, ob M und K Unterhaltsansprüche haben, wobei wegen der Eilbedürftigkeit die Geltendmachung der Unterhaltsansprüche durch einstweilige Verfügung oder Anordnung in Betracht zu ziehen gewesen wäre (vgl. § 246 FamFG). Fraglich ist jedoch, ob der Grundsicherungsträger eine solche Prüfung unterlassen durfte, weil M sich weigerte, die für die Feststellung möglicher vorrangiger Einstandspflichtiger maßgeblichen Tatsachen zu benennen. Der Schutz von Intimsphäre und Persönlichkeit der Mutter (Art. 1 I, 2 I GG) begründet kein allumfassendes Auskunftsverweigerungsrecht.[22] Vielmehr hat ein Antragsteller die Voraussetzung seiner Bedürftigkeit darzulegen. Unterlässt er dies trotz Zumutbarkeit der Offenlegung (§ 65 SGB I), bleibt er nach den auch im Sozialrecht geltenden Grundsätzen der objektiven Beweislast den Nachweis für das Bestehen der eigenen Anspruchsberechtigung schul-

---

19 BVerwGE 67, 163.
20 BVerwGE 67, 163, 166; BSG ZfSH/SGB 2013, 263; BSG NZS 2013, 670.
21 BVerwGE 64, 318, 320.
22 Vgl. oben Rn. 147.

dig.[23] Ohne Klärung vorrangiger Leistungspflichten konnte und durfte deshalb keine Grundsicherung bewilligt werden. Ist die Vaterschaft bekannt, so hat der Vater an Kind und Mutter zu zahlen. Wüsste M, wer der Vater ist, ohne dass dessen Vaterschaft festgestellt worden wäre, müsste der Grundsicherungsträger M gegebenenfalls zur Vaterschaftsfeststellung anhalten. Nur falls M die Person des Vaters nicht kennt und auch keine Anhaltspunkte für deren Identität hat, wäre mangels Durchsetzbarkeit von Ansprüchen nach §§ 1615l BGB und 1601 BGB eine uneingeschränkte Hilfebedürftigkeit i.S.v. § 9 SGB II begründet. Die Klärung der Vaterschaft ist daher wegen der Nachrangigkeit der Grundsicherung gegenüber privatrechtlichen Unterhaltsansprüchen (§ 33 SGB II) entscheidend. Die Leistungsgewährung an M war also rechtswidrig, falls sie die Identität des Vaters kannte.

2. Erstattungspflicht nach § 34a SGB II

M könnte nach § 34a SGB II ersatzpflichtig sein, falls M die Leistungspflicht selbst durch vorsätzliches oder fahrlässiges Verhalten herbeigeführt hätte. Die Gewährung der Leistung an M erfolgte bei deren Kenntnis der Identität des Vaters zwar rechtswidrig. Es ist jedoch fraglich, ob M die Leistung durch vorsätzliches oder grob fahrlässiges Verhalten herbeigeführt hat.

Ob diese Voraussetzung erfüllt ist, ist schwierig zu beurteilen, weil unklar ist, ob kon- **153**
kurrierende privatrechtliche Ansprüche durchsetzbar sind. Bestehen sie, gingen diese nach § 33 SGB II auch auf den vorleistenden Sozialversicherungsträger über; bestünden sie nicht, z.B. weil der Vater nicht lebt oder bestehen sie zwar, wären sie aber wegen Unbekanntheit des Vaters nicht durchsetzbar, so wäre M bedürftig und daher auf die Grundsicherung angewiesen. Anders als im Sozialhilferecht (§§ 103, 104 SGB XII)[24] ist die Aufhebung des der Leistungserbringung zugrunde liegenden Bewilligungsbescheids im Rahmen von § 34a SGB II nicht erforderlich.[25] Die Weigerung der M hat letztlich dazu geführt, dass ihr die Leistungen der Grundsicherung für Arbeitsuchende zu Unrecht gewährt worden ist. Folglich ist ein Erstattungsanspruch des Trägers nach § 34a SGB II begründet.

Ergebnis:

M und K können auch in Zukunft Jobcenter Augsburg Grundsicherung für Arbeitsuchende sowie Sozialgeld und vom Jugendamt Augsburg Unterhaltsvorschuss verlangen, wenn sie die Mitwirkungshandlungen unternimmt. Eine Rückforderung der M gewährten Grundsicherung für Mai bis November 2016 in Höhe von 3.000 € ist begründet, falls M die Identität des Vaters kennt. Kennt sie diese nicht, bleibt sie gleichwohl erstattungspflichtig, weil sie den Nachweis eigener Bedürftigkeit nicht erbracht hat.

---

23 *Eichenhofer*, Sozialrecht, Rn. 261.

24 *Conradis*, in: *Bieritz-Harder/Conradis/Thie* (Hg.), SGB XII, § 104 Rn. 5 ff.

25 *Link*, in: *Eicher*, SGB II, § 34a, Rn. 24; BT-Drs. 17/3404, S. 113; *Knickrehm/Hahn*, in: *Knickrehm/Kreikebohm/Waltermann*, Kommentar zum Sozialrecht, § 34a SGB II Rn. 3.

Fall 12

Hilfsmittelversorgung in der gesetzlichen Krankenversicherung – Wirtschaftlichkeitsgebot – Verbot der Diskriminierung wegen einer Behinderung – Förderung der behinderten Menschen als Auslegungsziel – Bildungsförderung

Ausgangsfall
BSG, Urt. v. 22.7.2004 (B 3 KR 13/03 R) = SozR 4-2500 § 33 Nr. 6.

154 Der von Geburt an blinde, spastisch gelähmte Viktor (V) ist als Kind seiner Eltern bei der Gesetzlichen Krankenkasse (K) gegen das Risiko der Krankheit versichert. Nach seinem Realschulabschluss wechselte er im September 2015 auf das Gymnasium, um das Abitur abzulegen und ein Studium der Psychologie aufzunehmen. Er wird wegen seiner Seh- und Gehbehinderung von einem Bundesfreiwilligendienstleistenden unterstützt. Im Januar 2016 beantragte V bei K die Überlassung eines Notebook-PC für Blinde mit Einführungskurs in Hard- und Software sowie eine Ausgabe des Benutzerhandbuches in Blindenschrift. Dieses Gerät ist notwendig, um als Blinder die im Gymnasialunterricht gestellten Mathematik-Aufgaben zu bewältigen. Die Kosten für dieses Gerät nebst Zusatzleistungen belaufen sich auf 30.000 €.

Frage:
Hat V gegen K Anspruch auf die beantragte Leistung?

Gliederung

I. Notebook als Hilfsmittel?
1. Krankheit
2. Beitrag zur Behebung einer Krankheit

II. Notebook als allgemeiner Gebrauchsgegenstand des täglichen Lebens?
1. Notebook als Kommunikationsmittel
2. Spezielle Ausrichtung des beantragten Notebooks

III. Erfüllung der Grundbedürfnisse des täglichen Lebens?

IV. Verbot der Diskriminierung wegen einer Behinderung
1. Reichweite des Art. 3 III 2 GG
2. Förderung durch die öffentliche Gewalt
3. Schutz und Förderung von Menschen mit Behinderung

Lösung

V könnte von K als Trägerin der Krankenversicherung und medizinischen Rehabilitation (§§ 5 Nr. 1, 26 II Nr. 6, 6 Nr. 1 SGB IX)[1] das Notebook mit Begleitunterlagen nach §§ 33 I 1 SGB V, 55, 31 SGB IX verlangen, falls das Gerät als Hilfsmittel erforderlich ist, um eine Behinderung auszugleichen (I.), nicht als allgemeiner Gebrauchsgegenstand des täglichen Lebens anzusehen ist (II.), der Erfüllung eines allgemeinen Grundbedürfnisses des täglichen Lebens dient (III.) und diese Einschränkung mit dem Verbot der Diskriminierung wegen einer Behinderung (Art. 3 III 2 GG) im Einklang steht (IV.).

I. Notebook als Hilfsmittel?

Ob ein Notebook als Hilfsmittel anzusehen ist, hängt davon ab, inwieweit es zur Überwindung einer Krankheit (1.), zur Prävention einer drohenden oder zum Ausgleich einer bestehenden Behinderung einen eigenständigen Beitrag (2.) zu leisten vermag.

1. Krankheit

Krankheit ist ein regelwidriger Körper- und Geisteszustand[2], der eine ärztliche Behand- **155**
lung erfordert, dieser aber auch zugänglich ist. Behindert sind Menschen, wenn ihre körperlichen Funktionen, geistigen Fähigkeiten oder seelische Gesundheit mit hoher Wahrscheinlichkeit länger als sechs Monate von dem für das Lebensalter typischen Zustand abweichen und daher ihre Teilhabe am Leben der Gemeinschaft beeinträchtigt ist[3] (§ 2 I SGB IX). Wer wegen Blindheit und spastischer Lähmung nicht in der Lage ist zu sehen und zu gehen, ist in seiner Seh- und Bewegungsfähigkeit beeinträchtigt und daher krank und behindert.

2. Beitrag zur Behebung einer Krankheit

Das begehrte Notebook könnte als ein Hilfsmittel anzusehen sein. Dafür müsste das **156**
Notebook den Erfolg der Krankenbehandlung sichern, einer drohenden Behinderung entgegenwirken oder eine solche ausgleichen (§§ 33 I SGB V, 31, 55 II Nr. 1 SGB IX). Das auf Bedürfnisse blinder Benutzer zugeschnittene Notebook dient dem Ausgleich einer Sehbehinderung. Da es mobiler als ein PC ist, dient es auch dem Ausgleich der Beeinträchtigung wegen der fehlenden oder eingeschränkten Gehfähigkeit. Es dient seh- und gehbehinderten Menschen zur Lebensführung und ist daher für sie als ein Hilfsmittel anzusehen.

---

1 *Bieritz-Harder*, in: *Deinert/Neumann*, § 10.
2 BSGE 26, 288; *Eichenhofer*, Sozialrecht, Rn. 363.
3 *Welti*, in: *Lachwitz/Bieritz-Harder*, HK-SGB IX, § 2 Rn. 18 ff.; *Neumann*, in: *Deinert/Neumann*, § 2 Rn. 1 ff.

II. Notebook als allgemeiner Gebrauchsgegenstand des täglichen Lebens?

1. Notebook als Kommunikationsmittel

157 Das Notebook dürfte jedoch nicht als „Gebrauchsgegenstand des täglichen Lebens" nach § 33 I 1 SGB V von der Leistungspflicht der Krankenkasse ausgenommen sein. Notebooks sind als Arbeitsgerät und Kommunikationsmittel weit verbreitet. Ihr Einsatz erlaubt die Verarbeitung von Texten, Nutzung von Kommunikationsangeboten und den E-Mail-Kontakt. Damit stellt es Alternativen zu herkömmlichen Formen der Kommunikation dar. Da inzwischen der Zugang zu den auf weltweiter Vernetzung von Computern und Notebooks beruhenden Informations- und Kommunikationsdiensten im Internet allgemein verbreitet ist, könnte Vs Begehren entgegengehalten werden, es werde damit lediglich ein Gebrauchsgegenstand des täglichen Lebens begehrt.

2. Spezielle Ausrichtung des beantragten Notebooks

158 Das von V beantragte Gerät ermöglicht ihm zwar die Nutzung des Internets und stellt daher ein allgemein zugängliches und verbreitetes Mittel zur Ermöglichung von Information und Kommunikation dar. Das beantragte Gerät soll V jedoch nicht in erster Linie den allgemeinen Zugang zu diesen Medien eröffnen, sondern ihn als Sehbehinderten vielmehr befähigen, das für Sehfähige ausgelegte Medium nutzen zu können. Zwischen dem begehrten Notebook und einem Notebook als Gebrauchsgegenstand besteht deswegen ein Unterschied. Er wird schon an den Kosten erkennbar.[4] Während für nicht sehbehinderte Menschen die Nutzung des PC oder Notebook für einen Bruchteil von 1/30 oder 1/20 des in Rede stehenden Anschaffungsbetrages des beantragten Notebooks möglich ist und deswegen deren weite Verbreitung als allgemeiner Gebrauchsgegenstand wirtschaftlich erst ermöglicht, entspricht das beantragte Gerät in seiner Ausstattung, dem Handbuch und Einführungslehrgang für Soft- und Hardware speziellen Anforderungen, damit auch Blinde die sonst nur den Sehfähigen allgemein zugänglichen Geräte nutzen können. Weil das fragliche Gerät eine Nutzung des Internet deshalb nicht generell, sondern speziell für Blinde zu sichern bezweckt, ist es selbst wie auch seine Begleitleistungen kein allgemeiner Gebrauchsgegenstand.

III. Erfüllung der Grundbedürfnisse des täglichen Lebens?

159 Die Rechtsprechung[5] versteht Mittel, die eine Behinderung nicht unmittelbar, sondern im Hinblick auf deren abträgliche Folgen im beruflichen und gesellschaftlichen Leben sowie bei Freizeitbetätigungen auszugleichen bezwecken, nicht als Hilfsmittel. Denn die Leistungspflicht der gesetzlichen Krankenversicherung nach § 33 SGB V sei mit einer „ungeschriebenen Einschränkung"[6] versehen. Die Rechtsprechung differenziert zwischen Hilfsmitteln, die unmittelbar an der Behinderung ansetzen und deshalb regelmäßig zu gewähren sind einerseits und solchen, die dem mittelbaren Ausgleich von

4 Nach BSGE 77, 209 war ab einem Preis von ca. 1.000 DM = ca. 500 € von einem Hilfsmittel auszugehen, weil dann anzunehmen sei, dass die Sache in Haushalten mit einem durchschnittlichen Einkommen nur vereinzelt anzutreffen sei. Aufgegeben durch BSGE 84, 266; 116, 120.

5 BSG SozR 2200 § 187 Nr. 1, SozR 2200 § 182b Nr. 5; SozR 4-2500 § 33 Nr. 48; SozR 4-2500 § 33 Nr. 45.

6 BSG SozR 4-2500, § 33 Nr. 6.

Behinderungsfolgen dienen andererseits. Jene sind stets, diese dagegen nur zur Befriedigung von Grundbedürfnissen zu gewähren. Diese Rechtsprechung verlangt nach Klärung des unbestimmten Rechtsbegriffs „Grundbedürfnis“: „Zu den Grundbedürfnissen jedes Menschen gehören die körperlichen Grundfunktionen (Gehen, Stehen, Sitzen, Greifen, Sehen, Hören, Nahrungsaufnahme, Ausscheidung) sowie die elementare Körperpflege, das selbstständige Wohnen und die Erschließung eines gewissen körperlichen und geistigen Freiraums, der z.B. die Bewegung im Nahbereich der Wohnung sowie die Aufnahme von Informationen und die Kommunikation mit anderen zur Vermeidung der Vereinsamung ermöglicht.“[7]

Ausgehend von dieser Rechtsprechung wäre demnach zu fragen, was als „allgemeines **160**
Grundbedürfnis des täglichen Lebens im Hinblick auf Bildungsgänge“ anzusehen ist. Es gehört nach der Rechtsprechung zum Grundbedürfnis das Durchlaufen einer elementaren Schulausbildung,[8] hingegen nicht die Erlangung der Studierfähigkeit durch Abitur und vorangehenden Unterricht am Gymnasium.[9] Die Rechtsprechung folgert daraus, dass nur diejenigen Hilfsmittel für die Versorgung durch die gesetzliche Krankenversicherung geeignet sind, welche den Empfänger zur Erfüllung der regulären Schulpflicht befähigen. Diese sieht lediglich den Besuch von Regelschulen vor, umfasst dagegen nicht das Durchlaufen von Gymnasium und Universität.[10] Für Hilfsmittel zur Absolvierung der genannten Bildungsgänge besteht danach kein Anspruch, weil diese kein „Grundbedürfnis“ decken.

IV. Verbot der Diskriminierung wegen einer Behinderung

Diese – durch den Wortlaut des § 33 SGB V nicht gedeckte – einschränkende Auslegung **161**
könnte allenfalls als teleologische Reduktion verstanden und gerechtfertigt werden. Sie hat allerdings im Ergebnis zur Konsequenz, dass behinderte Menschen von Entfaltungsmöglichkeiten ausgeschlossen sind, die ihnen die Möglichkeiten einer weiterführenden Bildung und Berufsausbildung eröffnen, soweit sie auf Hilfsmittel angewiesen sind und mangels solcher einen weiterführenden Bildungsgang nicht durchlaufen können. Eine solche Auslegung des geltenden Rechts könnte daher das Verbot der Benachteiligung wegen einer Behinderung verletzen, wie es in Art. 3 III 2 GG, aber auch in §§ 33c SGB I, 19a SGB IV, 2a SGB V[11] niedergelegt ist. Nach der Rechtsprechung des BVerfG[12] kann dieses Gebot durch die öffentliche Gewalt auch verletzt sein, wenn behinderte Menschen von Entfaltungs- und Betätigungsmöglichkeiten ausgeschlossen sind, die nicht behinderten Menschen offen stehen. Es hat durch die Regelungen des AGG für die Arbeitswelt und Konsumsphäre eine deutliche Aufwertung erfahren.

---

7 Ebd.
8 BSGE 30, 151, 154; BSG SozR 2200 § 182 Nr. 73; SozR 2200 § 182b Nr. 28, SozR 3-2500 § 33 Nrn. 22, 40.
9 BSG SozR 3-2500 § 33 Nr. 40; SozR 4-2500 § 33 Nr. 6.
10 BSG SozR 4-2500 § 33 Nr. 6.
11 *Eichenhofer*, in: *Däubler/Bertzbach*, AGG, § 2 Rn. 62, 83 ff.
12 BVerfGE 96, 288, 301 f.

1. Reichweite des Art. 3 III 2 GG

162 Aus Art. 3 III 2 GG folgt zwar weder ein unmittelbarer Anspruch auf Hilfsmittelversorgung[13] noch dass die Krankenversicherung auf Grund der ihr auferlegten Pflicht zur medizinischen Rehabilitation (§§ 27 I Nr. 6, 40 SGB V, 55, 31, 26 II Nr. 6 SGB IX) „jedweden Bedarf nach Behinderungsausgleich durch entsprechende Hilfsmittel zu befriedigen"[14] hätte. Selbstverständlich gilt auch für die Krankenversicherung und die medizinische Rehabilitation behinderter Menschen das namentlich jene generell prägende Wirtschaftlichkeitsgebot (§ 12 SGB V). Danach sind die Leistungen der Krankenversicherung „ausreichend, zweckmäßig und wirtschaftlich" zu erbringen. Sie „dürfen das Maß des Notwendigen nicht überschreiten". Bei der Konkretisierung des Gesetzesrechts hat die Rechtsprechung jedoch nach § 2a SGB V „den besonderen Belangen behinderter und chronisch kranker Menschen Rechnung zu tragen". Ergänzend gebietet § 1 SGB IX, dass bei der Inanspruchnahme sozialer Rechte niemand wegen einer Behinderung benachteiligt werden darf. Deswegen erscheint fraglich, ob die zitierte Rechtsprechung mit diesen Prinzipien im Einklang steht.

2. Förderung durch die öffentliche Gewalt

163 Das Vorliegen einer Benachteiligung wegen einer Behinderung durch die öffentliche Gewalt kann nicht mit dem Argument in Zweifel gezogen werden, dass behinderte Menschen in ihren Entfaltungsmöglichkeiten nicht durch die öffentliche Gewalt, sondern „allein durch ihre Behinderung" ausgeschlossen seien.[15] Diese Erwägung verkennt den Sinn und die Funktion des Gleichstellungs- und Förderungsgebots für behinderte Menschen durch die öffentliche Gewalt. *Dieses* ist – anders als die Einstandspflicht der öffentlichen Gewalt aufgrund der Kriegsopfer- und Soldatenversorgung – *nicht* als Ausgleich für *staatlich veranlasste* Beeinträchtigungen statuiert. Das Behindertenrecht enthält ein allgemeines Benachteiligungsgebot gegenüber *sämtlichen* behinderten Menschen, *unabhängig* davon, ob die Behinderung auf *staatlicher* Einwirkung beruht oder nicht. Dieses Gebot ist in dem sozialstaatlichen Auftrag begründet, Menschen, die aufgrund ihrer Behinderung gegenüber nichtbehinderten Menschen gesellschaftliche und wirtschaftliche Nachteile haben, eine angemessene Teilhabe am gesellschaftlichen und Erwerbsleben durch gezielte Hilfe zu ermöglichen. Wer eine öffentlich-rechtliche Einstandspflicht gegenüber behinderten Menschen mit der Behauptung leugnet, die Behinderung sei nicht durch die öffentliche Gewalt verursacht, würde das Diskriminierungsverbot gegenüber behinderten Menschen auf den Kreis der aufgrund staatlicher Veranlassung behindert gewordenen Menschen beschränken. Für ein derart verengtes Verständnis des Art. 3 III 2 GG gibt das geltende Recht keine Anhaltspunkte.

13 BSGE 91, 60, 64 mit kritischer Anmerkung *Davy*, SGb 2004, 315, 318 ff.; BSG SozR 4-2500 § 33 Nr. 5.
14 So BSG SozR 4-2500 § 33 Nr. 6.
15 So aber BSG SozR 4-2500 § 33 Nr. 6.

3. Schutz und Förderung von Menschen mit Behinderung

Die von der Rechtsprechung vorgenommene teleologische Reduktion des Anspruchs auf Heilmittelversorgung ist bei behinderten Menschen daher nur statthaft, wenn dabei das in §§ 33c SGB I, 19a SGB IV, 2a SGB V, 1 SGB IX und Art. 3 III 2 GG niedergelegte Verbot der Diskriminierung wegen einer Behinderung hinlänglich beachtet wird.[16] Bei der Abwägung ist zu berücksichtigen, dass die Hilfsmittelversorgung auch bei der mittelbaren Beeinträchtigung von Behinderungsfolgen eine Bedingung für die Möglichkeit der Teilnahme behinderter Menschen am gesellschaftlichen Leben darstellt. Es wäre mit den genannten Diskriminierungsverboten unvereinbar, wenn eine Regelung behinderten Menschen den Zugang zu Entfaltungsmöglichkeiten von vornherein verschlösse, die gesunden Menschen offen stehen.[17] **164**

Dies gilt insbesondere für die höhere Bildung, die eigens durch Leistungen der *Ausbildungsförderung* staatlich gefördert wird. Wenn die öffentliche Hand aber spezielle Leistungen zur Ausbildungsförderung vorsieht, so steht damit eine Auslegung des Krankenversicherungsrechts im Widerspruch, die begabten behinderten Menschen den Zugang zu weiterbildender Tätigkeit versagt. Dies bedeutet im vorliegenden Fall, dass ein umfassend seh- und gehbehinderter Mensch aufgrund seiner Behinderung notwendigerweise auf eine *Erwerbstätigkeit* verwiesen ist, welche die *geistigen* Potenziale dieser Menschen nutzt und stärkt. Denn eine körperliche Betätigung ist aufgrund der Behinderung ausgeschlossen. Deshalb kann nur durch Entfaltung ihrer geistigen Anlagen und Fertigkeiten eine gesellschaftliche Teilhabe geh- und sehbehinderter Menschen gesichert werden. Der Weg zu einer überwiegend geistigen Betätigung führt aber im Regelfall über eine Gymnasial- zur Hochschulausbildung und damit verbundene akademische Bildung. Deshalb schlösse die Versagung des Hilfsmittels einen behinderten Menschen wegen seiner Behinderung von weiterführender Bildung unmittelbar aus und versagte ihm damit die Chance auf Teilhabe am Erwerbsleben. Dies verstieße gegen sämtliche Grundsätze zum Schutze behinderter Menschen und verletzte auch das international anerkannte soziale Grundrecht auf Bildung (Art. 26 AEMR).[18] Die Rechtsprechung des BSG steht deshalb insbesondere in ihren Auswirkungen für die Förderansprüche von behinderten Menschen mit den Diskriminierungsverboten gegenüber behinderten Menschen nicht im Einklang. **165**

Ergebnis:

V kann von K das begehrte Hilfsmittel verlangen.

16 *Davy*, in: Deutscher Sozialrechtsverband (Hg.), Bd. 49, 2002, 7 ff.
17 *Neumann*, in: *Deinert/Neumann*, § 2.
18 *Eichenhofer*, Soziale Menschenrechte, § 10.

Fall 13

Krankenversicherung – Kostenerstattung – Versorgung mit Medizinprodukten – Anerkennung neuer Behandlungsmethoden durch den GBA – grundgesetzkonforme Auslegung des SGB V – demokratische Legitimation des GBA

Ausgangsfälle

BVerfG, Beschl. v. 10.11.2015 (1 BvR 2056/12) = BVerfGE 140, 229.
BVerfG, Beschl. v. 6.12.2005 (1 BvR 347/98) = BVerfGE 115, 25.
BSG, Urt. v. 16.9.1997 (1 RK 28/95) = BSGE 81, 54.
BSG, Urt. v. 3.7.2012 (B 1 KR 23/11 R) = BSGE 111, 155.

166 Klara (K) ist bei der B-Ersatzkasse (BEK) krankenversichert. Sie leidet an einer chronischen Erkrankung der Harnblasenwand (interstitielle Cystitis). Die Erkrankung geht mit einer gravierenden Verringerung der Kapazität der Harnblase, Entleerungsstörungen, starkem Harndrang und erheblichen Schmerzen einher. Es ist nicht ausgeschlossen, dass bei einem chronischen Verlauf der Krankheit eine sogenannte Schrumpfblase entsteht, die unter Umständen operativ entfernt werden muss.

Der behandelnde Arzt A verordnete K ein Medikament, welches bis zum Abklingen der Symptome regelmäßig – während der ersten vier Behandlungswochen einmal wöchentlich, anschließend einmal monatlich – über einen Katheter in die Harnblase geträufelt werden sollte. A hat dieses Medizinprodukt bereits bei anderen Patienten mit dieser Erkrankung angewendet und verweist auf seine durchweg positiven Erfahrungen mit dieser Methode. Der Katheter verfügt über die CE-Zertifizierung nach § 7 MPG.

Die BEK lehnte Ks Antrag auf Kostenübernahme mit der Begründung ab, dass die Wirksamkeit des Präparats – was zutrifft – durch evidenzbasierte Studien nicht hinreichend belegt sei. Der Gemeinsame Bundesausschuss (GBA) habe es folglich auch nicht in die Arzneimittelrichtlinie aufgenommen.

K ist der Auffassung, durch die Vorenthaltung des Medizinprodukts in ihrem Grundrecht auf Leben und körperliche Unversehrtheit verletzt worden zu sein. Wegen der fortwährenden starken Beschwerden, des drohenden Verlusts der Harnblase sowie der erheblichen Beeinträchtigung ihrer alltäglichen Lebensführung und ihrer sozialen Kontakte sei sie suizidgefährdet. Sie beschafft sich das Präparat daher selbst und wendet dafür 2.000 € auf.

Frage:

Ist die BEK gegenüber K zur Erstattung der Kosten verpflichtet?

Gliederung

Lösung

K könnte einen Anspruch auf Übernahme der Kosten für das Medizinprodukt durch die BEK haben. Dazu müssten die Voraussetzungen für die Kostenerstattung vorliegen (I.) und die Gewährung des Medizinprodukts von der Leistungspflicht der gesetzlichen Krankenversicherung erfasst sein (II.).

I. Zulässigkeit der Kostenerstattung

Der nach § 27 SGB V dem gegen Krankheit Versicherten zustehende Anspruch ist auf die Krankenbehandlung einschließlich der Versorgung mit Arznei-, Heil- und Hilfsmitteln gerichtet. Nach § 2 I, II SGB V werden den Versicherten nach Maßgabe des Wirtschaftlichkeitsprinzips alle Leistungen zur medizinischen Behandlung als Sachleistung zur Verfügung gestellt.[1] Anders als in dem vom Kostenerstattungsprinzip geprägten französischen[2] oder belgischen Sozialrecht[3] oder dem deutschen Privatversicherungsrecht[4] – ist die Selbstbeschaffung von Leistungen gemäß § 13 I SGB V nur ausnahmsweise in den gesetzlich ausdrücklich geregelten Fällen zulässig. **167**

Gemäß § 13 I, III SGB V könnte K die Erstattung der Kosten für das Medizinprodukt verlangen, wenn die BEK eine Leistung nicht rechtzeitig erbracht oder zu Unrecht abgelehnt hat. In ersterem Fall muss die Inanspruchnahme eines Leistungserbringers außerhalb des Sachleistungssystems unaufschiebbar, also so dringlich sein, dass unter medizinischen Gesichtspunkten ein Zuwarten nicht vertretbar wäre. Ferner muss eine Versorgungslücke bestehen, es darf also kein Vertragsarzt erreichbar sein, der die ge-

1 *Janda*, Medizinrecht, 75.
2 Dazu *Kötter*.
3 *Eichenhofer*, Sozialrecht, Rn. 106.
4 *Eichenhofer*, Sozialrecht, Rn. 355 f.

botene Behandlung erbringt („Systemversagen“).[5] Diese Konstellation ist für K nicht erfüllt. Zwar leidet sie an einer Krankheit, die erhebliche Schmerzen verursacht und ihre Lebensqualität stark beeinträchtigt; zudem droht die operative Entfernung der Harnblase. Der Verlust des Organs steht jedoch nicht unmittelbar bevor. Auch ein tödlicher Verlauf der Krankheit ist nicht gegeben. Die von K geltend gemachte Suizidgefahr ist ihrer Erkrankung jedenfalls nicht unmittelbar immanent, sondern mag im Einzelfall aus deren Begleitumständen resultieren, ohne dass dieser selbst ein tödlicher Verlauf zu attestieren wäre.

Eine zur Kostenerstattung berechtigende, zu Unrecht versagte Leistung setzt einen Antrag auf Kostenübernahme an die Krankenkasse voraus, der von dieser abschlägig beschieden worden ist. Dies ist der Fall: Die BEK hat den Antrag der K auf Übernahme der Kosten des Katheters und des damit zu applizierenden Präparats abgelehnt. Die ablehnende Entscheidung der BEK erging jedoch nur dann zu Unrecht, wenn K einen Anspruch auf Gewährung des Medizinprodukts als Sachleistung hatte.

II. Leistungspflicht der BEK für neue Medizinprodukte

Wegen der Akzessorietät des Kostenerstattungs- zum Sachleistungsanspruch kann K nur Kostenerstattung für die Leistungen fordern, die im Leistungskatalog des § 11 SGB V enthalten (1) und notwendig i.S.v. § 12 SGB V sind (2).[6]

1. Medizinprodukte als Leistungen zur Krankenbehandlung

168 Der von K begehrte Katheter zum Applizieren eines Medikaments in die Harnblase müsste eine Leistung zur Krankenbehandlung nach § 11 I Nr. 4 SGB V darstellen. Dazu zählt gemäß § 27 I 2 Nr. 1 SGB V die ärztliche Behandlung sowie nach § 27 I 2 Nr. 3 SGB V die Versorgung mit Arzneimitteln.

Der von K begehrte Katheter stellt jedoch kein Arzneimittel, sondern ein Medizinprodukt i.S.v. § 3 Nr. 1, 2 MPG dar: Es handelt sich dabei um eine Vorrichtung, mit der ein Stoff appliziert werden kann, der bei gesonderter Verwendung als Arzneimittel im Sinne des § 2 I AMG anzusehen wäre und seine Wirkung auf den menschlichen Körper entfalten kann. Medizinprodukte sind indes grundsätzlich nicht im Leistungskatalog der gesetzlichen Krankenversicherung enthalten. Ihre (ausnahmsweise) Verordnungsfähigkeit ist Gegenstand von §§ 27 ff. Arzneimittel-Richtlinie (AM-RL). Medizinprodukte sind danach nur dann von der Leistungspflicht der Krankenkassen umfasst, wenn sie in die Arzneimittelversorgung einbezogen, d.h. als „arzneimittelähnliche Medizinprodukte“ zu qualifizieren sind.[7] Ihre Verordnungsfähigkeit setzt voraus, dass sie verkehrsfähig sind, was durch die CE-Kennzeichnung nach § 7 MPG nachgewiesen wird. Diese Kennzeichnung gibt nicht nur Aufschluss über die technische Sicherheit des Medizinprodukts, sondern auch über dessen Eignung, Zweckbestimmung und Qualität.[8] Der von

5 BSGE 34, 172, 174; 35, 10, 14.
6 BSGE 79, 125, 126 f.; 81, 54, 56; 93, 236, 239; 95, 132.
7 BSGE 111, 115.
8 BSGE 93, 183; 111, 115.

K begehrte Katheter verfügt über die CE-Kennzeichnung. Er fällt damit grundsätzlich in die Leistungspflicht der gesetzlichen Krankenversicherung.

2. Anspruch auf ausreichende, zweckmäßige und wirtschaftliche Versorgung

Gemäß §§ 12, 28 I SGB V müsste die Heilbehandlung ausreichend, zweckmäßig, notwendig und wirtschaftlich sein. **169**

Eine Leistung ist ausreichend, wenn sie nach Umfang und Qualität hinreichende Chancen für einen Heilerfolg bietet, also einem Mindeststandard genügt.[9] Sie ist zweckmäßig, wenn sie objektiv auf eines der in §§ 11 I, II, 27 I 1 SGB V verankerten Ziele ausgerichtet ist, also der Verhütung, Früherkennung, Behandlung oder Rehabilitation dient und hinreichend wirksam ist.[10] Die Notwendigkeit ist zu bejahen, wenn die Leistung nach Art und Umfang unentbehrlich, unvermeidlich oder unverzichtbar ist.[11] Sie muss also medizinischen Zwecken dienen und es dürfen keine Alternativen offen stehen, um den gleichen Erfolg zu erzielen. Die Wirtschaftlichkeit ist danach zu beurteilen, ob die Leistung im Vergleich zu anderen Leistungsarten das günstigste Verhältnis zwischen Aufwand und Wirkung aufweist und namentlich einen dauerhaften und nachhaltigen Heilerfolg erzielt.[12]

3. Konkretisierung des Leistungsanspruchs durch den GBA

Der Gesetzgeber hat mit dem Wirtschaftlichkeitsprinzip im § 12 SGB V jedoch lediglich einen allgemeinen Rahmen etabliert, der gemäß § 92 I 1 SGB V vom GBA in Richtlinien zu konkretisieren ist. Weitere Voraussetzung für die Leistungspflicht der gesetzlichen Krankenkassen für arzneimittelähnliche Medizinprodukte ist eine befürwortende Stellungnahme durch den Gemeinsamen Bundesausschuss (GBA).[13] Auf diese kann nur im Falle der willkürlichen Untätigkeit des GBA verzichtet werden, vgl. § 135 I 6 SGB V. Der GBA war hier jedoch nicht untätig, sondern hat den von K begehrten Katheter nach einer Bewertung der wissenschaftlichen Erkenntnisse zu dessen Wirksamkeit nicht als verordnungsfähig nach §§ 31 I 2, 92 I 2 Nr. 6 SGB V angesehen. **170**

Die Beschlüsse des GBA sind gemäß § 91 VI SGB V für Kostenträger, Leistungserbringer und Versicherte verbindlich, wirken sich also unmittelbar auf die Leistungsansprüche aus und kommen folglich einer Regelung gleich. Das BSG hat in diesem Zusammenhang darauf hingewiesen, dass kein „numerus clausus" der Rechtsnormen im Krankenversicherungsrecht bestehe, sodass die Eingrenzung und Konkretisierung der leistungsrechtlichen Ansprüche durch die Richtlinien des GBA zulässig sei.[14]

---

9 BSGE 55, 188.
10 BSGE 52, 70; 70, 24.
11 BSG SozR 2200 § 182b Nr. 26; SozR 2200 § 182b Nr. 30.
12 BSGE 52, 70.
13 Ausführlich zur Beurteilung neuer Behandlungsmethoden im Krankenversicherungsrecht *Gottwald*.
14 BSGE 81, 54, 64; 120, 170.

Es ist jedoch der Frage nachzugehen, ob der GBA über eine hinreichende demokratische Legitimation verfügt, um die Leistungsansprüche der Versicherten einzuschränken.[15] Bewertungsmaßstab ist das Recht auf Leben und körperliche Unversehrtheit aus Art. 2 II GG. Innerhalb dieses Rahmens ist zu prüfen, ob die im Gesetz verankerten Leistungsausschlüsse in dem auf Zwangsmitgliedschaft und Beitragspflicht beruhenden System der Gesetzlichen Krankenversicherung gerechtfertigt sind, namentlich ob die Verhältnismäßigkeit zwischen Beitrag und Leistung gewahrt wird.[16]

a) Grundlegende Bedenken gegen die Bewertung der Wirksamkeit neuer Methoden?

171 Es stößt nicht bereits von vornherein auf Bedenken, dass der Gesetzgeber die Leistungspflicht der Krankenkassen an den Nachweis der Wirksamkeit und Wirtschaftlichkeit der einzelnen Behandlungsmethoden knüpft.[17] Dass aus den Beiträgen der Versicherten nur solche Behandlungen finanziert werden, die sich in einer hinreichenden Zahl von Fällen bewährt haben, ist auch unter dem Gesichtspunkt sachgerecht, dass medizinische Forschung und Entwicklung nicht zu den von der gesetzlichen Krankenversicherung zu erbringenden Aufgaben zählen.

Eine Grundrechtsverletzung kann vielmehr erst dann angenommen werden, wenn das insofern angewandte Entscheidungsverfahren so ausgestaltet ist, dass den Versicherten notwendige Leistungen vorenthalten werden, bei denen eine nicht ganz fernliegende Aussicht auf Heilung oder auf eine spürbare positive Einwirkung auf den Krankheitsverlauf besteht.[18]

b) Ausgestaltung des Bewertungsverfahrens

172 Das Verfahren zur Begutachtung einzelner medizinischer Innovationen ist jedoch vom Gesetzgeber nicht im Detail vorgegeben, sondern dem GBA überlassen. Dieser entwickelt die Evidenzmaßstäbe und die Kriterien für die Bewertung der Wirksamkeit von Behandlungsmethoden in eigener Verantwortung. Ob das Verfahren den verfassungsrechtlichen Anforderungen genügt, ist am Demokratieprinzip aus Art. 20 I GG zu messen und voraus, dass zumindest ein gesetzlicher Rahmen für das Verfahren vorgegeben ist, sodass sich die Entscheidung des GBA insgesamt schlüssig in das Gesamtkonzept des Leistungsrechts der gesetzlichen Krankenversicherung einfügt.

Für die Verordnungsfähigkeit von Medizinprodukten macht der Gesetzgeber vergleichsweise konkrete Vorgaben, in dem er diese gemäß § 21 I 2 SGB V in Bezug zur Verordnungsfähigkeit von Arzneimitteln setzt und beispielsweise Bagatell- oder Lifestyle-Produkte ausschließt. Er stellt klar, dass es entscheidend auf den durch evidenzbasierte Studien nachgewiesenen diagnostischen bzw. therapeutischen Nutzen des Medizinpro-

---

15 Diese Frage wird seit Langem kontrovers diskutiert, *Janda*, Medizinrecht, S. 84 m.w.N.; vgl. aus jüngerer Zeit *Christopeit*, Die verfassungsrechtliche Bewertung der Rechtssetzung des Gemeinsamen Bundesausschusses, 2013; *Kluth*, GesR 2015, 513; *Holzner*, SGb 2015, 247; *Gassner*, NZS 2016, 121.

16 BVerfGE 115, 25; 140, 229; kritisch *Wallrabenstein*, KrV 2015, 240, 240 f.; zustimmend dagegen *Kingreen*, MedR 2017, 8, 10; wohl auch *Gassner*, NZS 2016, 124 f.

17 Vgl. *Kingreen*, MedR 2017, 8, 10: Es gibt „kein Grundrecht auf Scharlatanerie".

18 BVerfGE 140, 229.

dukts und das Fehlen anderer, zweckmäßigerer Behandlungsmethoden ankommt. Innerhalb dieses Rahmens hat der GBA keinen Gestaltungsspielraum, sondern ist an die aktuellen wissenschaftlichen Erkenntnisse gebunden. Es bestehen keine Anhaltspunkte dafür, dass die von ihm festgelegten Evidenz- und Wirksamkeitskriterien in §§ 27 ff. AM-RL den wissenschaftlichen Anforderungen nicht genügen.[19] Zudem bestehen keine hinreichenden wissenschaftlichen Studien, in denen die Wirksamkeit des von K begehrten Medizinprodukts belegt werden konnte.

c) Demokratische Legitimation des GBA

Das Verfahren vor dem GBA könnte ferner deshalb verfassungswidrig ausgestaltet sein, **173** weil Angelegenheiten Dritter – hier der Versicherten – geregelt werden, die an der Entscheidung nicht mitwirken können.[20] Der Ausschuss wird von der Kassenärztlichen Bundesvereinigung, der Deutsche Krankenhausgesellschaft und dem Spitzenverband Bund der Krankenkassen gebildet. Er setzt sich aus einem unparteiischen Vorsitzenden, zwei weiteren unparteiischen Mitgliedern, einem von der Kassenzahnärztlichen Bundesvereinigung, jeweils zwei von der Kassenärztlichen Bundesvereinigung und der Deutschen Krankenhausgesellschaft und fünf von dem Spitzenverband Bund der Krankenkassen benannten Mitgliedern zusammen, § 91 I, II SGB V, und steht unter der Aufsicht des Bundesministeriums für Gesundheit, §§ 91a I 1, 94 SGB V.

Die Versicherten sind nicht unmittelbar an der Entscheidungsfindung im GBA beteiligt. Sie haben weder Einfluss auf die Besetzung des Gremiums noch ein Stimmrecht bei der Verabschiedung der Richtlinien nach § 92 SGB V. Zwar sind den die Versicherten repräsentierenden Verbände in § 140f I 1 SGB V Mitberatungsrechte beim Richtlinienerlass eingeräumt. Jedoch ist das Recht zur Stellungnahme keineswegs mit einem echten Mitbestimmungsrecht gleichzusetzen.[21]

Auch die Aufsicht des Bundesministeriums könnte als Korrektiv zur fehlenden unmittelbaren Patientenbeteiligung wirken, vermittelt es diesem doch ein Vetorecht im Hinblick auf die Auswahl der konkreten Mitglieder des GBA und das Recht zur Beanstandung der von ihm erlassenen Richtlinien.[22] Nach der Rechtsprechung des BSG ist es schließlich nicht erforderlich, dass Entscheidungen über den konkreten Gehalt des Leistungsanspruchs der Krankenversicherten unmittelbar durch den Gesetzgeber getroffen werden. Die demokratische Legitimation könne sich auch aus einer Legitimationskette ergeben, indem der gewählte parlamentarische Gesetzgeber die für das Tätigwerden des GBA erforderliche Rechtsgrundlage geschaffen hat. Diese ergebe sich für die Versicherten aus den Sozialwahlen, für die Ärzteschaft aus der Mitgliedschaft in der Kassenärztlichen Vereinigung. Über diese Wahlrechte seien sie zumindest mittelbar an der Entscheidung über die Besetzung des GBA und der Ausgestaltung seiner Verfahren beteiligt.[23]

---

19 Vgl. BSGE 111, 115.
20 BVerfGE 140, 229.
21 *Kingreen*, MedR 2017, 8, 11; a.A. *Hauck*, NZS 2010, 601, 603.
22 Vgl. auch BT-Drs. 17/6906, S. 67. Dagegen *Nitz*, MedR 2016, 941, 944, der die bloße Rechtsaufsicht für unzureichend hält.
23 BSGE 78, 70, 74; 82, 41, 46; 96, 261, 277.

174 Dagegen ist jedoch vorzubringen, dass die Beteiligung der Versicherten an der Sozialwahl die Selbstverwaltung der Krankenkassen betrifft, nicht aber den GBA, der gerade nicht Teil der sozialen Selbstverwaltung ist.[24] Die nichtärztlichen Leistungserbringer, deren Interessen die Beschlüsse des GBA ebenfalls tangieren, verfügen zudem über keinerlei Beteiligungsrechte.[25] Der eingeschränkten demokratischen Legitimation kommt zudem umso mehr Gewicht zu, je intensiver und weitreichender die Entscheidungen des GBA sind. Das Gremium ist also nicht per se als „undemokratisch“ zu qualifizieren, sondern es ist in einer differenzierten Einzelfallbetrachtung zu würdigen, ob und in welcher Intensität die Interessen der Versicherten durch die Entscheidungen des GBA betroffen sind.[26]

Steht danach die demokratische Legitimation der GBA-Entscheidungen zumindest in Zweifel,[27] fragt sich, welche Konsequenzen daraus zu ziehen sind. K daraus per se einen Anspruch auf Gewährung der begehrten Leistungen zuzusprechen, liefe klar der gesetzgeberischen Intention zuwider, nur hinreichend wirksame und notwendige Leistungen zu gewähren, zumal der in § 31 SGB I verankerte Gesetzesvorbehalt für jedwede Rechte und Pflichten aus dem Sozialgesetzbuch eine gesetzliche Grundlage voraussetzt.

III. Verfassungsunmittelbarer Anspruch aus Art. 2 I, II GG i.V.m. dem Sozialstaatsprinzip

175 Möglicherweise kann K einen verfassungsunmittelbaren Anspruch auf Leistung des Katheters aus Art. 2 I, II GG i.V.m. dem Sozialstaatsprinzip herleiten.

Nach Auffassung des BVerfG ist das im SGB V niedergelegte Leistungsrecht der gesetzlichen Krankenkassen verfassungskonform auszulegen.

Dies hat zur Folge, dass Versicherte im Falle einer lebensbedrohlichen, regelmäßig tödlich verlaufenden Krankheit einen Anspruch auf Versorgung mit nicht vom GBA befürworteten Leistungen und Behandlungsmethoden haben. Voraussetzung dafür ist, dass schulmedizinische Behandlungsmethoden nicht existieren bzw. im konkreten Fall nicht zur Anwendung kommen können und eine „auf Indizien gestützte, nicht ganz fernliegende Aussicht auf Heilung oder spürbar positive Einwirkung auf den Behandlungsverlauf“ besteht.[28] Der Gesetzgeber hat die Vorgaben des BVerfG inzwischen – systematisch wenig überzeugend – in § 2 Ia SGB V aufgenommen.

Die Erkrankung der K ist zwar schwerwiegend, hat aber keinen tödlichen Verlauf angenommen. Auch die von ihr geschilderte Suizidgefahr führt zu keiner anderen Bewertung, ist sie der Erkrankung doch nicht unmittelbar immanent. Ob die vom BVerfG entwickelten Grundsätze auch auf schwerwiegende Erkrankungen zu übertragen sind, die zum Verlust eines Organs und zur erheblichen Beeinträchtigung der sozialen Kontakte des Versicherten führen können, ist an Art. 2 I, II GG zu messen.

---

24 *Kingreen*, MedR 2017, 8, 11.

25 Dazu *Nitz*, MedR 2016, 94, 943 f.

26 *Gassner*, NZS 2016, 121, 126; *Wallrabenstein*, KrV 2015, 241, 242; kritisch *Lege*, JZ 2016, 464, 465 f.

27 In BVerfGE 140, 229 hält es das BVerfG für „... nicht ausgeschlossen, dass der Gemeinsame Bundesausschuss für eine Richtlinie [keine] hinreichende Legitimation besitzt“.

28 BVerfGE 115, 25, 49.

Der Gesetzgeber fordert in § 2 Ia SGB V, dass nicht tödlich verlaufende Erkrankungen mit diesen „zumindest wertungsmäßig vergleichbar" sein müssen. Diese sind regelmäßig durch eine notstandsähnliche Situation gekennzeichnet. Eine solche könne nur angenommen werden, wenn ohne die Gewährung der begehrten Leistung innerhalb kürzerer Zeit der Verlust eines Sinnesorgans oder einer herausgehobenen Körperfunktion droht. Für diese Annahme muss eine große Wahrscheinlichkeit bestehen.[29]

Die Situation der K erfüllt diese Anforderungen nicht. Eine Ausweitung der von BSG und BVerfG entwickelten Grundsätze auf andere Erkrankungen ist nicht geboten. Der Gesetzgeber hat die Entscheidung über den Umfang der leistungsrechtlichen Ansprüche dem GBA überantwortet. Die Herleitung konkreter Leistungsansprüche unmittelbar aus den Grundrechten ist daher eine begründungsbedürftige Ausnahme, die nicht so weit ausgelegt werden darf, dass damit der im Sozialstaatsprinzip gründende Gestaltungsspielraum des Gesetzgebers untergraben wird. Eine zum Abweichen vom regulären Procedere berechtigende, seltene Ausnahmesituation kann daher schlechterdings nicht bei jeder schwerwiegenden Erkrankung unterstellt werden. Das Vorliegen einer individuellen, das Leben unmittelbar gefährdenden und von hohem Zeitdruck geprägten Notlage ist unabdingbar.[30] Eine solche Situation, in der K nach allen verfügbaren medizinischen Hilfen greift, um das eigene Leben zu retten, liegt jedoch nicht vor. **176**

Schließlich ist zu berücksichtigen, dass die Gemeinschaft der Versicherten nicht für die Kosten aller erdenklichen Behandlungsmethoden aufkommen muss, sondern es dem Versicherten im Einzelfall zuzumuten ist, selbst für die Kosten einer bestimmten Methode aufzukommen.[31] K hat keine Tatsachen vorgetragen, die angesichts ihrer Einkommens- und Vermögensverhältnisse zur Unzumutbarkeit der eigenverantwortlichen Finanzierung des Katheters führen.

Die Regelungen des SGB V zur Determinierung des Leistungsanspruchs der Versicherten genügen daher insgesamt den verfassungsrechtlichen Anforderungen und vermitteln der K keinen grundrechtsunmittelbaren Leistungsanspruch aus Art. 2 I, II GG auf Versorgung mit dem begehrten Medizinprodukt.

Ergebnis:

K hat gegen die BEK keinen Anspruch auf Erstattung der Kosten für den Katheter und das damit zu applizierende Medikament.

29 BSGE 96, 153, 160; 100, 103, 112; BSG SozR 4-2500 § 31 Nr. 8; bestätigt durch BVerfGE 140, 229.

30 BVerfGE 140, 229; zustimmend *Wallrabenstein*, KrV 2015, 240, 240; *Gassner*, NZS 2016, 121, 122; *Lege*, JZ 2016, 464, 467; aus jüngster Zeit BVerfG, Beschl. v. 11.4.2017 (1 BvR 452/17).

31 BVerfGE 115, 25, 45; BSGE 96, 153; 100, 103; 111, 115.

Fall 14

Klagearten im sozialgerichtlichen Verfahren – Leistungs- und Leistungserbringungsrecht – krankenversicherungsrechtlicher Anspruch und untergesetzliche Normierung – Richtlinien – Rolle des Bundesausschusses – Art. 12 GG

Ausgangsfall

BSG, Urt. v. 28.6.2000 (B 6 KA 26/99 R) = BSGE 86, 223.

177 Diana (D) ist als ausgebildete Diätassistentin in Eberswalde niedergelassen und dort als Selbstständige in ihrem Beruf tätig. Sie führt eigenverantwortlich diättherapeutische Maßnahmen durch und berät Personen bei Ernährungsproblemen. Weil Diättherapie bei Bulimie, Stoffwechselstörungen und bestimmten Krebserkrankungen nach gesicherter medizinischer Erkenntnis zur Krankenbehandlung nötig ist, beantragte D bei dem für die Festsetzung von Heilmitteln zuständigen Gemeinsamen Bundesausschuss (GBA) eine Aufnahme der Diättherapie unter Anleitung und Überwachung durch einen Vertragsarzt in die Richtlinien für Heil- und Hilfsmittel. Der Gemeinsame Bundesausschuss lehnte dies mit der Begründung ab, Diättherapien seien weder Heil- noch Hilfsmittel.

Frage:

Welche Möglichkeit hat D, ihr Begehren weiterzuverfolgen und welche Erfolgsaussichten bestehen für einen Rechtsbehelf?

Gliederung

I. Zulässigkeit
1. Rechtswegeröffnung
2. Klageart

II. Begründetheit
1. Art. 12 I GG
2. Diättherapie – ein Heilmittel?
3. Einbeziehung nichtärztlicher Selbstständiger in die vertragsärztliche Versorgung?

Lösung

D könnte gegen die abweisende Entscheidung des GBA Klage erheben. Die Klage hat Erfolg, wenn sie zulässig (I.) und begründet (II.) ist.

I. Zulässigkeit

Die Zulässigkeit einer sozialgerichtlichen Klage setzt die Rechtswegeröffnung (1.) und die Verfolgbarkeit des Rechtsschutzbegehrens durch eine zulässige Klageart voraus (2.).

1. Rechtswegeröffnung

Voraussetzung für eine Klageerhebung vor dem Sozialgericht ist die Eröffnung des Sozialrechtswegs (§ 51 SGG). Hierfür müsste das mit der Klage angestrebte Rechtsschutzziel auf dem Gebiet der Sozialversicherung (§ 51 I SGG) liegen. D geht es nicht um das Leistungsrecht, sie möchte vielmehr für Sozialversicherte tätig werden und strebt deshalb einen Status im Leistungserbringungsrecht an. Leistungs- und Leistungserbringungsrecht unterliegen gemeinsam dem Sozialversicherungsrecht, weil ersteres letzteres zu ermöglichen hat. Ohne Rechtsbeziehungen zwischen Krankenkassen und Leistungserbringern könnte ein Anspruch auf Sachleistung nicht verwirklicht werden. Denn dieser ist statt durch die Kasse, durch selbstständige Dritte zu erbringen. Außerdem haben nach § 51 I Nr. 2 SGG die Sozialgerichte in Angelegenheiten der gesetzlichen Krankenversicherung zu befinden. Zu diesem Gebiet gehört auch die gemeinsame Selbstverwaltung von Ärzten, Zahnärzten, Psychotherapeuten, Krankenhäusern und anderen Leistungserbringern sowie den Krankenkassen; dazu zählt auch der GBA (§ 92 SGB V). Denn dieser verabschiedet Richtlinien über den Inhalt der vertragsärztlichen Versorgung und legt damit den Versicherungsanspruch konkret fest.[1] Da diese Streitigkeit auf dem Gebiet des Sozialversicherungsrechts liegt, ist der Rechtsweg zu den Sozialgerichten eröffnet. 178

2. Klageart

Ferner müsste das von D erstrebte Rechtsschutzziel mittels einer im SGG vorgesehenen Klageart verfolgt werden können. Es ist auf Aufnahme der von D vorgehaltenen Diättherapie in die durch den GBA zu erlassenden Richtlinien für Heil- und Hilfsmittel gerichtet. Da das SGG kein dem § 47 VwGO entsprechendes Normenkontrollverfahren kennt, könnte das Begehren im Wege der Verpflichtungs- (a), Feststellungs- (b) oder Leistungsklage (c) verwirklicht werden, je nachdem, welche Rechtsqualität den Richtlinien zukommt.[2] 179

a) Das Begehren könnte durch die Verpflichtungsklage (§ 54 I 1, 2. Alt. SGG) verfolgt werden, wenn das Rechtsschutzziel auf den Erlass eines Verwaltungsaktes gerichtet ist. Dieser ist als die Verfügung einer Behörde zur Regelung eines Einzelfalls umrissen (§ 31 SGB X). Ein Verwaltungsakt in Gestalt einer Allgemeinverfügung liegt bei Ver-

1 *Schimmelpfeng-Schütte*, NZS 2006, 567; *Hess*, MedR 2005, 385.
2 *Wigge*, NZS 2001, 579, 623.

fügungen vor, die sich statt an einen einzelnen Adressaten an einen nach allgemeinen Merkmalen bestimmten oder bestimmbaren Personenkreis richtet. Das Begehren wäre mit der Verpflichtungsklage (§ 54 I 1, 2. Alt. SGG) zu verfolgen, sofern die Aufnahme der Diättherapie in die GBA-Richtlinien als Ermessensentscheidung eine Allgemeinverfügung wäre. Dann müsste die Aufnahme der Diättherapie in die nach § 92 SGB V zu beschließenden Richtlinien eine Regelung eines Einzelfalles darstellen.

Durch Aufnahme der Diättherapie als verordnungsfähige Therapie würde aber die Verordnungsfähigkeit dieser Leistung in allen medizinisch indizierten Fällen und für sämtliche Diättherapeuten festgelegt. Die Aufnahme beträfe daher nicht einen *Einzelfall* noch eine nach allgemeinen Merkmalen bestimmte Vielzahl gleichgelagerter Einzelfälle, sondern regelt wie eine Norm eine unabsehbare *Vielzahl* gleichartiger Fälle. Sie enthält damit eine abstrakt-generelle Regelung. Das von D verfolgte Klageziel ist deshalb kein Verwaltungsakt und die Verpflichtungsklage deswegen nicht statthaft.[3]

180 b) Als weitere Klageart kommt die Feststellungsklage (§ 55 SGG) in Betracht. Für sie spricht, dass die Aufnahme einer Therapie in Richtlinien des GBA feststellenden Charakter hat. Allerdings erschöpft sich das Rechtsschutzziel nicht in der bloßen Feststellung. Vielmehr soll durch Aufnahme einer Therapie in Richtlinien des GBA deren Verordnung und Abrechnung im Rahmen vertragsärztlicher Versorgung ermöglicht werden. Die Aufnahme hat damit *normative* Wirkung. Soll aber diese erreicht werden, hat die Aufnahme der Therapie in die Richtlinie die Verordnungsfähigkeit dieser Therapie durch Vertragsärzte zu ermöglichen. Dieses Anliegen kann nicht durch eine Feststellungsklage erreicht werden, weil sich diese darauf beschränkt, das Vorhandensein von Tatsachen oder Rechtsverhältnissen festzustellen. Eine Feststellungsklage der D wäre daher gleichfalls unstatthaft.

181 c) In Betracht kommt schließlich eine Leistungsklage (§ 54 V SGG). Zu Gunsten dieser Klageart spricht, dass die Beklagte zu einer Leistung – nämlich zu einer *Normsetzung*[4] bestimmten Inhalts – verpflichtet werden soll.[5] Das Rechtsschutzziel ist die Verurteilung zur Anerkennung der Diättherapie als Heilmittel. Es wird damit ein Rechtsanspruch erhoben, auf den ein Verwaltungsakt nicht zu ergehen vermag. Das Begehren ist auf Normerlass gerichtet und kann deshalb nur mit der „echten Leistungsklage"[6] (§ 54 V SGG) verfolgt werden. Die Klage kann also vor dem SG als Leistungsklage anhängig gemacht werden.

II. Begründetheit

Die Klage ist begründet, wenn sich aus der beruflichen Stellung der D als Erbringerin einer für die Krankenbehandlung nötigen Dienstleistung ein Anspruch auf Aufnahme in die Heilmittel-Richtlinien aus Art. 12 I GG ergibt (1), die Diättherapie ein Heilmittel (2) und die Einbeziehung nichtärztlicher Selbstständiger in die vertragsärztliche Versorgung statthaft ist (3).

3 BSGE 67, 251, 252.
4 BSGE 78, 70.
5 BSGE 86, 223, 224.
6 *Groß/Castendiek*, in: *Lüdtke/ Berchtold* (Hg.), SGG, § 54 Rn. 101 ff.

1. Art. 12 I GG

§§ 32, 34 SGB V regeln die Ansprüche des Sozialversicherten auf Versorgung mit Heilmitteln. § 138 SGB V bestimmt die Bedeutung der Entscheidungen des GBA für die Vertragsärzte und § 1 SGB V definiert die Aufgaben der Krankenversicherung.[7] Aus diesen Bestimmungen ergeben sich keine Grundlagen für den Anspruch der D auf Aufnahme ihrer Tätigkeit in die Heilmittel-Richtlinien. **182**

Als Anspruchsgrundlage kommt indes das Grundrecht auf freie Berufswahl und -ausübung (Art. 12 I GG) in Betracht. Angesichts der weiten Verbreitung der sozialen Krankenversicherung berührt der Zugang einer Diätassistentin zur Behandlung sozialversicherter Patienten zentral deren Berufswahl und -ausübung. Voraussetzung wäre, dass in der Nichtaufnahme der Diättherapie in die Heilmittel-Richtlinien des GBA ein Eingriff läge. D wird ihre Tätigkeit zwar nicht unmittelbar untersagt, wohl aber wird ihr der Zugang zur vertragsärztlichen Versorgung unterbunden. Hierin könnte eine *mittelbare Beeinträchtigung* liegen.

Fraglich ist, ob eine mittelbare Beeinträchtigung den Schutzbereich von Art. 12 I GG berührt. Nach der Rechtsprechung des BVerfG[8] ist der Schutzbereich des Art. 12 I GG auch berührt, wenn die Berufstätigkeit zwar als solche unberührt bleibt, dem Inhaber eines Berufes durch den fehlenden Zugang aber berufliche Möglichkeiten versagt werden. Die Krankenversicherung hat angesichts ihrer Größe und Tragweite den Status einer mächtigen Nachfragerin. Deshalb unterwirft das Recht deren Handeln grundsätzlich dem *Kartellrecht*.[9] Von der Entscheidung des GBA hängt danach letztlich ab, ob ein Selbstständiger seinen Beruf ausüben kann oder nicht. Die Entscheidung über die Verordnungsfähigkeit von Heil- und Hilfsmitteln bestimmt die wirtschaftliche Lage der in diesem Sektor des Gesundheitswesens tätigen Selbstständigen entscheidend. Eine dem Ein- oder Ausschluss eines Selbstständigen in den Kreis der Heilmittelerbringer sichernde Regelung verfolgt also eine objektiv berufsregelnde Tendenz, weshalb ein Eingriff in den Schutzbereich des Art. 12 I GG vorliegt.

2. Diättherapie – ein Heilmittel?

Die Diättherapie könnte nur dann als verordnungsfähiges Heilmittel angesehen werden, wenn sie den begrifflichen Anforderungen an Heilmittel genügt. Im umgangssprachlichen Verständnis ist ein Heilmittel eine Sache. § 32 SGB V erstreckt jedoch den Begriff des Heilmittels auf zahlreiche Dienstleistungen.[10] So werden auch die Bewegungstherapie, Zahntechnik oder psychologische und physikalische Therapie (§ 124 SGB V) als Heilmittel angesehen. Deshalb könnte auch die Diättherapie ein Heilmittel sein. Die Diättherapie hat wie ein Heilmittel einen Bezug zur Krankenbehandlung, weil sie für die Behandlung von Bulimie, Stoffwechselstörungen und bestimmten Krebserkrankungen nach gesicherten medizinischen Erkenntnissen zur Krankenbehandlung gehört. **183**

---

7 BSGE 86, 223, 226 f.

8 BVerfGE 11, 30; 52, 42, 54; 70, 191, 214; 95, 267, 302.

9 Vgl. aber auch § 69 SGB V; BGHZ 36, 91,101; 69, 59; 119, 93; *Boecken*, NZS 2000, 269, 270 ff.; *Wigge, Steinmeyer*, in: Deutscher Sozialrechtsverband (Hg.), Bd. 48, 2001, 79, 101.

10 Ausführlich *Butzer*, in: *Becker/Kingreen*, SGB V, § 32 Rn. 4 ff.; *Janda*, Medizinrecht, S. 283 f.

Nach dem Krankheitsbegriff des Sozialversicherungsrechts ist daher die Diättherapie als Teil der Krankenbehandlung anzusehen. Deshalb könnte sie auch als Heilmittel angesehen werden.

184 Ein Heilmittel unterscheidet sich vom Arzneimittel nicht entscheidend darin, dass dieses innerlich, jenes dagegen äußerlich wirkt. Vielmehr sind als Heilmittel ganz generell und im Unterschied zum Arzneimittel auch Dienste wie Beschäftigungs-, Bewegungs-[11] und Sprachtherapie anzuerkennen.[12] Ferner trifft das Gesetz in § 124 I SGB V Regelungen über „Heilmittel, die als Dienstleistung abgegeben werden." Auch die physikalische, Sprach- und Beschäftigungstherapie sind Heilmittel. Darüber hinaus werden in § 32 II 2 SGB V unter den Heilmitteln auch Massagen, Bäder und Krankengymnastik genannt. Ferner sieht § 107 II Nr. 2 SGB V als Heilmittel auch Krankengymnastik, Bewegungstherapie, Sprachtherapie, Arbeits- und Beschäftigungstherapie an. Außerdem ist in § 37a SGB V auch die ambulante Soziotherapie als Leistung der Krankenversicherung aufgenommen. § 30 SGB VII definiert als Heilmittel die physikalische, Sprach- und Beschäftigungstherapie. Da die Diättherapie eine mit der Krankenbehandlung zusammenhängende medizinische Dienstleistung zum Gegenstand hat, könnte sie ebenfalls als Heilmittel angesehen werden.[13]

185 Die Diättherapie könnte aber ausgeschlossen sein, wenn sie nicht spezifisch medizinische, sondern alltägliche Bedürfnisse befriedigt. Anerkanntermaßen werden Nahrungsmittel, auch wenn sie die Gesundheit fördern, nicht als Leistungen der Krankenversicherung gewährt.[14] Bei der Diättherapie handelt es sich aber nicht um die Verabreichung der Ernährung in Form einer Sachleistung, sondern um eine besondere Therapie in Form der speziellen Dienstleistung: Unterweisung in der Nahrungszubereitung und -zusammenstellung für Kranke.

3. Einbeziehung nichtärztlicher Selbstständiger in die vertragsärztliche Versorgung?

186 Die Diättherapie könnte Versicherten nicht als Heilmittel gewährt werden, wenn deren Vornahme einer speziell vorgebildeten medizinischen Fachkraft vorbehalten wäre.[15] Gegen die Anerkennung könnte daher sprechen, dass die Erbringung von im Rahmen ärztlicher Behandlung nötigen Hilfeleistungen von der Anordnung und Verantwortung eines Arztes abhängt (§§ 15 I 2, 28 I 2 SGB V). Die Klägerin beansprucht jedoch nicht, wie Heilpraktiker, Chiropraktiker oder Psychologen ihre Tätigkeit selbstständig zu erbringen. Sie beansprucht vielmehr eine Tätigkeitsausübung unter der Gesamtverantwortung eines Vertragsarztes. Dass Diätassistenten bisher nicht in die vertragsärztliche Versorgung einbezogen waren, steht ihrer künftigen Einbeziehung nicht entgegen.

Der Gesetzgeber sah zwar bisher von der Aufnahme dieser Berufsgruppe in den Kreis der Heilmittelerbringer ab. Allerdings ist dem GBA aufgegeben, die Inhalte des Rechts

11 BSGE 48, 258, 263 f.
12 BSGE 33, 263, 264; 42, 16, 18.
13 BSGE 86, 223, 234 f.
14 BSGE 81, 240; 46, 179; 67, 36, 37.
15 BSGE 85, 132 (Fußpflege).

auf Krankenbehandlung nach therapeutischem Nutzen zu konkretisieren. In seiner Entscheidung ist dieser darin nicht frei, sondern an die gesetzlichen Vorgaben gebunden, deren konkrete Umsetzung ihm aufgetragen ist. Ein unmittelbarer Anspruch auf Aufnahme besteht zwar nicht. Wohl besteht aber ein Anspruch auf ermessensfehlerfreie Entscheidung. Ist die Diättherapie unzweifelhaft für die Heilbehandlung bei einigen Erkrankungen wichtig, ist auch ihre Aufnahme in die Heilmittel-Richtlinien angezeigt.[16]

Ergebnis:

D kann bei gesicherter Wirksamkeit der Therapien deren Aufnahme in die Richtlinien des Bundesausschusses Ärzte und Krankenkassen durch Leistungsklage erwirken.

16 BSGE 86, 223.

Fall 15

Arbeitsunfall – Versicherungsfall – Betriebsrat und betriebliche Gemeinschaftsveranstaltung – Versorgung mit und Entschädigung für Hilfsmittel

Ausgangsfälle
BSG, Urt. v. 20.2.2001 (B 2 U 7/00 R) = BSGE 87, 294.
BSG, Urt. v. 20.2.2001 (B 2 U 9/00 R) = BSGE 87, 301.
BSG, Urt. v. 13.12.2005 (B 2 U 29/04 R) = SozR 4-2700 § 8 Nr. 1b.
BSG, Urt. v. 15.11.2016 (B 2 U 12/15 R) = SozR 4-2700 § 2 Nr. 37.

187 Otto (O) ist als Facharbeiter bei der Industriemontagen GmbH Halle/Saale mit 450 Arbeitnehmern beschäftigt. Im Betrieb ist ein Betriebsrat errichtet und O als dessen Ersatzmitglied gewählt. Eines Tages lud der Betriebsratsvorsitzende sämtliche Mitglieder wie Ersatzmitglieder des Betriebsrates während der Arbeitszeit nach Bad Lauchstädt in ein Sportlerheim ein. Dort fand zunächst eine Betriebsratssitzung statt; im Anschluss daran war ein gemütliches Zusammensein bei gemeinschaftlichem Kegeln und einem sich daran anschließenden Buffet und Umtrunk vorgesehen.

Im Anschluss an das Kegeln auf dem Weg zum Buffet verletzte sich O, erlitt einen Beinbruch und war über mehrere Monate arbeitsunfähig. O fragt, ob die zuständige Berufsgenossenschaft (BG) für die Folgen seines Unfalls aufzukommen habe.

Bei der Verletzung zerbrach Os Brille. O ließ sich eine neue Brille zum Gesamtwert von marktüblichen und seiner bisherigen Brille im Wert entsprechenden 500 € anfertigen. Der zuständige Unfallversicherungsträger lehnte eine Entschädigung für die zerstörte Brille mit der Begründung ab, dass eine Entschädigung allenfalls in Höhe des von den Krankenkassen übernommenen Festbetrages von 100 € in Betracht komme.

Frage:
Kann O Heilbehandlung, Einkommensausgleich und Erstattung der Gesamtaufwendungen für die Beschaffung der Brille von der BG verlangen?

Gliederung

I. Versicherungsschutz
1. Versicherten-Eigenschaft des O
2. Arbeitsunfall
   a) Arbeitnehmertätigkeit
   b) Betriebsrat
   c) Betriebsveranstaltungen

II. Rechtsfolgen

Lösung

O könnte Heilbehandlung, Einkommensverlust und die volle Entschädigung für die Einbuße der Brille als Unfallversicherungsleistungen von der zuständigen BG beanspruchen, falls die Verletzung unter Unfallversicherungsschutz stand (I.) und hierfür von der BG Heilbehandlung, Einkommensersatz und Ausgleich sämtlicher infolge des Brillenverlustes eingetretenen Vermögenseinbußen geschuldet wären (II.).

I. Versicherungsschutz

O wäre als Versicherter (1.) von der gesetzlichen Unfallversicherung geschützt, wenn der Unfall als Arbeitsunfall anzusehen wäre. Gemäß § 8 I SGB VII sind Arbeitsunfälle Unfälle, die ein Beschäftigter in Ausübung seiner versicherten Tätigkeit erleidet (2.). Dafür muss ein innerer Zusammenhang zwischen versicherter Tätigkeit, Verletzung und Schaden bestehen.[1] Als versicherte Tätigkeit kommt die Ausübung der Arbeitnehmertätigkeit (a), Wahrnehmung des Betriebsratsamtes (b) oder die Teilnahme an einer der Geselligkeit dienenden Betriebsveranstaltung (c) in Betracht.

1. Versicherten-Eigenschaft des O

Nach § 2 I Nr. 1 SGB VII sind die Beschäftigten in der gesetzlichen Unfallversicherung **188**
versichert. Beschäftigte in der Sozialversicherung sind nach § 7 SGB IV Arbeitnehmer. Arbeitnehmer ist, wer zu einem Arbeitgeber in einem vertraglichen Weisungsverhältnis steht, auf Grund dessen er die von einem Arbeitgeber bestimmten Arbeiten vorzunehmen hat. Da O bei der Industriemontagen GmbH als Facharbeiter tätig ist und auch nur als Arbeitnehmer zum Betriebsrat gewählt werden konnte (§§ 8 I 1, 7 S. 1, 5 I BetrVG), gehörte O gemäß § 2 I Nr. 1 SGB VII zu den kraft Gesetzes gegen Arbeitsunfall und Berufskrankheit Pflichtversicherten.

2. Arbeitsunfall

Da Beinbruch und Krankheit in unmittelbarer Folge des Weges zum Buffet eintraten, lag ein plötzlicher Schadenseintritt vor. Um den Tatbestand des Arbeitsunfalls zu erfüllen, müsste die Schädigung jedoch mit der versicherten Tätigkeit im inneren Zusammenhang stehen.

a) Arbeitnehmertätigkeit

O wäre in Ausübung der Arbeitnehmertätigkeit geschädigt worden, wenn er sich die **189**
Verletzung im Zusammenhang mit seiner Arbeit als Facharbeiter zugezogen hätte.[2] Er erlitt die Verletzung aber bei einer Veranstaltung, zu welcher der Betriebsratsvorsitzende

1 BSGE 63, 273, 274; BSG NZA 1990, 409; BSG NJW 2010, 1692, 1693; BSG, SozR 4-2700 § 2 Nr. 37; *Eichenhofer*, Sozialrecht, Rn. 395 ff.; *Waltermann*, Rn. 308 ff., 311.

2 BSGE 93, 279, 280; 91, 293; 61, 127, 128; 58, 76, 79; 21, 226; *Holtstraeter*, in: *Knickrehm/Kreikebohm/Waltermann*, Kommentar zum Sozialrecht, § 8 SGB VII Rn. 8; *Jung*, in: *Eichenhofer/Wenner* (Hg.), Wannagat SGB VII, § 8 Rn. 20 ff.

eingeladen hatte. O wurde zu deren Teilnahme von der Arbeit freigestellt. O ist also nicht bei der Arbeit verletzt worden.

b) Betriebsrat

190 Eine Einstandspflicht könnte aber bestehen, falls O in Wahrnehmung des Betriebsratsamtes geschädigt worden wäre. Ob die Betriebsratstätigkeit unter Unfallversicherungsschutz steht, folgt weder unmittelbar aus dem SGB VII noch dem BetrVG. Diese Tätigkeit steht aber mit der Arbeitnehmerstellung im Zusammenhang. Der sich aus den Arbeitnehmern zusammensetzende Betriebsrat nimmt die Belange der Arbeitnehmer eines Betriebes wahr. Der Arbeitgeber hat nach § 40 BetrVG für die Betriebsratskosten aufzukommen. Da die Betriebsratstätigkeit mit der Arbeit eines Arbeitnehmers im Zusammenhang steht, besteht für diese auch bei der Wahrnehmung von *Betriebsratsaufgaben* Unfallversicherungsschutz.[3]

191 Da O als Ersatzmitglied Arbeitnehmerbelange im Betriebsrat wahrnimmt, liegt seine Tätigkeit im Interesse des Unternehmens und damit des Arbeitgebers. Der Betriebsrat umschließt nicht nur die dem Betriebsrat angehörenden Mitglieder, sondern auch deren Ersatzmitglieder.[4] In den Unfallversicherungsschutz nach § 2 I Nr. 1 SGB VII sind daher nicht nur die Mitglieder, sondern auch die Ersatzmitglieder des Betriebsrates einbezogen, weil diese ebenfalls eine betriebsrätliche Funktion wahrnehmen und deren Wirken daher mit der Betriebsratstätigkeit im Zusammenhang steht. Die Betriebsratstätigkeit als solche steht deshalb umfassend unter Unfallversicherungsschutz. Dabei kann die Frage dahinstehen, ob die Einladung der Ersatzmitglieder zu der Betriebsratssitzung zu Recht erging. Denn selbst wenn sie zu Unrecht ergangen wäre, höbe dies den Schutz durch die Unfallversicherung nicht auf, weil nach § 7 II SGB VII selbst verbotenes Verhalten den Schutz durch die Unfallversicherung aufrechterhält.

Der Unfall des O ist aber nicht in unmittelbarer Wahrnehmung des Betriebsratsamtes eingetreten, sondern ereignete sich im Anschluss an das Kegeln und vor dem gemütlichen Beisammensein. Mögen beide Aktivitäten auch den Zusammenhalt des Betriebsrates fördern, so liegt darin selbst keine betriebsrätliche Tätigkeit.[5] Diese ist vielmehr auf die Wahrnehmung der gesetzlichen Befugnisse beschränkt. Der für Betriebsratstätigkeiten sonach grundsätzlich bestehende Unfallversicherungsschutz begründet für den von O erlittenen Schaden daher keine Einstandspflicht.

c) Betriebsveranstaltungen

192 Anerkanntermaßen stehen Betriebssport[6] und -feiern[7] als Teil der Erwerbstätigkeit unter Unfallversicherungsschutz, falls die Veranstaltung durch den Arbeitgeber angeregt und veranstaltet oder den Betriebsrat organisiert wird, indes mit Billigung des Arbeitgebers stattfindet und alle Betriebsangehörigen, nicht aber betriebsfremde Dritte wie Freunde

3 BSGE 87, 294, 296; *Keller*, in: *Hauck/ Noftz*, SGB VII, § 8 Rn. 65.
4 Vgl. zu deren Stellung im Hinblick auf die Schulung BAGE 99, 103; 79, 43; 52, 73.
5 Anders *Wolber*, SGb 2002, 62 f.
6 BSG USK 2004, 113; BSG SuP 1991, 508; BSG NVZ 2007, 197.
7 BSGE 56, 283; eingehend zu Betriebsfeiern: *Neumann-Duesberg*, SGb 1993, 545 ff.; *Jung*, in: *Eichenhofer/ Wenner* (Hg.), Wannagat SGB VII, § 8 Rn. 42.

oder Familienangehörige zu ihnen Zugang haben.[8] Hier hat jedoch der Arbeitgeber die Feier nicht angeregt. Vielmehr ging die Einladung vom Betriebsrat aus. Außerdem war die Gewährung von Leistungen auf Mitglieder des Betriebsrates beschränkt. Ein Versicherungsschutz bestand daher unter Zugrundelegung der bisherigen Regeln der Rechtsprechung nicht.[9]

Allerdings sind Betriebsratstätigkeiten *ehrenamtliche* Tätigkeiten (§ 37 I BetrVG). Sie durch Einladungen und Maßnahmen zur Vertiefung des Zusammenhalts zu fördern, ist heute weit verbreitet und allgemein üblich. Die in der Geselligkeit zum Ausdruck gelangende immaterielle Wertbekundung ehrenamtlichen Engagements in einem Betrieb soll einen Anreiz geben für die Wahrnehmung einer mit Lasten, weil Vorbehalte der Vertretenen nach sich ziehenden Aufgabe.

Die Förderung bürgerschaftlichen Engagements durch das Sozialrecht[10] ist daher ein wichtiges rechtliches Anliegen. Diese Erwägung legt es nahe, die Tätigkeit der betriebsrätlichen und damit in letzter Konsequenz der betrieblichen Sphäre zuzurechnen. Die Tätigkeit des O stand deshalb unter Versicherungsschutz.

II. Rechtsfolgen

Da Versicherungsschutz besteht, sind jedenfalls Krankenbehandlung (§ 27 SGB VII) **193**
und Einkommensersatz in Gestalt des Verletztengeldes (§ 45 SGB VII) geschuldet. Ferner hat die BG Ersatz von Hilfsmitteln zu leisten. Der Hilfsmittelbezug richtet sich nach § 31 SGB VII. Diese Bestimmung verweist auf das Krankenversicherungsrecht (§ 36 SGB V) und die dort bestehenden Vergütungsgrenzen. Fraglich ist jedoch, ob diese Grenze auch bei unfallbedingter Zerstörung von Hilfsmitteln gilt.[11]

Der hier geltend gemachte Anspruch besteht nicht in Ergänzung der Heilbehandlung. Vielmehr wird der Schadensersatz als Ausgleich für die unfallbedingte Zerstörung eines Hilfsmittels begehrt. Die Kostenbeschränkung gilt nach § 36 II SGB V nur für die im Rahmen der Krankenbehandlung gewährten Hilfsmittel. Dagegen besteht nach § 27 II SGB VII in Abkehr von dem auf den Ausgleich von Schäden an den Lebensgütern beschränkten Zweck der Unfallversicherung (vgl. § 104 SGB VII) Anspruch auf Herstellung der zerstörten Hilfsmittel.

Diese Ausnahme erklärt sich aus dem Zweck der Unfallversicherung. Denn der Schutz der physischen Unversehrtheit verlangt nach dessen Erstreckung auf Gegenstände, die den Gebrauch der Leibes- oder Geisteskräfte ermöglichen oder erleichtern. Dieser Anspruch besteht daher unabhängig vom Anspruch auf Krankenbehandlung und ist daher ohne Einschränkung gegeben. Da O aber bereits vor der Verletzung eine Brille trug und diese auch nicht im Zusammenhang mit der Heilbehandlung gewährt wird, sondern als Ausgleich für die nach § 27 II SGB VII infolge des Arbeitsunfalls eingetretene Zerstö-

8 BSGE 1, 179, 182; 17, 280, 281; 87, 294; BSG SozR 4-2700 § 8 Nr. 2 Rn. 5 f.; SozR 4-2700 § 2 Nr. 37; ausführlich *Krasney*, NZS 2006, 57.

9 BSGE 87, 294, 297 ff.

10 Deutscher Sozialrechtsverband (Hg.), Band 50, 2003; *Igl*, Enquete-Kommission; *Igl/Jachmann/Eichenhofer*; vgl. auch § 2 I Nr. 10a SGB VII und oben Fall 9 Rn. 121.

11 BSGE 87, 301, 303.

rung der Brille geschuldet ist, unterliegt diese nicht den Leistungsgrenzen der Hilfsmittelversorgung in der Krankenversicherung.[12] Die BG hat folglich Ersatz ohne Begrenzung zu leisten. O kann also Ersatz der Gesamtaufwendungen für die Brille verlangen.

Ergebnis:
O stehen gegen die BG Ansprüche auf Krankenbehandlung, Verletztengeld und Ersatz der Brille in Höhe der aufgewendeten Beträge von 500 € zu.

12 BSGE 87, 301, 304 f.

Fall 16

Versicherungsschutz bei Wegeunfall – Kausalität – Ausschluss des Schutzes bei verbotswidrigem Verhalten – Mitwirkungsobliegenheiten – Glaubens- und Gewissensfreiheit – Ausschluss zivilrechtlicher Haftung infolge unfallversicherungsrechtlichen Schutzes – Schmerzensgeld bei Arbeitsunfällen

Ausgangsfälle

BSG, Urt. v. 4.6.2002 (B 2 U 11/01 R) = SozR 3-2700 § 8 Nr. 10.
BSG, Urt. v. 9.12.2003 (B 2 U 8/03 R) = SozR 4-2200 § 589 Nr. 1.
BGH, Urt. v. 17.10.2000 (VI ZR 67/00) = BGHZ 145, 331.
BVerfG, Urt. v. 9.3.2005 (1 BvR 616/04) = SozR 4-2200 § 589 Nr. 2.

Der 47-jährige Anton (A), mit Frieda (F) verheiratet und Vater des 12-jährigen Carl (C) **194** und der 14-jährigen Karoline (K), wohnt in einem Vorort von Dresden. Er ist chronisch an Diabetes erkrankt, gehört der Glaubensgemeinschaft „Jehovas Zeugen“ an und arbeitet bei der X-GmbH. Diese reinigt die Züge der Deutschen Bahn AG (DB).

Am 10. November 2015 hatte A zwischen 17 Uhr und 1 Uhr Dienst im Dresdener Hauptbahnhof. Er fuhr rechtzeitig um 16 Uhr von zu Hause ab, geriet jedoch unvorhersehbar für 20 Minuten in einen Stau. Um den Zeitverlust wettzumachen, fuhr A mit überhöhter Geschwindigkeit und überholte trotz Überholverbots an einer unübersichtlichen Stelle einen Lkw unmittelbar vor einer Bergkuppe. Dort angelangt, stieß As Pkw mit einem entgegenkommenden Fahrzeug zusammen. As linke Hüfte wurde dadurch schwer beschädigt. A wurde sofort in das Krankenhaus eingeliefert, wo er zunächst konventionell behandelt wurde. Nach der Unfallaufnahme erging gegen A im Dezember 2015 ein Strafbefehl wegen vorsätzlicher Verkehrsgefährdung (§ 315c I Nr. 2b StGB, §§ 3 III, 5 III StVO) über eine Geldstrafe von 30 Tagessätzen.

Im Januar 2016 trat bei A eine Knochenvereiterung auf. Der behandelnde Arzt riet zur Operation und dem Einsatz eines künstlichen Hüftgelenks. Für diesen Eingriff kam wegen der Diabeteserkrankung As nur die Transfusion von Fremdblut in Betracht. A verweigerte die Operation, weil er als Zeuge Jehovas aus religiösen Gründen jede Bluttransfusion ablehne. Aus der Vereiterung entwickelte sich im März 2016 eine Sepsis, an der A schließlich im April 2016 verstarb.

Fragen:

1. Haben F, C und K gegen die für die X-GmbH zuständige Berufsgenossenschaft (BG) Anspruch auf Hinterbliebenenrente, falls die Operation möglich war und mit Sicherheit den Ausbruch der Sepsis verhindert hätte?
2. Stünde A Schmerzensgeld gegen die DB zu, falls er sich seine Hüftschädigung auf dem Hauptbahnhof zuzog, weil er beim Verlassen eines Wagens von einem vorbeifahrenden Zug, der von einem Lokomotivführer der DB gefahren wurde, aus Unachtsamkeit gerammt wurde?

Gliederung

I. Frage 1: Hinterbliebenenrente für F, C und K durch die BG?
1. Ist A bei der BG versichert?
2. Arbeitsunfall?
3. Ausschluss der Leistung wegen Verweigerung der Operation?

II. Frage 2: Schmerzensgeld für A?
1. Haftungsgrundlagen
2. Haftungsausschluss nach § 106 III SGB VII?

Lösung

I. Frage 1: Hinterbliebenenrente für F, C und K durch die BG?

F, C und K könnten nach §§ 63 I Nr. 3, 65 I 1, 67 I SGB VII Witwen- und Waisenrenten als Hinterbliebenenleistungen verlangen, wenn A infolge eines von der BG nach §§ 7 f. SGB VII zu entschädigenden Arbeitsunfalls getötet worden wäre. Dies ist der Fall, wenn A ein in der gesetzlichen Unfallversicherung Versicherter war (1), bei dem Zusammenstoß mit dem entgegenkommenden Fahrzeug nach § 8 SGB VII einen zu entschädigenden Arbeitsunfall erlitten hat (2) und der Entschädigung nicht entgegenstünde, dass A infolge der Verweigerung der Fremdbluttransfusion zu Tode gekommen ist (3).

1. Ist A bei der BG versichert?

195 A wäre gemäß § 2 I Nr. 1 SGB VII gegen das Risiko eines Arbeitsunfalls versichert, wenn er ein bei der X-GmbH Beschäftigter ist. Beschäftigter ist, wer in abhängiger Arbeit steht (§ 7 SGB IV). Ein sozialversicherungspflichtiges Beschäftigungsverhältnis besteht insbesondere, wenn die Tätigkeit in einem Arbeitsverhältnis ausgeübt wird. Der Arbeitnehmer ist weisungsgebunden und in eine fremde Arbeitsorganisation eingegliedert. A ist bei der X-GmbH nach deren Weisungen bei der Reinigung der Züge der DB tätig. Er ist auch in den Betrieb der X-GmbH eingegliedert, weil er seine Tätigkeit in Bahnhof, Betriebsgelände und den Zügen der DB zu erbringen hat. Deshalb steht er unter dem Schutz der gesetzlichen Unfallversicherung. Da die BG die für die X-GmbH zuständige gewerbliche Berufsgenossenschaft und damit ihr der Unfallversicherungsschutz für die bei der X-GmbH Beschäftigten übertragen ist, hat die BG für die bei der X-GmbH eingetretenen Arbeitsunfälle einzustehen.

2. Arbeitsunfall?

196 a) Weil die Verletzung auf dem *Weg* zur Arbeitsstätte eintrat, könnte der von A erlittene Unfall als ein in § 8 II Nr. 1 SGB VII geregelter Wegeunfall anzusehen sein.[1] Dann müsste der Unfall auf dem Weg zwischen Wohn- und Arbeitsort eingetreten sein. Arbeitsort des A ist der Hauptbahnhof in Dresden. Weil A von seiner Wohnung auf direk-

1 BSGE 2, 239; 91, 293; 103, 45; 112, 177.

tem Weg zu seiner Arbeitsstätte fuhr, befand sich A auf dem Weg zur Arbeit. Nach § 8 II Nr. 1 SGB VII gehört auch die Zurücklegung des Weges von und zur Arbeitsstätte zu den versicherten Tätigkeiten.

b) Fraglich ist jedoch, ob zwischen der Zurücklegung des unter Versicherungsschutz stehenden Weges zur Arbeit und der erlittenen Verletzung haftungsbegründende Kausalität besteht. Im Unfallversicherungsrecht gilt für die Bestimmung der Kausalität die Theorie der wesentlichen Bedingung.[2] Diese findet in § 8 I SGB VII ihre Andeutung. Danach ist zwischen versicherter Tätigkeit und Verletzung ein innerer Zusammenhang gefordert. Der *Unfall* muss also – anders formuliert – *durch* die Zurücklegung des *Arbeitsweges* und nicht durch andere Umstände *wesentlich bedingt* sein. Der innere Zusammenhang zwischen Arbeitsweg und eingetretener Verletzung erscheint vorliegend zweifelhaft. Zwar befand sich A auf dem Weg zu seiner Arbeitsstätte. Aber A ließ sich auf dem Weg eine Verkehrsordnungswidrigkeit zuschulden kommen und machte sich dabei strafbar. Im Recht der Soldatenversorgung[3] hat das BSG entschieden, dass eine soziale Entschädigung für einen Wehrpflichtigen ausscheide, falls die Schädigung infolge einer Verkehrsordnungswidrigkeit eingetreten war. Nach der auch in diesem Rechtsgebiet maßgebenden Kausalitätslehre der wesentlichen Bedingung könnte eine selbstgeschaffene Gefahr[4] vorliegen. Sie unterbricht den Kausalzusammenhang zwischen versicherter Tätigkeit, eingetretener Verletzung und Schaden. Nicht der Weg zur Arbeit wäre für die Verletzung des A ursächlich geworden, sondern das verkehrsordnungswidrige Fahren. 197

c) Gegen diese Überlegung mit dem Ergebnis einer Verneinung der Kausalität spricht jedoch zunächst § 7 II SGB VII. Verbotswidriges Verhalten schließt den Versicherungsfall nicht aus. Deshalb kann allein vom Verboten des Handelns nicht auf den fehlenden Versicherungsschutz geschlossen werden. Des Weiteren können nach § 101 II SGB VII unfallversicherungsrechtliche Leistungen nur versagt werden, wenn der Unfall bei einer Handlung eingetreten ist, „die nach rechtskräftigem strafgerichtlichem Urteil ein Verbrechen oder vorsätzliches Vergehen ist." Nach dieser Bestimmung beseitigt also selbst eine den Unfall herbeiführende Straftat den Unfallversicherungsschutz grundsätzlich nicht. Vielmehr kann der Unfallversicherungsträger bei Straftaten lediglich im Wege der Ermessensentscheidung den Leistungsanspruch konkret ausschließen.[5] Der Unfallversicherungsschutz könnte deshalb allenfalls auf Grund einer *strafgerichtlichen Verurteilung* aufgehoben werden. Er wird jedoch *nicht* aufgehoben durch Ahndung der Straftat durch einen *Strafbefehl.* Schließlich bestimmt § 101 II 3 SGB VII, dass selbst bei Leistungsversagung wegen Straftat und Strafurteil gegenüber dem Berechtigten die Leistung an Eltern oder Kinder gewährt werden kann. Denn die betroffenen Ehegatten und Kinder sollen auch bei strafbarem Verhalten des Verunglückten keinen unfallversicherungsrechtlichen Nachteil tragen. Weil also weder die Verkehrsstraftat nach deren Ahndung durch Strafbefehl den Unfallversicherungsschutz aufheben soll, besteht Kausalität zwi- 198

2 *Eichenhofer*, Sozialrecht, Rn. 396; umfassend *Barta*; *Gitter*, Schadensausgleich im Arbeitsunfallrecht, 100 ff.
3 BSGE 91, 293; 75, 180.
4 Vgl. BSGE 94, 262.
5 BSG SozR 3-2700 § 8 Nr. 10; BSG SozR 3-2200 § 550 Nr. 21; BSGE 100, 124; ausführlich *Dahm*, NZV 2014, 114 ff.

schen versicherter Tätigkeit und Verletzung. A stand bei seinem Weg zum Hauptbahnhof mithin unter dem Schutz der Unfallversicherung.

3. Ausschluss der Leistung wegen Verweigerung der Operation?

199 F, C und K wären zu unfallversicherungsrechtlichen Leistungen der Hinterbliebenenversorgung berechtigt, wenn As Tod als ein aus dem Arbeitsunfall rührender Schaden zu begreifen wäre. Es bestehen Zweifel, ob As Tod durch die Arbeitstätigkeit ausgelöst wurde. Dann müsste im Sinne der Theorie der wesentlichen Bedingung nicht nur zwischen versicherter Tätigkeit und der eingetretenen Verletzung – der *haftungsbegründenden* Kausalität – sondern *auch* zwischen der Verletzung und dem geltend gemachten Schaden eine *haftungsausfüllende* Kausalität bestehen. Das letztere Element in der Kausalkette ist jedoch zweifelhaft. Der Tod geht zwar auf den Unfall zurück. Fraglich ist aber, ob der Tod durch die Verletzung bei dem Wegeunfall wesentlich bedingt war oder vielmehr durch die verweigerte Operation. Dieses Erfordernis ist anhand individueller und konkreter Umstände zu prüfen.

200 a) Gegen die Kausalität spricht, dass der medizinische Erfolg der Operation feststand. Ferner trifft den Versicherten die *Mitwirkungsobliegenheit*, alles zur Beseitigung des Schadens zu unternehmen (§ 63 SGB I). Es ist aber nicht davon auszugehen, dass jeder erkrankte Versicherte sich jeglicher Heilbehandlung unterwerfen muss. Vielmehr beschränkt § 63 SGB I die Mitwirkungsobliegenheit auf Heilbehandlungen mit therapeutischem Nutzen. Da die Infusion mit Fremdblut und der Ersatz der vereiterten Knochen durch eine künstliche Hüfte die Schädigung überwunden hätten, hätte A den Tod abzuwenden vermocht, sofern er sich dem ärztlich angeratenen Heileingriff unterzogen hätte.

201 b) Allerdings hat die Mitwirkung rechtliche Grenzen. Insbesondere ist sie bei Vorliegen eines wichtigen Grundes (§ 65 I Nr. 2 SGB I) nicht zu fordern. Ein wichtiger Grund könnte die in der Glaubens- und Gewissensfreiheit (Art. 4 II 1 GG) gründende Entscheidung sein, sich einer Operation nicht zu unterziehen. Die Glaubens- und Gewissensfreiheit begründet zwar primär ein Abwehrrecht, enthält aber auch eine Wertentscheidung, die bei der Konkretisierung der unbestimmten Rechtsbegriffe zu berücksichtigen ist. Die Glaubensfreiheit umschließt das Recht, im Einklang mit den Geboten des eigenen Glaubens zu leben. Dies verbietet es der Rechtsgemeinschaft, dem Einzelnen ein Opfer zuzumuten, weil andernfalls dessen Glaubensentscheidung mit Rechtsnachteilen verknüpft und damit missachtet würde.

Die entscheidende Abwägungsfrage lautet daher: Trifft den Versicherten eine Mitwirkungsobliegenheit für eine lebensrettende Heilbehandlung auch um den Preis, dass er sich dabei über Gebote seines Glaubens oder Gewissens hinweg setzen müsste? Jede Heilbehandlung kann, darf und muss auf Grund einer auf zureichender Information von Arzt und Patient beruhenden Einwilligung geschehen.[6] Diese Freiheit umschließt das Recht, die Zustimmung zu einer medizinischen Behandlung zu verweigern, auch falls daraus gesundheitlich abträgliche Folgen, ja der Tod erwachsen sollten. Aus dem verfassungsrechtlich garantierten Recht auf Leben (Art. 2 II GG) folgt keine Pflicht zum

6 *Janda*, Medizinrecht, 129 ff.

Leben,[7] die jedermann anhalten würde, alle für die Lebenserhaltung notwendigen Maßnahmen auf sich zu nehmen. Folglich ist die Weigerung, sich einer Heilbehandlung zu unterziehen, durch die Glaubens- und Gewissensfreiheit gerechtfertigt;[8] eine Mitwirkungspflicht besteht daher wegen Unzumutbarkeit der Mitwirkungshandlung nicht, vgl. § 65 I, II SGB I.

c) Ganz unabhängig davon, ob die Mitwirkung als geboten oder nicht geboten erachtet ist, würden außerdem bei Versagung der Hinterbliebenenrente der Ehegatte und die Kinder des Opfers belastet, obgleich nicht sie die womöglich zu erwartende Mitwirkung unterlassen haben. Verstöße des Versicherten gegen Obliegenheiten aus dem Versicherungsverhältnis gingen also zu Lasten von Dritten. § 101 II 3 SGB VII – wonach selbst bei Entzug der Unfallversicherungsleistung wegen einer Straftat des Versicherten, nur dieser und nicht dessen Angehörige die Folgen tragen müssen – ist auch eine für die Beurteilung der Hinterbliebenenberechtigung wegen unterbliebener Mitwirkung maßgebliche Wertentscheidung. Folglich liegt für die Hinterbliebenen des A – F, C und K – ein zu entschädigender Schaden vor, einerlei ob die Mitwirkungshandlung für geboten oder aus Respekt vor der Glaubens- und Gewissensfreiheit des Verletzten für nicht geboten erachtet wird. 202

II. Frage 2: Schmerzensgeld für A?

1. Haftungsgrundlagen

Die DB könnte A Schmerzensgeld nach §§ 823 I, 823 II i.V.m. 229, 14 StGB, 253 BGB und aufgrund der nach § 1 HPflG eingreifenden Gefährdungshaftung schulden. Fraglich ist jedoch, ob dafür der Haftungsausschluss nach § 106 III SGB VII erfüllt ist. Voraussetzung dafür wäre, dass der Lokführer der DB und der für die X-GmbH tätig werdende A für unterschiedliche Unternehmen in gemeinsamer Betriebsstätte tätig wurden.

2. Haftungsausschluss nach § 106 III SGB VII?

Unterschiedliche Unternehmen haben regelmäßig unterschiedliche Betriebsstätten. Dass mehreren Unternehmen eine Betriebsstätte gemeinsam ist, erscheint als begründungsbedürftige Ausnahme. Mehreren Unternehmen ist eine Betriebsstätte nur gemeinsam, wenn darin eine zusammengehörige Tätigkeit vorgenommen wird. 203

a) Eine Haftung nach den zivilrechtlichen Bestimmungen ist nach § 106 III, 3. Alt. SGB VII ausgeschlossen, wenn Verletzter und Schädiger in einer *gemeinsamen Betriebsstätte* arbeiten. Diese Voraussetzung liegt nach der Rechtsprechung des BGH[9] vor, wenn Versicherte mehrerer Unternehmen bewusst und gewollt bei einzelnen Maßnahmen zusammenarbeiten, weil deren Handlungen ineinander greifen, miteinander verknüpft sind, sich ergänzen oder unterstützen, wobei die gegenseitige Abstimmung stillschweigend geschehen kann. Unter diesen Voraussetzungen bilden die Versicherten eine Gefahrengemeinschaft. Eine solche besteht regelmäßig im Verhältnis von Fahrer und Bei-

7 *Schulze-Fielitz*, in: *Dreier*, Art. 2 II GG Rn. 63.
8 *Morlok*, in: *Dreier*, Art. 4 GG Rn. 72 ff., 93 ff.
9 BGH NJW 2004, 947; BGHZ 148, 209, 214; OLG Koblenz ZfSch 2013, 500.

fahrer eines im Straßenverkehr genutzten Fahrzeugs, da allein der Beifahrer dem Risiko ausgesetzt ist, durch das Fahrverhalten des Fahrers zu Schaden zu kommen.[10] Klar ist demnach, dass für die Gefahrengemeinschaft eine Arbeitsgemeinschaft im Sinne einer formellen Verbindung mehrerer Unternehmen nicht geboten ist. Die Rechtsprechung[11] fordert für eine gemeinsame Betriebsstätte mehrerer Unternehmen ein bewusstes Nebeneinander im Arbeitsablauf als zwingende Voraussetzung. Fraglich ist, ob zwischen der X-GmbH und der DB eine gemeinsame Betriebsstätte besteht.

204 b) Der BGH[12] erachtet die Reinigung von Zügen und den Bahnbetrieb als nebeneinander herlaufende und damit nicht als miteinander verbundene Tätigkeiten. Diese Sicht ist jedoch problematisch: Die Trennung von Bahnreinigung und Bahnbetrieb ist das Ergebnis von Outsourcing. Darunter ist die – nicht zuletzt sozialrechtlich motivierte[13] – Verlagerung von Betriebsaufgaben auf unabhängige Unternehmen gemeint. Dies spricht dafür, dass die Reinigung als Teil des Eisenbahnbetriebs anzusehen wäre. Outsourcing hat personalwirtschaftliche und kalkulatorische Gründe, ändert aber nichts an der grundsätzlichen Einheitlichkeit des Bahnbetriebs. Zu Gunsten der vorgeschlagenen Interpretation des Verhältnisses von Bahnreinigung und Bahnbetrieb durch die Rechtsprechung spricht indessen das rechtspolitische Begehren, den bei Arbeitsunfällen Verletzten einen Schmerzensgeldanspruch zu gewähren. Allerdings müsste dann nicht § 106 III SGB VII teleologisch reduziert, sondern vielmehr der generelle und vom BVerfG[14] gebilligte Ausschluss des Schmerzensgeldanspruchs im Unfallversicherungsrecht grundsätzlich in Frage gestellt werden. Insgesamt wäre dann eine erweiternde Auslegung nicht angezeigt, denn wegen der wechselseitigen Abhängigkeit von Bahnreinigung und Bahnbetrieb liegt eine gemeinsame Betriebsstätte vor. Rechtspolitisch ist aber die Einbeziehung der Unfallopfer in die Schmerzensgeldentschädigung anzuraten.[15]

Ergebnis:

1. F, C und K haben gegen die BG einen Anspruch auf Hinterbliebenenrente.
2. Dem A steht kein Schmerzensgeld zu, wenn seine Verletzung Folge einer Schädigung durch einen Lokomotivführer der DB geworden ist.

---

10 OLG Stuttgart NJW-RR 2005, 536.

11 BGHZ 148, 209, 214; BGH NJW 2004, 947; OLG München NZS 2012, 868; BGH MDR 2013, 590; BGH NZV 2015, 179.

12 BGHZ 145, 331; vgl. dazu auch *Waltermann*, in: *Eichenhofer/Wenner* (Hg.), Wannagat SGB VII, § 106 Rn. 9 ff.

13 Namentlich die Vermeidung von Pflichten zur Beitragszahlung in der Sozialversicherung.

14 BVerfGE 34, 118; BVerfG NJW 1995, 1607.

15 Dies kann entweder durch eine freie Konkurrenz von Privatrecht und Sozialrecht (so das Modell der Niederlande und des Vereinigten Königreichs) oder durch Einführung eines immateriellen Schadensausgleichs im Unfallversicherungsrecht (nach dem Modell der Schweiz und Österreich) erreicht werden; zur Problematik *Fuhlrott*.

Fall 17

Kindergeld – Voraussetzungen des gewöhnlichen Aufenthalts – Zulässigkeit von Ungleichbehandlungen aufgrund des Aufenthaltsstatus – existenzsichernde Leistungen für geduldete Ausländer

Ausgangsfall

BFH, Urt. v. 22.11.2007 (III R 54/02) = BFHE 220, 45.
BVerfG, Beschl. v. 6.7.2004 (1 BvL 4/97) = BVerfGE 111, 160.
BVerfG, Beschl. v. 10.7.2012 (1 BvL 2/10, 1 BvL 3/10, 1 BvL 4/10, 1 BvL 3/11) = BVerfGE 132, 72.
BVerfG, Urt. v. 18.7.2012 (1 BvL 10/10, 1 BvL 2/11) = BVerfGE 132, 134.
BSG, Urt. v. 5.5.2015 (B 10 KG 1/14 R) = BSGE 119, 33.

Malik (M) und Faraa (F) besitzen die libysche Staatsangehörigkeit. Wegen des Bürgerkrieges in ihrem Heimatland reiste das Ehepaar im Januar 2012 in die Bundesrepublik ein und beantragte Asyl. Das zuständige Bundesamt für Migration und Flüchtlinge (BAMF) lehnte den Antrag ab, erteilte M und F aber wegen der andauernden bewaffneten Auseinandersetzungen in Libyen eine Duldung aus humanitären Gründen. **205**

Im Juni 2016 gebar F einen Sohn (S). Als M und F bei der zuständigen Familienkasse Kindergeld für S beantragen, lehnt diese die Bewilligung der Leistung ab, da sie als geduldete Ausländer vom Leistungsbezug nach dem BKGG ausgeschlossen seien.

M und F halten dies für diskriminierend. Zudem halten sie es nach der Geburt ihres Kindes für unzumutbar, auf die Leistungen nach dem AsylbLG, namentlich die dort vorgesehenen Sachleistungen, verwiesen zu werden. Sie wollen stattdessen Leistungen nach dem SGB II beziehen, zumal sie dann auch Leistungen zur Eingliederung in den Arbeitsmarkt in Anspruch nehmen könnten.

Nachdem sich herausstellt, dass S an einer schweren, lebensbedrohlichen Krankheit leidet, die in Libyen nicht behandelt werden kann, erteilt das BAMF der Familie im Januar 2017 eine Aufenthaltserlaubnis nach § 25 III AufenthG. Im Aufenthaltstitel wird festgestellt, dass M und F zur Aufnahme einer Erwerbstätigkeit berechtigt sind. Bald darauf finden beide eine Beschäftigung.

Fragen:

1. Können M und F für ihren Sohn S von Juni 2016 bis Dezember 2016 Kindergeld beanspruchen?
2. Haben M und F Anspruch auf Leistungen der Grundsicherung für Arbeitsuchende?

Gliederung

Lösung

I. Anspruch auf Kindergeld für S

M und F könnten nach § 62 EStG (1) oder § 1 III BKGG (2) zum Bezug von Kindergeld berechtigt sein.

1. Kindergeld aus § 62 EStG

M und F könnten einen Anspruch auf Kindergeld für den Zeitraum von Juni 2016 bis Dezember 2016 nach § 62 EStG haben.

206 Der Anwendungsbereich des EStG ist jedoch nur eröffnet, wenn M und F in der Bundesrepublik unbeschränkt steuerpflichtig sind. Dies ist nach § 1 I EStG der Fall, wenn sie ihren Wohnsitz oder gewöhnlichen Aufenthalt in Deutschland haben. Gemäß § 30 III SGB I und § 9 S. 1 AO ist der gewöhnliche Aufenthalt dort begründet, wo sich eine Person unter Umständen aufhält, die erkennen lassen, dass sie nicht lediglich vorübergehend dort verweilt. Bei der Beurteilung der Zukunftsoffenheit ist nicht lediglich formal auf den aufenthaltsrechtlichen Status abzustellen. Die Erteilung eines bestimmten Aufenthaltstitels erlaubt keine Prognose über die voraussichtliche Aufenthaltsdauer.[1] Es ist daher auf die tatsächlichen Umstände abzustellen.

Mit der Beantragung von Asyl war M und F nach § 55 AsylG der Aufenthalt in der Bundesrepublik gestattet. Die Aufenthaltsgestattung ist gemäß § 67 I Nr. 6 AsylG mit der rechtskräftigen Ablehnung ihres Antrags durch das BAMF jedoch erloschen, so dass sie zur Ausreise verpflichtet waren. Die ihnen erteilte Duldung nach § 60a AufenthG stellt keinen den Aufenthalt gestattenden Titel dar, sondern bedeutet lediglich die vorübergehende Aussetzung der Abschiebung ins Herkunftsland. M und F mussten daher jederzeit

1 BVerfGE 111, 176, 185; 111, 160, 174; 132, 134, 164; so auch der EGMR NVwZ 2006, 917 (Rs. Okpisz).

mit der Beendigung ihres Aufenthalts rechnen.[2] Der Aufenthalt von M und F war daher lediglich vorübergehend. Der Anwendungsbereich des EStG ist nicht eröffnet.

2. Kindergeld für S aus § 1 III BKGG

a) Aufenthaltsrecht

M und F könnten jedoch aus § 1 BKGG einen Anspruch auf Kindergeld haben. Da sie nicht die Staatsangehörigkeit eines Mitgliedstaats der EU, des EWR oder der Schweiz innehaben, sind sie „nicht freizügigkeitsberechtigte Ausländer". Als solche haben sie gemäß § 1 III BKGG einen Anspruch auf Kindergeld nur dann, wenn sie über eine Niederlassungs- oder Aufenthaltserlaubnis verfügen. Mit der Erteilung der Duldung ist keine dieser aufenthaltsrechtlichen Genehmigungen für M und F verbunden. Die Aufenthaltserlaubnis haben sie vielmehr erst im Januar 2017 erlangt. Mangels Aufenthaltstitels stand M und F daher zunächst kein Anspruch auf Kindergeld für S zu. **207**

b) Ungleichbehandlung durch den Ausschluss von Geduldeten vom Kindergeldbezug

Die Unterschiede in der Kindergeldberechtigung von Ausländern könnten eine unzulässige Ungleichbehandlung nach Art. 3 I GG sowie Art. 14 EMRK[3] darstellen. Danach sind alle Menschen vor dem Gesetz gleich zu behandeln. **208**

Sinn und Zweck des Kindergeldes ist der (teilweise) Ausgleich der besonderen, durch die Unterhaltspflichten der Eltern gegenüber ihren Kindern (§§ 1601 ff. BGB) begründeten wirtschaftlichen Belastungen, die mit der Pflege und Erziehung von Kindern einhergehen.[4] Dadurch sollen die Eltern gezielt gefördert und durch die einheitliche Gewährung des Kindergeldes letztlich Chancengleichheit für alle in der Bundesrepublik lebenden Kinder hergestellt werden. Diese besondere wirtschaftliche und persönliche Belastung trifft alle Eltern, die Kinder aufziehen, unabhängig von ihrem Aufenthaltsstatus.

Werden Ausländer, die sich lediglich mit Duldung im Bundesgebiet aufhalten, vom Kindergeldbezug ausgeschlossen, sind sie schlechter gestellt als Deutsche oder Ausländer mit Niederlassungs- oder Aufenthaltserlaubnis. Eine Ungleichbehandlung liegt vor.

c) Rechtfertigung der Ungleichbehandlung

Die Ungleichbehandlung ist jedoch vom gesetzgeberischen Gestaltungsspielraum gedeckt, wenn hierfür ein sachlicher Grund besteht.[5] Die Rechtfertigungsmöglichkeit ist insbesondere daran zu messen, ob die Ungleichbehandlung die Durchsetzung anderer grundgesetzlich geschützter Rechtspositionen erschwert.[6] **209**

Nach Art. 6 I GG ist der Staat dem besonderen Schutz von Ehe und Familie verpflichtet. Im Zusammenhang mit dem Sozialstaatsprinzip aus Art. 20 I GG folgt daraus die Pflicht

---

2 BSGE 105, 70, 79; BFHE 233, 38; dazu *Janda*, Migranten im Sozialstaat, 351.
3 EGMR NVwZ 2006, 917, 917 (Rs. Okpisz).
4 BVerfGE 11, 105, 115; 22, 28, 36; 29, 71, 79; 108, 52, 70; 111, 116, 172.
5 BVerfGE 99, 165, 178; 106, 166, 175; 111, 160, 169 ff.; EGMR NVwZ 2006, 917, 917 (Rs. Okpisz).
6 BVerfGE 82, 126, 146; 88, 87, 96; 106, 166, 176.

zum Familienlastenausgleich. Diese Normen sind nicht auf deutsche Staatsangehörige oder bestimmte, privilegierte Ausländer beschränkt. Der Gesetzgeber kann jedoch frei darüber befinden, wie er den Familienlastenausgleich gestaltet und namentlich bestimmte Personengruppen von diesem Ausgleich ausnehmen.[7]

Durch § 1 III BKGG soll erreicht werden, dass nur solche Migranten Kindergeld beziehen, die sich wahrscheinlich dauerhaft in der Bundesrepublik aufhalten.[8] Der Ausschluss von Geduldeten ist insofern ein geeignetes Mittel, um dieses Ziel zu erreichen.[9] Denn mit der Duldung wird die grundsätzliche Unrechtmäßigkeit des Aufenthalts der Geduldeten nicht beseitigt. Die Ausreisepflicht ist lediglich nicht vollstreckbar.[10]

210 Das verfolgte Ziel müsste jedoch auch legitim sein. Ein Anliegen des Gesetzgebers ist die Verhinderung einer „Zuwanderung in die Sozialsysteme".[11] Es ist jedoch überaus fraglich, inwieweit die Ausgestaltung des Systems der Familienförderung überhaupt geeignet ist, Wanderungsbewegungen kinderreicher Familien auszulösen. Empirische Belege hierfür liegen nicht vor.[12]

Die Beschränkung des Kindergeldanspruchs auf Ausländer mit gefestigtem Aufenthaltsstatus ist jedoch insofern legitim und nicht zu beanstanden, als diese wegen ihres auf Dauer angelegten Aufenthalts den deutschen Staatsangehörigen gleichzustellen sind. Aufgrund ihrer Verbundenheit mit der Bundesrepublik ist es gerechtfertigt und geboten, ihnen eine erweiterte Teilhabe an den Leistungen der sozialen Sicherheit einzuräumen. Das Kindergeld kann daher für solche Kinder gewährt werden, die sich langfristig – und rechtmäßig – in Deutschland aufhalten und dadurch in die hiesige Solidargemeinschaft eingegliedert sind.[13]

Zwar halten sich zahlreiche Geduldete oft über Jahre hinweg in der Bundesrepublik auf, wodurch sich ihr Aufenthalt faktisch verfestigt.[14] Die Duldungen werden mehrfach verlängert, wenn beispielsweise die Abschiebung in von Bürgerkriegen gezeichnete Gebiete nicht zumutbar ist (so genannte Kettenduldungen). Diese Praxis der Ausländerbehörden ist jedoch nicht zwingend im Gesetz angelegt. Denn dieses erklärt die Duldung in § 60a AufenthG ausdrücklich zum vorübergehenden Zustand. Zudem soll nach § 25 V 2 AufenthG eine Aufenthaltserlaubnis erteilt werden, wenn die Abschiebung seit 18 Monaten ausgesetzt ist, d.h. wenn der Ausreisepflichtige über diesen Zeitraum geduldet worden ist. Die Gewährung von Kettenduldungen sollte mit dieser Regelung ausdrücklich beschränkt werden. Gleichwohl wird sie von den Ausländerbehörden regelmäßig praktiziert, denn diesen obliegt im Einzelfall die Entscheidung zwischen Erteilung der

7 BVerfGE 103, 242, 259; 106, 166, 177; EGMR NVwZ 2006, 917, 918 (Rs. Okpisz).
8 BT-Drs. 12/5502, S. 44.
9 BFHE 220, 45, 47; 236, 16.
10 *Bauer*, in: *Renner/Bergmann/Dienelt* (Hg.), § 60a AufenthG Rn. 14; dazu auch BVerfG, NVwZ 2010, 441, 442.
11 So die Stellungnahme der Bundesregierung in BVerfGE 111, 160, 167.
12 Migrationsentscheidungen beruhen regelmäßig auf einem Bündel verschiedener Motive. Die Verbesserung der ökonomischen Situation ist nur eines davon, dazu *Oswald*, Migrationssoziologie, S. 69 ff.
13 BFHE 217, 443, 448; 236, 16; so auch BVerfG, NVwZ 2010, 441, 442; BVerfGE 111, 160, 173 f.
14 Für arbeitsuchende mittellose Unionsbürger nimmt das BSG eine Verfestigung des Aufenthalts nach sechs Monaten an, wenn ihr Aufenthalt nicht zwangsweise beendet wird, da ab diesem Zeitpunkt die Ausweisung möglich sei, BSGE 129, 149.

Aufenthaltserlaubnis nach § 25 V 2 AufenthG und neuerlicher Duldung nach § 60a II AufenthG.[15]

Die aufenthaltsrechtliche Situation von Ausländern ist insbesondere im Fall von Kettenduldungen prekär. Selbst nach langjährigem Aufenthalt und dem damit verbundenen Aufbau von Freundschaften, der Eingliederung in eine Wohnumgebung oder die Aufnahme einer Beschäftigung gilt ihr Aufenthalt als „illegal". Es kann aber nicht Aufgabe des Rechts der sozialen Förderung sein, Missstände in der Verwaltung aufenthaltsrechtlicher Fragen auszugleichen. Vielmehr wäre eine grundlegende Überarbeitung der Duldungsregeln angezeigt, um solche unerwünschten Praktiken zu verhindern.[16] **211**

Die wirtschaftlichen Belastungen, die aus der Pflege und Erziehung von Kindern resultieren, werden bei den vom Kindergeldbezug ausgeschlossenen Personengruppen durch Leistungen der sozialen Hilfen, namentlich das AsylbLG ausgeglichen.[17] Das Sozialrechtssystem trägt damit trotz des Leistungsausschlusses in § 1 III BKGG zur Existenzsicherung von sich ohne Aufenthaltstitel im Land aufhaltenden Personen und deren Kindern bei, wenngleich in geringerem Umfang als bei den dauerhaft sich hier aufhaltenden Ausländern. Der Leistungsausschluss hat für die Betroffenen überdies keinen echten materiellen Nachteil zur Folge, weil das Kindergeld ohnehin auf existenzsichernde Leistungen angerechnet wird.[18] Die Ungleichbehandlung von Geduldeten bei der Gewährung von Leistungen der Familienförderung ist im Ergebnis sachlich gerechtfertigt.

II. Anspruch von M und F auf Sozialhilfe nach §§ 27, 17, 19 SGB XII

M und F könnten gemäß §§ 27 SGB XII einen Anspruch auf Hilfe zum Lebensunterhalt nach §§ 17, 19 SGB XII haben. Dazu müssten sie ihren notwendigen Lebensunterhalt nicht oder nicht ausreichend aus eigenen Kräften und Mitteln, insbesondere aus ihrem Einkommen und Vermögen, beschaffen können.

1. Stellung von Geduldeten auf dem Arbeitsmarkt

Zwar hätten M und F gemäß § 32 I BeschV als Geduldete mit Zustimmung der Bundesagentur für Arbeit[19] nach dreimonatigem rechtmäßigem Aufenthalt in der Bundesrepublik im Grunde eine Beschäftigung ausüben können. Tatsächlich haben sie aber während ihrer Duldung keine Beschäftigung ausgeübt. Sie konnten ihren Lebensunterhalt daher nicht aus Einkommen decken. Über Vermögen verfügten sie ebenfalls nicht. Sie waren damit bedürftig. **212**

M und F könnten jedoch gemäß § 23 II SGB XII vom Bezug von Sozialhilfe ausgeschlossen gewesen sein, weil ihnen vorrangig Leistungen nach dem AsylbLG zu gewähren waren. Gemäß § 1 I Nr. 4 AsylbLG sind Personen, die sich mit einer Duldung

15 BT-Drs. 15/420, S. 80; dazu ausführlich *Wiefelspütz*, in: *Barwig/Beichel-Benedetti/Brinkmann*, 499 ff.

16 *Janda*, Migranten im Sozialstaat, S. 351.

17 BT-Drs. 12/4401, S. 44; BT-Drs. 16/1368, S. 9; BVerfG, NVwZ 2010, 441.

18 BFHE 229, 262; BFH, 7.4.2011, Az. III R 72/09 (juris); *Selder*, jurisPR-SteuerR 34/2010 Anm. 4; *Selder*, jurisPR-SteuerR 33/2015 Anm. 5; *Bilsdorfer*, NJW 2011, 2913, 2914. Dagegen BSGE 119, 33, diesem zustimmend *Janda*, SGb 2016, 117.

19 Unter den Voraussetzungen des § 32 V BeschV entfällt die Vorrangprüfung, d.h. die Bundesagentur prüft lediglich die Gleichwertigkeit der Beschäftigungsbedingungen.

nach § 60a AufenthG in der Bundesrepublik aufhalten, leistungsberechtigt nach dem AsylbLG. Damit war M und F vor Erteilung der Aufenthaltserlaubnis grundsätzlich der Weg in die Sozialhilfe verwehrt. Sie erhielten die in § 3 AsylbLG vorgesehenen Grundleistungen zur Deckung des notwendigen Lebensbedarfs in Form von Sachleistungen[20] sowie ein „Taschengeld" zur Deckung persönlicher Bedürfnisse.[21]

2. Die Sonderregelung des § 2 I AsylbLG

213 Indes enthält § 2 I AsylbLG eine Sonderregelung. Danach ist auf Personen, die sich seit 15 Monaten ohne wesentliche Unterbrechung in Deutschland aufhalten, das SGB XII anzuwenden, sofern diese die Dauer ihres Aufenthalts nicht selbst rechtsmissbräuchlich beeinflusst haben. M und F halten sich seit ihrem Antrag auf Gewährung von Asyl im Januar 2012 in Deutschland auf. Die 15-Monats-Frist war daher im April 2013 abgelaufen. Eine missbräuchliche Beeinflussung der Aufenthaltsdauer liegt vor, wenn ein Ausländer seine aufenthaltsrechtliche Rechtsposition in subjektiv vorwerfbarer und von der Rechtsordnung missbilligter Weise ausnutzt. Als vorwerfbar gilt es namentlich, wenn der Ausländer selbst zur Entstehung eines Ausreisehindernisses beigetragen hat und sich weigert, dieses auszuräumen.[22] Dies gilt beispielsweise für die Vernichtung der Reisedokumente oder die Verweigerung von Angaben zur Identität.[23] Drohen im Zielstaat Gefahren für Leib und Leben des Ausreisepflichtigen, ist der Verbleib in der Bundesrepublik in keinem Fall rechtsmissbräuchlich.[24] M und F waren geduldet, weil ihr Leben wegen der andauernden bewaffneten Auseinandersetzungen in Libyen gefährdet wäre. Sie haben ihren Aufenthalt in der Bundesrepublik daher nicht missbräuchlich verlängert.

M und F konnten daher von der Anordnung in § 2 I AsylbLG profitieren und unterlagen damit ab April 2013 bis zur Erteilung der Aufenthaltserlaubnis dem SGB XII. Damit geht jedoch kein Wechsel des „Leistungsregimes" einher, denn es handelt sich bei § 2 I AsylbLG lediglich um eine Rechtsfolgenverweisung.[25] Sie erhalten ihre Hilfe zum Lebensunterhalt jedoch aufgrund der nach § 28 I, II SGB XII von den Ländern zu bestimmenden Regelsätze in Geld ausgezahlt.[26]

Ergebnis:

M und F haben für den Zeitraum von Juni 2016 bis Dezember 2016 keinen Anspruch auf Kindergeld. Sie erhalten ab April 2013 bis zur Erteilung der Aufenthaltserlaubnis Leistungen nach § 2 I AsylbLG i.V.m. SGB XII.[27]

---

20 Kritisch *Janda*, ZAR 2013, 175, 181.

21 Kritisch zur Neufassung des AsylbLG durch die sogenannten „Asylpakete" *Brings/Oehl*, ZAR 2016, 22; *Voigt*, info also 2016, 99; *Birk*, info also 2015, 51; zum Sachleistungsgrundsatz *Kluth*, ZAR 2015, 310.

22 Ausführlich *Hohm*, NVwZ 2005, 388, 389 f.; BVerwG NVwZ 2004, 491, 493; BSGE 101, 49, 62.

23 BT-Drs. 15/420, 121.

24 BSGE 98, 116, 119; 101, 49, 62.

25 *Wahrendorf*, in *Grube/Wahrendorf*, SGB XII, § 2 AsylbLG, Rn. 32.

26 VGH München BayVBl 1994, 497.

27 Zur Frage der rückwirkenden Gewährung von Sozialhilfe *Grube*, in: *Grube/Wahrendorf*, SGB XII, § 18 SGB XII, Rn. 33 ff.

Fall 18

Versicherungsfall der Arbeitslosigkeit – Zumutbarkeit von Arbeit – Anspruch auf Arbeitslosengeld – Sperrzeit wegen Arbeitsaufgabe – Abwicklungsvertrag

Ausgangsfälle

BSG, Urt. v. 17.11.2005 (B 11a/11 AL 69/04 R) = BSGE 95, 232.
BSG, Urt. v. 12.7.2006 (B 11a AL 47/05 R) = BSGE 97, 1.
BSG, Urt. v. 8.7.2009 (B 11 AL 17/08 R) = BSGE 104, 57.

A war über sieben Jahre vollzeitig als Programmierer bei der C-Computer GmbH in Rostock beschäftigt. Sein monatliches Arbeitsentgelt belief sich auf 2.000 €. In seinem Arbeitsvertrag war eine Kündigungsfrist von einem Monat zum Monatsende vorgesehen. Seit einiger Zeit waren die Umsätze der C eingebrochen. Sie sah sich daher gezwungen, Arbeitsabläufe umzustrukturieren und einen Teil ihrer Mitarbeiter zu entlassen. **214**

Im April 2017 schloss A einen Aufhebungsvertrag mit C, nach dem das Arbeitsverhältnis aus betriebsbedingten Gründen zum 30. Juni 2017 endete. Beide vereinbarten die Zahlung einer Abfindung in Höhe von 10.000 €. Ohne den Aufhebungsvertrag wäre A zum gleichen Zeitpunkt ordentlich gekündigt worden. Aufgrund der Umstrukturierung des Unternehmens wäre sein Arbeitsplatz weggefallen. Wegen seiner Qualifikation hätten auch keine anderen Einsatzmöglichkeiten für A im Unternehmen bestanden.

A, der nun nach einer neuen Beschäftigung sucht, meldet sich im Mai 2017 bei der zuständigen Arbeitsagentur arbeitslos und erkundigt sich, ob ihm ab 1. Juli 2017 Arbeitslosengeld zusteht. Der Sachbearbeiter weist daraufhin, dass für den Zeitraum vom 1. Juli bis 23. September 2017 möglicherweise eine Sperrzeit zu Lasten des A eingetreten sei. Mit dem Abschluss des Aufhebungsvertrags habe er das Ende seiner Beschäftigung selbst herbeigeführt. A wendet ein, er habe einen wichtigen Grund für sein Verhalten gehabt, da er keine andere Möglichkeit gesehen habe, um der drohenden Kündigung durch C zu entgehen.

Aufgabe:

Der Direktor der Arbeitsagentur wendet sich an Sie und erbittet ein Rechtsgutachten zu der aufgeworfenen Frage.

Gliederung

I. Versicherungsrechtliche Voraussetzungen eines Anspruchs auf Arbeitslosengeld
1. Arbeitslosigkeit
2. Persönliche Meldung
3. Erfüllung der Anwartschaftszeit und Anspruch

II. Eintritt einer Sperrzeit
1. Lösung des Beschäftigungsverhältnisses
2. „Wichtiger Grund" für die Arbeitsaufgabe
   a) Begriffserklärung
   b) Vermeidung der ordentlichen Kündigung als „wichtiger Grund"

Lösung

A hat einen Anspruch auf Arbeitslosengeld ab 1. Juli 2017, wenn er die versicherungsrechtlichen Voraussetzungen für den Anspruch auf Arbeitslosengeld erfüllt (I.) und eine Sperrzeit nicht eingetreten ist (II.).

I. Versicherungsrechtliche Voraussetzungen eines Anspruchs auf Arbeitslosengeld

Nach §§ 136, 137 SGB III haben Arbeitnehmer Anspruch auf Arbeitslosengeld, wenn sie arbeitslos sind (1.), sich bei der Agentur für Arbeit arbeitslos gemeldet haben (2.) und die Anwartschaftszeit erfüllt haben (3.). Genügt A diesen Voraussetzungen, steht ihm Arbeitslosengeld zu.

1. Arbeitslosigkeit

215 Gemäß § 138 I SGB III ist ein Arbeitnehmer arbeitslos, der nicht in einem Beschäftigungsverhältnis steht (Beschäftigungslosigkeit), sich bemüht, die Beschäftigungslosigkeit zu beenden (Eigenbemühungen) und den Vermittlungsbemühungen der Arbeitsagentur zur Verfügung steht (Verfügbarkeit). Ein Beschäftigungsverhältnis ist durch die Eingliederung des Beschäftigten in die Arbeitsorganisation und dessen Unterordnung unter das Weisungsrecht des Arbeitgebers (§ 7 I SGB IV, § 611a BGB) gekennzeichnet.[1] A und C hatten vereinbart, dass das zwischen ihnen bestehende Arbeitsverhältnis zum 30. Juni 2017 enden sollte. Ab Juli 2017 stand A nicht mehr in einem Beschäftigungsverhältnis, da er nicht mehr dem Betrieb der C angehörte.

Den geforderten Eigenbemühungen nach § 138 IV SGB III genügt der Arbeitslose, wenn er alle Möglichkeiten zur beruflichen Eingliederung nutzt. Dieses Merkmal ist im Gesetz als Grundvoraussetzung des Arbeitslosengeldanspruchs ausgestaltet. Indes

---

1 BSG SozR 3-2400 § 7 Nr. 1, 4; *Dankelmann*, in: *Eichenhofer/Wenner* (Hg.), Wannagat, SGB I, IV, X, § 7 SGB IV Rn. 19 ff.; *Seewald*, in: KassKomm, § 7 SGB IV Rn. 45 ff.

führen unzureichende Eigenbemühungen nicht von vornherein zum Ausschluss des Anspruchs. Vielmehr handelt es sich um eine Obliegenheit des Arbeitslosen (§§ 60 ff. SGB I), deren Nichterfüllung gemäß § 159 I 1 Nr. 3 SGB III eine Sperrzeit nach sich zieht. Auswirkungen auf den Arbeitslosengeldanspruch haben unzureichende Eigenbemühungen deshalb nur, falls ein Arbeitsloser von vornherein erklärt, seine Beschäftigungslosigkeit nicht selbst aktiv beenden zu wollen.[2] Dies hat A nicht getan, so dass unterstellt werden kann, dass A zu hinreichenden Eigenbemühungen bereit ist.

Verfügbarkeit setzt nach § 138 V SGB III voraus, dass der Arbeitslose eine versicherungspflichtige Beschäftigung von mindestens 15 Wochenstunden ausüben kann und darf, den Vorschlägen der Arbeitsagentur zeit- und ortsnah folgen kann (Erreichbarkeit) und bereit ist, jede zumutbare Beschäftigung an- oder an beruflichen Eingliederungsmaßnahmen teilzunehmen. Grundsätzlich sind alle erlaubten Beschäftigungen zumutbar, die der Arbeitsfähigkeit des Arbeitslosen entsprechen (§ 140 I SGB III). Das Merkmal der Verfügbarkeit setzt sich also aus objektiven und subjektiven Elementen zusammen,[3] objektiv setzt sie Arbeitsfähigkeit und Erreichbarkeit und subjektiv die Arbeitsbereitschaft voraus. Da A eine neue Beschäftigung sucht, erfüllt er das Kriterium der Verfügbarkeit. Er ist somit ab Juli 2017 arbeitslos.

2. Persönliche Meldung

A hat sich wirksam arbeitslos gemeldet, wenn er die Meldung persönlich bei der zuständigen Arbeitsagentur vorgenommen hat (§ 141 I SGB III) und sein noch fortbestehendes Beschäftigungsverhältnis der Wirksamkeit der Meldung nicht entgegensteht. Nach § 327 I 1 SGB III ist die Arbeitsagentur zuständig, in deren Bezirk der Arbeitnehmer bei Eintritt der leistungsbegründenden Tatbestände seinen Wohnsitz hat. **216**

Die Meldung kann gemäß § 141 I 2 SGB III bereits vor Eintritt der Arbeitslosigkeit erfolgen, wenn diese innerhalb der nächsten drei Monate zu erwarten ist.[4] Da A aufgrund des mit C geschlossenen Aufhebungsvertrags mit Ablauf des Juli 2017 arbeitslos wird, konnte er sich bereits im Mai 2017 bei der Arbeitsagentur an seinem Wohnsitz arbeitslos melden. Die Meldung behält bis zum ersten Tag der Arbeitslosigkeit ihre Gültigkeit.

3. Erfüllung der Anwartschaftszeit und Anspruch

Die Anwartschaftszeit erfüllt, wer innerhalb der Rahmenfrist mindestens zwölf Monate in einem Versicherungspflichtverhältnis gestanden hat (§ 142 SGB III). Die Rahmenfrist beträgt nach § 143 I SGB III zwei Jahre und beginnt mit dem Tag vor Erfüllung aller sonstigen Voraussetzungen für den Arbeitslosengeldanspruch.[5] Da A ab dem 1. Juli 2017 arbeitslos ist, beginnt die Rahmenfrist am 30. Juni 2017. Weil er innerhalb des diesem **217**

2 *Hölzer*, in: *Gagel*, SGB II/SGB III, § 138 Rn. 118.
3 *Gutzler*, in: *Mutschler/Schmidt-DeCaluwe/Coseriu*, SGB III, § 138 Rn. 92 ff.; *Hölzer*, in: *Gagel*, SGB II/SGB III, § 138 Rn. 148 ff.
4 *Striebinger*, in: *Gagel*, SGB II/SGB III, § 141 Rn. 30; vgl. auch BSG SozR 2200 § 539 Nr. 78.
5 *Brand*, in: *Brand* (Hg.), SGB III, § 142 Rn. 2 ff., *Striebinger*, in: *Gagel*, SGB II/SGB III, § 143 SGB III Rn. 15.

Tag vorangehenden Zeitraums von 2 Jahren über zwölf Monate vollzeitig bei C beschäftigt war, erfüllt er die Anwartschaftszeit und folglich auch die versicherungsrechtlichen Voraussetzungen für den Arbeitslosengeldanspruch.

II. Eintritt einer Sperrzeit

218 Sein Anspruch könnte indes wegen des Eintritts einer Sperrzeit zu seinen Lasten für die Dauer der Sperrzeit ruhen. Nach § 159 I 1 Nr. 1, III 1 SGB III tritt regelmäßig eine zwölfwöchige[6] Sperrzeit wegen Arbeitsaufgabe ein, wenn der Arbeitslose sein Beschäftigungsverhältnis gelöst oder durch arbeitsvertragswidriges Verhalten Anlass für die Lösung des Beschäftigungsverhältnisses gegeben und dadurch vorsätzlich oder grob fahrlässig die Arbeitslosigkeit herbeigeführt hat. In Härtefällen ist eine Verkürzung der Sperrzeit auf sechs Wochen möglich. Ferner verkürzt sich die Sperrzeit auf drei Wochen, wenn das Arbeitsverhältnis innerhalb von sechs Wochen nach dem sperrzeitbegründenden Ereignis ohne Sperrzeit geendet hätte oder auf sechs Wochen, wenn das Arbeitsverhältnis innerhalb von zwölf Wochen ohne Sperrzeit geendet hätte (§ 159 III 2 SGB III).

1. Lösung des Beschäftigungsverhältnisses

219 Ein Aufhebungsvertrag beruht auf einer Willenseinigung zwischen Arbeitnehmer und Arbeitgeber über die Auflösung des Beschäftigungsverhältnisses zu einem bestimmten Zeitpunkt. Von wem die Initiative zum Abschluss der Vereinbarung ausgegangen ist, spielt keine Rolle. Entscheidend ist allein die Tatsache, dass der Arbeitslose der Vereinbarung zugestimmt und damit eine Ursache für seine Arbeitslosigkeit gesetzt hat.[7] Mit Abschluss des Aufhebungsvertrags hat A sein Arbeitsverhältnis gelöst und damit seine Arbeitslosigkeit herbeigeführt.

Dass C gegenüber A anderenfalls die ordentliche Kündigung des Arbeitsverhältnisses ausgesprochen hätte, ist dabei ohne Belang. Die Kausalität zwischen dem in Rede stehenden Verhalten des Versicherten und dem Eintritt der Arbeitslosigkeit ist nicht hypothetisch unter Würdigung der angedrohten Kündigung, sondern anhand der tatsächlichen Gegebenheiten zu beurteilen.[8] Der Aufhebungsvertrag zwischen A und C war der tatsächliche Grund für das Ende des Arbeitsverhältnisses zum 30. Juni 2017. Da er im Zeitpunkt des Vertragsschlusses keine konkreten Aussichten auf ein Anschlussarbeitsverhältnis hatte, hat A seine Arbeitslosigkeit zumindest grob fahrlässig verursacht.[9] Zugleich hat er sich in Widerspruch zu der in § 2 IV, V SGB III statuierten Verhaltensanforderung[10] gesetzt, eine Beschäftigung, deren Fortsetzung zumutbar ist, nicht vor Eingehung eines neuen Arbeitsverhältnisses zu beenden.

6 Zur Verhältnismäßigkeit der zwölfwöchigen Regelsperrzeit vgl. BSG, SozR 3-4100, § 119 Nr. 22.
7 BSG SozSich 1984, 388; *Winkler*, in: *Gagel*, SGB II/SGB III, § 159 SGB III Rn. 73 ff.; *Preis/Schneider*, NZA 2006, 1297, 1298.
8 BSGE 84, 225; BSGE 89, 243; BSG, SozR 4-4300 § 144 Nr. 13; BSGE 111, 1.
9 Vgl. BSGE 91, 90; 97, 1; BSG, SozR 4-4300 § 144, Nr. 11; *Winkler*, in: *Gagel*, SGB II/SGB III, § 159 SGB III Rn. 71.
10 *Kühl*, in: *Brand*, SGB III, § 2 Rn. 11 ff.

2. „Wichtiger Grund" für die Arbeitsaufgabe

Eine Sperrzeit tritt gemäß § 159 I 1 SGB III indes nicht ein, wenn A für sein Verhalten einen „wichtigen Grund" hat. Dieser könnte darin liegen, dass er den Aufhebungsvertrag allein deshalb abgeschlossen hat, um der drohenden Kündigung zu entgehen. Für die Prüfung ist zunächst der unbestimmte Rechtsbegriff des „wichtigen Grundes" in Inhalt und Funktion zu präzisieren (a) und sodann zu erörtern, ob für A ein solcher den Eintritt einer Sperrzeit ausschließender Grund vorlag (b). **220**

a) Begriffsklärung

Dem Gesetz lässt sich zunächst entnehmen, dass bei freiwilliger Arbeitsplatzaufgabe der Eintritt einer Sperrzeit die Regel und der Nichteintritt der Sperrzeit die durch Besonderheiten des Einzelfalls eigens zu begründende Ausnahme darstellt.[11] Dabei ist das Interesse der Versichertengemeinschaft, die Herbeiführung des Versicherungsfalles zu vermeiden, gegen die Interessen des Arbeitslosen an der Beendigung seines Arbeitsverhältnisses abzuwägen. Arbeitslosengeld ohne Sperrzeit ist nur bei unfreiwilligem Verlust des Arbeitsplatzes geschuldet, weil der unfreiwillige Verlust des Arbeitsplatzes das von der Arbeitslosenversicherung primär geschützte soziale Risiko darstellt. **221**

Bei freiwilligem Arbeitsplatzverlust soll Arbeitslosengeld nur dann uneingeschränkt gezahlt werden, wenn dieser wie ein unfreiwilliger Arbeitsplatzverlust erlitten wird. § 159 SGB III sanktioniert zwar versicherungswidriges Verhalten. Die Norm ist indes weder Maßregel noch Strafvorschrift.[12] Denn der Arbeitnehmer hat das Recht auf freie Wahl des Arbeitsplatzes (Art. 12 I GG), welches das Recht umschließt, frei über Beibehaltung oder Aufgabe einer Beschäftigung zu entscheiden.[13]

Diese Freiheit des Einzelnen muss auch im Arbeitsförderungsrecht gewahrt bleiben. Daher handelt zwar nicht pflichtwidrig, wer von seinem grundrechtlich geschützten Recht Gebrauch macht. Sinn und Zweck des Sperrzeitenrechts ist aber der Schutz der Versichertengemeinschaft vor ungerechtfertigter Herbeiführung des versicherten Risikos, indem die Übernahme des Risikos durch die Versichertengemeinschaft während eines bestimmten Zeitraums ausgeschlossen wird.[14] Der Versicherungsfall in der Arbeitslosenversicherung ist primär der unfreiwillige Arbeitsplatzverlust. Im Lichte dessen sind die in § 2 IV, V SGB III niedergelegten Verhaltensanforderungen – wie §§ 254 BGB, 19 ff. VVG – als Obliegenheiten (vgl. auch §§ 60-65 SGB I) zu verstehen:[15] der Arbeitnehmer ist frei, den Arbeitsplatz ohne Anschlussarbeitsplatz aufzugeben. Er hat jedoch einen mit der Sperrzeit belegten und daher um diese verkürzten Arbeitslosengeldanspruch als Rechtsnachteil seiner Obliegenheitsverletzung hinzunehmen.

---

11 BT-Drs. V/4100, S. 20 f.: „Die Sperrzeit tritt ein, falls ein anderes Verhalten zugemutet werden kann."

12 So aber BSG SozR 4100, § 119, Nr. 24, welches die Sperrzeit als gesetzlich sanktionierte Vertragsstrafe einstuft.

13 BVerfGE 85, 360, 373.

14 *Winkler*, in: *Gagel*, SGB II/SGB III, § 159 SGB III Rn. 40.

15 *Kühl*, in: *Brand*, SGB III, § 2 Rn. 2 ff., *Eichenhofer*, SGb 2000, 289, 291; a.A. *Hümmerich*, NJW 2007, 1025, 1026.

Ein die Sperrzeit ausschließender wichtiger Grund liegt daher nur vor, falls die freiwillige Arbeitsplatzaufgabe durch Gründe veranlasst ist, die diese nicht als Obliegenheitsverletzung ausweisen.[16] Als solche Gründe kommen primär konkurrierende Rechtspflichten in Betracht, namentlich die Pflicht zur Personensorge für ein erkranktes und hilfsbedürftiges Kind, aber auch die Wahrnehmung konkurrierender Rechte, etwa der Religionsfreiheit, die Siebentagesadventisten[17] oder Juden die Arbeitsleistung am Samstag (Sabbat) untersagen. Ein wichtiger Grund schließt daher den Eintritt der Sperrzeit aus, wenn er die Unzumutbarkeit der Weiterbeschäftigung zur Folge hat.

b) Vermeidung der ordentlichen Kündigung als „wichtiger Grund"

222 A hat dem Aufhebungsvertrag mit C zugestimmt, um der drohenden Kündigung zum gleichen Datum zu entgehen. Fraglich ist, ob A ein Abwarten der Kündigung durch C zuzumuten gewesen wäre.

Nach allgemeiner Ansicht kann ein wichtiger Grund für den Abschluss eines Aufhebungsvertrags vorliegen, falls der Arbeitnehmer damit einer drohenden betriebsbedingten Kündigung zuvorkommt, um dadurch Nachteile zu vermeiden, die im Falle einer Kündigung typischerweise eingetreten wären. Dies galt nach bisheriger Auffassung jedoch nur, wenn die Kündigung objektiv[18] rechtmäßig gewesen wäre.[19] In diesem Fall hätte die Versichertengemeinschaft die finanziellen Lasten der Beschäftigungslosigkeit des Gekündigten zu tragen.[20] Die Rechtmäßigkeit der Kündigung ist nach den Maßstäben des Arbeitsrechts zu beurteilen. Für die Feststellung dieser Voraussetzungen gilt der Ermittlungsgrundsatz aus §§ 20 SGB X, 103 SGG.[21]

223 Das BSG ist der Auffassung, dass auf die Rechtmäßigkeitsprüfung verzichtet werden könne, wenn der Aufhebungsvertrag der Abwehr einer drohenden Arbeitgeberkündigung diene und die im Aufhebungsvertrag vereinbarte Abfindung die nach § 1a II KSchG geschuldete nicht übersteigt.[22] Ein „wichtiger Grund", der den Eintritt einer Sperrzeit verhindert, würde in diesem Fall stets als gegeben unterstellt. Dagegen wird eingewandt, dass nach dieser Auffassung mit § 1a KSchG eine Norm in die sozialrechtlichen Wertungen einbezogen würde, die allein zwischen Arbeitnehmer und Arbeitgeber gelte.[23] Indes zeitigen bereits nach der derzeitigen Rechtslage zivilrechtliche Vereinbarungen Auswirkungen auf sozialrechtliche Ansprüche.[24] Insoweit bringt die geänderte Rechtsprechung keine völlige Neuausrichtung mit sich.

---

16 *Scholz*, in: *Mutschler/Schmidt-DeCaluwe/Coseriu*, SGB III, § 159 Rn. 129.
17 BSGE 54, 7.
18 St. Rspr. BSGE 66, 94, 101 f.; BSG, SozR 3-4100 § 119, Nr. 11; BSG, SozR 4-4300 § 144, Nr. 13.
19 BSGE 89, 243, 246 f.; BSGE 92, 74, 81; 97, 1, 2 f.; BSG, SozR 4-4300 § 144, Nr. 11; *Winkler*, in: *Gagel*, SGB II/SGB III, § 159 SGB III Rn. 184f.
20 *Ricken*, NJW 2006, 3514, 3516.
21 BSGE 89, 243; BSG SozR 4-4300 § 144 Nr. 11.
22 BSGE 97, 1, 5 f.; 99, 154, 161; BSGE 104, 57, 61; zustimmend LSG Baden-Württemberg, Urt. v. 21.10.2011, L 12 AL 4621/10.
23 *Preis/Schneider*, NZA 2006, 1297, 1297 f.; *Ricken*, NJW 2006, 3514, 3117; *Hümmerich*, NJW 2007, 1024, 1026 f.
24 Vgl. dazu auch Fall 3 und Fall 21; vgl. dazu generell *Eichenhofer*, in: *Barta/Radner/Rainer/Scharnreitner* (Hg.), FS für Martin Binder, 2010, 5 ff; zum Ganzen grundlegend *Deinert*, ZfSH/SGB 2008, 515.

Zweck der Abfindungsregelung in § 1a KSchG ist die Erleichterung der außergerichtlichen Abwicklung von Arbeitsverhältnissen im Falle betrieblich bedingter Entlassungen.[25] Wird der Arbeitnehmer angemessen entschädigt, wird danach auf eine arbeitsgerichtliche Überprüfung betriebsbedingter Kündigungen verzichtet. Insoweit stellt die Rechtsprechung des BSG eine einheitliche Rechtsanwendung in Arbeits- und Sozialgerichtsbarkeit sicher und vermeidet Wertungswidersprüche: wenn die Rechtmäßigkeit einer Kündigung in einem arbeitsgerichtlichen Prozess nicht nachgeprüft wird, soll dies auch nicht im Rahmen der Sozialgerichtsbarkeit erfolgen.[26]

Die Grenze des § 1a II KSchG ist insoweit auch als Schwelle für die Rechtmäßigkeits- **224** prüfung angezeigt. Zwar lässt die Höhe einer Abfindung nicht auf die soziale Rechtfertigung einer Kündigung und damit auf das Vorliegen eines „wichtigen Grundes" i.S.v. § 159 I 1 SGB III schließen. Dies ist jedoch auch nicht das Anliegen des BSG. Vielmehr geht es um die Schwelle, oberhalb derer ein Arbeitnehmer bereit ist, eine ungerechtfertigte Kündigung hinzunehmen. Denn ein Arbeitnehmer könnte sich mit Verhandlungsgeschick durch eine besonders hohe Abfindung eine offensichtlich unzulässige Kündigung „abkaufen" lassen. Er würde damit um einer hohen Abfindung Willen seine Arbeitslosigkeit herbeiführen, ohne dass dies Auswirkungen auf seinen Arbeitslosengeldanspruch hätte. Dieses Interesse kann aber im Vergleich zu den Interessen der Versichertengemeinschaft daran, dass der Versicherungsfall nicht vorsätzlich herbeigeführt werde, nicht schützenswert sein. Bei Abfindungen unterhalb der Grenze aus § 1a II KSchG kann dagegen auch im Sperrzeitenrecht auf die Rechtmäßigkeitsprüfung verzichtet werden, da anderenfalls die Sozialgerichte möglicherweise Kündigungen für unwirksam halten, die arbeitsrechtlich nicht zu beanstanden waren. Der Einwand, die neue Rechtsprechung hätte zur Folge, dass eine Sperrzeit zwingend eintrete, wenn ein Arbeitnehmer – selbst im Falle einer drohenden *rechtmäßigen* Kündigung – eine Abfindung über den in § 1a KSchG vorgesehenen Betrag hinaus vereinbart,[27] verfängt daher nicht. Denn es wird lediglich *unterhalb dieser Schwelle* auf die Rechtmäßigkeitsprüfung verzichtet. Daraus folgt, dass eine Sperrzeit weiterhin nicht eintritt, wenn durch den Aufhebungsvertrag unter Vereinbarung einer höheren Abfindung eine in Aussicht stehende rechtmäßige Kündigung vorweggenommen wird.

Nach § 1a II KSchG beläuft sich die Abfindung im Falle einer rechtmäßigen betriebsbe- **225** dingten Kündigung auf 0,5 Monatsgehälter pro Jahr der Betriebszugehörigkeit. A hätte also lediglich einen Anspruch auf eine Abfindung in Höhe von 7.000 € gehabt.[28] Da er mit C indes eine Abfindung in Höhe von 10.000 € vereinbart hat, ist die Rechtmäßigkeit der drohenden Kündigung maßgeblich für die Berechtigung des A zur Lösung seines Arbeitsverhältnisses. A hat für die von C in Aussicht gestellte Kündigung keinen Anlass – etwa durch arbeitsvertragswidriges Verhalten – gegeben. Sie wäre vielmehr durch dringende betriebliche Erfordernisse veranlasst gewesen, die einer Weiterbeschäftigung des A entgegen standen (vgl. § 1 II 1 KSchG). Die gemäß § 1 III KSchG zu berücksichtigenden sozialen Aspekte bei der Auswahl der zu kündigenden Arbeitnehmer hätte C

25 *Eicher*, SGb 2005, 553, 558, *Peters-Lange/Gagel*, NZA 2005, 740, 740.
26 *Peters-Lange/Gagel*, NZA 2005, 740, 742.
27 *Preis/Schneider*, NZA 2006, 1297, 1298; *Hümmerich*, NJW 2007, 1024, 1030.
28 0,5 × 2.000 € × 7 Jahre = 7.000 €.

hinreichend gewürdigt. Die Kündigung wäre also rechtmäßig gewesen, so dass A keine Möglichkeit gehabt hätte, sich dagegen in einem Kündigungsschutzprozess zur Wehr zu setzen.

226 Es ist demgemäß zu prüfen, ob durch den Aufhebungsvertrag Nachteile vermieden werden, die im Falle einer Kündigung typischerweise eingetreten wären. Im Falle der ordentlichen Kündigung hätte A keine Abfindung von 10.000 €, sondern lediglich von 7.000 € erhalten. Das Interesse an der Abfindung allein vermag zwar noch nicht die Unzumutbarkeit der Hinnahme der Kündigung zu begründen.[29] Da A aber keine Rechtsbehelfe gegen die Kündigung hätte einlegen können, hat er ein schützenswertes Interesse daran, sich wenigstens die höhere Abfindung zu sichern.[30]

Eine Kündigung wirkt sich zudem regelmäßig negativ auf das berufliche Fortkommen des Arbeitslosen aus. Die einvernehmliche Lösung des Arbeitsverhältnisses erhöht daher seine Chancen auf eine Anschlussbeschäftigung.[31] Dies ist angesichts der ohnehin nicht zu vermeidenden Beschäftigungslosigkeit zum gleichen Zeitpunkt nicht zuletzt im Hinblick auf den Zweck der Sperrzeitenregelung zu berücksichtigen. Letztlich verlangt auch das Übermaßverbot die Berücksichtigung der Interessen des Versicherten an der Vereinbarung der für ihn günstigsten Modalitäten bei der Beendigung seines Arbeitsverhältnisses.[32] Ein überwiegendes Interesse der Versichertengemeinschaft am Abwarten der Kündigung durch C ist daher nicht ersichtlich, so dass ein wichtiger Grund i.S.v. § 159 I 1 SGB III für den Abschluss des Aufhebungsvertrags gegeben ist. Es tritt daher keine Sperrzeit wegen Arbeitsaufgabe nach § 159 I 2 Nr. 3 SGB III ein.

Ergebnis:
A hat einen Anspruch auf Arbeitslosengeld ab Eintritt der Arbeitslosigkeit am 1. Juli 2017.

29 BSGE 66, 94, 98; BSG NZA-RR 1997, 495; *Winkler*, in: *Gagel*, SGB II/SGB III, § 159 SGB III Rn. 160 ff.
30 Vgl. BSG, SozR 4-4300 § 144, Nr. 11; BSGE 97, 1.
31 So auch *Preis/Schneider*, NZA 2006, 1297, 1297.
32 BSGE 89, 243; BSGE 97, 1.

Fall 19

Pflegeversicherung – soziale Sicherung der Pflegeperson – gesetzlicher Forderungsübergang von Deliktsansprüchen auf Sozialversicherungsträger – Kongruenz – normativer Schadensbegriff

Ausgangsfall

BGH, Urt. v. 10.11.1998 (VI ZR 354/97) = BGHZ 140, 39.

Karla (K), die bei ihrem Vater in der gesetzlichen Kranken- und Pflegeversicherung familienversichert ist, wurde 2017 bei einem Verkehrsunfall von Stefan (S) fahrlässig schwerst verletzt. S fuhr mit seinem Kleinwagen mit weit überhöhter Geschwindigkeit durch eine Dorfstraße von Altforweiler, wo K von dem Auto des S erfasst wurde und sich dabei mehrere Wirbel brach. Seit diesem Unfall ist K deshalb von der zuständigen Pflegekasse (P) als schwerstpflegebedürftig (Pflegegrad 4) eingestuft. Sie wird von ihrer Mutter (M) mehr als 28 Stunden wöchentlich gepflegt. K erhält für diese Pflege das Pflegegeld für den Pflegegrad 4 von 728 € monatlich, das sie M auszahlt. Außerdem zahlt P an die zuständige Deutsche Rentenversicherung, Regionaldirektion Saarland (DRV) für M Rentenversicherungsbeiträge sowie Beiträge zur Arbeitslosenversicherung an die Bundesagentur für Arbeit. P möchte die Beitragsaufwendungen für M gegenüber dem haftpflichtigen S sowie dessen Haftpflichtversicherer (V) geltend machen. **227**

Frage:

Bestehen die Ansprüche?

Gliederung

I. Ansprüche P gegen S
1. Haftung nach Delikts- und Straßenverkehrsrecht
2. Gesetzlicher Forderungsübergang
3. Renten- und Arbeitslosenversicherungsbeiträge für die Pflegeperson als Schaden

II. Anspruch P gegen V
1. Einstandspflicht der V
2. Direktanspruch

Lösung

P könnte von S und V Ersatz der für M an die DRV gezahlten Rentenversicherungsbeiträge verlangen, falls S wegen des fahrlässig herbeigeführten Unfalls und der dabei der K zugefügten schwersten Verletzungen gegenüber der P einstandspflichtig wäre. Diese Voraussetzungen wären im Verhältnis zu S erfüllt (I.), falls dieser gegenüber K nach §§ 823 I, II BGB i.V.m. 3 I, III StVO, 7, 18 StVG haften würde (1.), der hiernach begründete Anspruch gemäß § 116 I SGB X auf P kraft Gesetzes übergegangen (2.) und der von P zu tragende Beitragsaufwand für die Rentenversicherung der M ein von S gemäß § 249 BGB zu ersetzender Schaden wäre (3.). Die Einstandspflicht des V wäre nach §§ 1, 3a PflVG i.V.m. § 115 VVG begründet (II.), falls V für die Haftpflicht des S einstehen müsste (1.) und diese Einstandspflicht nicht nur gegenüber S, sondern unmittelbar gegenüber P bestünde (2.).

I. Ansprüche P gegen S

1. Haftung nach Delikts- und Straßenverkehrsrecht

Eine Haftung des S gegenüber K kommt nach Deliktsrecht (a, b) sowie nach Straßenverkehrsrecht (§§ 7, 18 StVG) (c, d) in Betracht.

228 a) S könnte der K nach § 823 I BGB zum Schadenersatz verpflichtet sein. Dazu müsste er deren körperliche Integrität rechtswidrig und schuldhaft beeinträchtigt haben. S fuhr mit weit überhöhter Geschwindigkeit durch eine Dorfstraße und erfasste K mit seinem PKW, so dass diese sich mehrere Wirbel brach. Dadurch beeinträchtigte S die körperliche Unversehrtheit der K, ohne dass eine Rechtfertigung dafür ersichtlich wäre. Schuldhaftes Handeln besteht bei Vorsatz oder Fahrlässigkeit. Fahrlässigkeit bedeutet die Außerachtlassung der verkehrserforderlichen Sorgfalt (§ 276 II BGB). Wer eine Dorfstraße mit weit überhöhter Geschwindigkeit durchfährt, verletzt die verkehrsübliche Sorgfalt eines Autofahrers. S handelte somit schuldhaft und ist deshalb nach § 823 I BGB zum Schadenersatz verpflichtet.

229 b) Ferner könnte S gegenüber K nach § 823 II BGB haften. Dazu müsste er ein Schutzgesetz verletzt haben. „Schutzgesetz" ist jede Rechtsnorm (vgl. Art. 2 EGBGB), die nicht nur den Schutz der Interessen der Allgemeinheit, sondern auch den Schutz der Interessen Einzelner bezweckt.[1] Hier kommt als Schutzgesetz die Regelung über die Höchstgeschwindigkeit im Straßenverkehr in geschlossenen Ortschaften (§ 3 I, III Nr. 1 StVO) in Betracht. Danach hat jeder Autofahrer eine den Verkehrsverhältnissen angemessene Geschwindigkeit einzuhalten und in geschlossenen Ortschaften eine Geschwindigkeit von höchstens 50 km/h zu fahren. S fuhr mit weit überhöhter Geschwindigkeit, so dass er diese Geschwindigkeitsbeschränkung missachtete. Diese schützt nicht nur die Allgemeinheit in ihrem Interesse an einem möglichst gefahrlosen Straßenverkehr; sie soll insbesondere auch verhindern, dass durch überhöhte Geschwindigkeit Personen zu Schaden kommen.[2] Die Regelung über die Höchstgeschwindigkeit ist mithin ein Schutz-

1 BGHZ 122, 1, zuletzt BGH VersR 2005, 515; *Sprau*, in: *Palandt*, BGB, § 823 Rn. 56 ff.
2 BGH VersR 1972, 558, NJW 1985, 1950.

gesetz. Da S gegen dieses Schutzgesetz schuldhaft verstoßen hat, ist er auch nach § 823 II BGB i.V.m. § 3 I, III Nr. 1 StVO einstandspflichtig.

c) Gemäß § 7 I StVG hat der Halter für die bei dem Betrieb eines Kfz entstehenden Schäden an Körper, Gesundheit und Sachen des Geschädigten strikt, mithin auch ohne Verschulden, einzustehen; seine Einstandspflicht entfällt nur bei höherer Gewalt (§ 7 II StVG). Hier hat S die K beim Betrieb eines Kfz geschädigt. **230**

Diese Schädigung war für S nicht ein „betriebsfremdes, von außen durch elementare Naturkräfte oder durch Handlungen dritter Personen herbeigeführtes Ereignis, das nach menschlicher Einsicht und Erfahrung unvorhersehbar ist und das durch die äußerste nach der Sachlage vernünftigerweise zu erwartende Sorgfalt nicht verhütet werden kann."[3] S war als Eigentümer auch Inhaber der tatsächlichen Verfügungsgewalt über das Fahrzeug und er wird es auch für eigene Rechnung gebrauchen.[4] S ist also Halter des Kfz. Seine Einstandspflicht folgt somit aus § 7 I StVG.

d) S führte zudem ein Kfz. Er schädigte die K hierbei schuldhaft und ist ihr daher auch nach § 18 I 1 StVG zum Schadensersatz verpflichtet.

2. Gesetzlicher Forderungsübergang

Ist ein durch Delikt oder auf Grund der Gefährdungshaftung Geschädigter zugleich sozialversichert, gehen die auf gesetzlicher Haftung beruhenden Ansprüche des Geschädigten gegen den Schädiger gemäß § 116 I SGB X auf den Sozialversicherungsträger über, wenn und soweit dieser dem Geschädigten gegenüber zur Sozialleistungsgewährung verpflichtet ist.[5] An die Stelle der privatrechtlichen Anspruchsberechtigung des Geschädigten tritt ein Regressanspruch des Sozialversicherungsträgers, soweit dieser den vom Schädiger dem Geschädigten zu ersetzenden Schaden auszugleichen hat. Der Forderungsübergang findet also nur statt, falls die Leistungspflichten von Schädiger und Sozialversicherungsträger einander entsprechen, d.h. kongruent sind. Kongruenz besteht, falls Sozialleistung und privatrechtliche Forderung dasselbe Interesse befriedigen.[6] **231**

a) Ein Forderungsübergang von K auf P setzt voraus, dass K von P Leistungen der Pflegeversicherung beanspruchen kann. Dafür muss K versichert und der Versicherungsfall eingetreten sein. K ist zwar nicht als Arbeitnehmerin versichert; sie unterliegt als Familienangehörige eines versicherungspflichtig Beschäftigten aber der Familienversicherung. **232**

Den Familienangehörigen werden Ansprüche auf die Sach- und Dienstleistungen bei Krankheit und Pflegebedürftigkeit ebenso wie dem Versicherten selbst gewährt (§ 10

3 So die Definition des Begriffs „höhere Gewalt" in BGHZ 7, 338; dazu *Däubler*, JuS 2002, 625, 628.
4 Zum Begriff des Kfz-Halters vgl. BGHZ 13, 351.
5 Vgl. BGHZ 9, 179, 185 ff.; *Nehls*, in: *Hauck/Noftz*, SGB X, § 116 Rn. 1; *Eichenhofer*, in: *Eichenhofer/Wenner* (Hg.), Wannagat SGB I, IV, X, § 116 SGB X Rn. 7 ff.
6 *Bieresborn*, in: *von Wulffen/Schütze* (Hg.), SGB X, § 116 Rn. 7 ff.; *Eichenhofer*, in: *Eichenhofer/Wenner* (Hg.), Wannagat SGB I, IV, X, § 116 SGB X Rn. 23 ff.

SGB V; § 25 SGB XI).[7] Der Versicherungsfall der Pflegeversicherung ist die gesundheitlich bedingte Beeinträchtigung der Selbstständigkeit oder der grundlegenden Fähigkeiten. Er tritt ein, wenn körperliche, kognitive oder psychische Beeinträchtigungen oder gesundheitlich bedingte Belastungen oder Anforderungen nicht selbständig kompensiert oder bewältigt werden können und der Gesicherte daher der Hilfe bedarf (§ 14 I SGB XI).

Hier ist durch den Medizinischen Dienst der Kassen die Pflegebedürftigkeit der K im Pflegegrad 4 festgestellt worden (§ 15 III S. 4 Nr. 4 SGB XI). Es liegt mithin ein Versicherungsfall der Pflegebedürftigkeit vor, der die zuständige P zur Erbringung von Leistungen bei Pflegebedürftigkeit verpflichtet.

233 b) Die Pflegeversicherung gewährt Sach- oder Geldleistungen.[8] Wird die Pflege als „Sachleistung" gewährt, schuldet die Pflegeversicherung dem Versicherten Dienstleistungen (§ 36 SGB XI).[9] Wird sie dagegen als Geldleistung gewährt, erhält der Pflegebedürftige eine Zahlung der Pflegekasse zur Sicherung der selbst organisierten Pflege durch Angehörige oder Freunde (§ 37 SGB XI).[10] Die Zahlung wird in der Erwartung gewährt, dass sie der Pflegebedürftige aufgrund privaten Unterhaltsrechts oder aus freien Stücken der tätigen Pflegekraft aushändigt.

234 c) Zur Sicherstellung der Pflege verpflichtet jedoch über das Pflegeversicherungsrecht hinaus auch das private Haftpflichtrecht. Dies folgt aus den das zivile Schadensersatzrecht beherrschenden Grundsätzen von Naturalrestitution und Totalreparation (§ 249 I BGB). Sie verpflichten den Schädiger zur umfassenden Wiederherstellung des Zustandes, der ohne das schädigende Ereignis bestanden hätte.

Führt eine Schädigung zur dauerhaften Pflegebedürftigkeit einer Person, hat der Schädiger auch für die daraus entstehenden Folgen einzustehen. Tritt bei Verletzung des Körpers oder der Gesundheit eine Vermehrung der Bedürfnisse ein, so schuldet der Schädiger eine Geldrente als Schadensersatz (§§ 843 I BGB, 13 StVG). Da die Schädigung der K Pflegebedürftigkeit nach sich zieht, ist für die Pflege durch Familienangehörige sowohl nach Sozialrecht als auch nach privatem Haftungsrecht für die vermehrten Bedürfnisse der Pflegebedürftigkeit eine Leistung in Geld geschuldet. Beide Leistungen sind deshalb kongruent.

3. Renten- und Arbeitslosenversicherungsbeiträge für die Pflegeperson als Schaden

235 P könnte von S gemäß § 823 I, II BGB i.V.m. §§ 3 StVO, 7, 18 StVG, 116 I SGB X auch Ersatz für die zu Gunsten der M gezahlten Beiträge zur Renten- bzw. Arbeitslosenversicherung verlangen, falls diese Schadensposition Teil des von S der K zu ersetzenden *Schadens* wäre.

---

7 *Bloch*, in: *Schulin*, HS-PV, § 11 Rn. 111 ff.; *Udsching*, SGB XI, § 25 Rn. 2.
8 *Leitherer*, in: *Schulin*, HS-PV, § 15 Rn. 29 ff.; *Eichenhofer*, Sozialrecht, Rn. 387; *Waltermann*, Rn. 246 ff.
9 *Udsching*, SGB XI, § 36 Rn. 2.
10 *Leitherer*, in: *Schulin*, HS-PV, § 16 Rn. 66 ff.

Nach der Einweisungsvorschrift des § 44 I, IIb SGB XI[11] hat die Pflegekasse nicht nur Leistungen an den Pflegebedürftigen zu erbringen, sondern auch Beiträge für die Pflegeperson zu deren Renten- bzw. Arbeitslosenversicherung zu zahlen. Auf diese Weise soll vermieden werden, dass die aufgrund privaten Unterhaltsrechts oder freiwillig tätige Pflegeperson Einbußen in ihrer eigenen Alterssicherung oder ihrem Anspruch auf Arbeitslosengeld erleidet.[12] Diese von P an die DRV und die BA geleisteten Zahlungen könnten von S nach § 823 I, II BGB i.V.m. §§ 3 StVO, 7, 18 StVG als Schaden zu ersetzen sein, falls auch das private Haftpflichtrecht den Schädiger zur Übernahme der für die Alterssicherung und Arbeitsförderung der Pflegekraft aufzuwendenden Kosten verpflichtet. Dies setzte voraus, dass die Aufwendungen als Teil des der K entstandenen Schadens aufzufassen wären.

a) Wäre der zivilrechtliche Schaden nach der *Differenzhypothese* als jede durch die Schädigung ausgelöste Vermögensdifferenz in der Person des Geschädigten zu bestimmen,[13] bestünde keine Verpflichtung zum Ersatz. Denn K wird durch den möglichen bei M eintretenden Beitragsausfall in der Alters- oder Arbeitslosenversicherung nicht unmittelbar berührt. Im Zivilrecht von heute gilt jedoch nicht mehr der von der Differenztheorie *geprägte ökonomische* Schadensbegriff, sondern der *normative* Schadensbegriff. Dieser soll Ersatzleistungen auch sichern, falls es an einer messbaren Vermögensdifferenz fehlt. Deshalb schuldet ein Schädiger auch einer Hausfrau Schadensersatz, deren Arbeitsleistung schädigungsbedingt entfällt, obgleich ihre Arbeitsleistung nicht vergütet wird und deren Ausfall durch unentgeltliche Eigenarbeit der geschädigten Familienmitglieder ausgeglichen wird und damit keine messbare Vermögensdifferenz hinterlässt.[14] Desgleichen schuldet der Schädiger bei Schädigung eines Arbeitnehmers dem Arbeitgeber Schadensersatz für dessen Verpflichtung, im Krankheitsfall den Lohn fortzuzahlen (§ 3 EFZG),[15] obgleich in der Person des geschädigten Arbeitnehmers eine Vermögensdifferenz nicht hervorgerufen wird. Problematisch ist daher, ob die von P für M zu zahlenden Renten- und Arbeitslosenversicherungsbeiträge als ein normativer Schaden in der Person der K zu bestimmen sind. **236**

b) Gegen diese Annahme mag sprechen, dass die Alterssicherung und Arbeitsförderung der Pflegeperson ein sozialpolitisches Ziel ist, welches den Schädiger grundsätzlich nicht berührt.[16] Ferner käme die Zahlung der geschädigten K nicht unmittelbar zugute. Die Beitragspflicht trifft vielmehr die nicht verletzte P, welche die geschuldete Leistung unmittelbar an den Träger der Renten- bzw. Arbeitslosenversicherung abzuführen hat. Eine derartige Zahlungspflicht erscheint mithin nicht als Ersatzleistung an K, und könnte daher auch nicht als eine kongruente Leistung angesehen werden.[17] Es bliebe also bei dem von der bisherigen Rechtsprechung aufgestellten Grundsatz, dass die Schadenser- **237**

11 *Udsching*, SGB XI, § 44 Rn. 2, Einweisungsvorschriften schaffen keine eigenen Ansprüche, sondern verweisen auf anderweitig geregelte eigenständige rechtsbegründende Vorschriften, für die Alterssicherung namentlich §§ 3, 1 Nr. 1a, 166 II, 170 SGB VI.
12 BT-Drs, 12/5262, S. 82, 116.
13 BGHZ 98, 212 ff.; *Medicus/Lorenz*, Schuldrecht AT, Rn. 679; *Schlechtriem*, Schuldrecht AT, Rn. 255 ff
14 BGHZ 50, 304; BGH VersR 1969, 565.
15 BGH VersR 1986, 968.
16 *von Einem*, SGb 1995, 524, 529; *Küppersbusch*, NZV 1997, 30, 31.
17 So LG Frankfurt SGb 1998, 329.

satzpflicht den Ersatz des pflegebedingten Mehraufwandes umfasst, wobei es weder eine Rolle spielt, ob die Pflege von Pflegekräften oder nahen Angehörigen erbracht wird, noch ob letztere einen Verdienstausfall erleiden.[18]

238 c) Gegen diese Ansicht und zu Gunsten der Einbeziehung der Beitragsaufwendungen in die Ersatzpflicht lässt sich hingegen Folgendes vorbringen[19]: Durch § 3 S. 1 Nr. 1a SGB VI wird die nichterwerbstätige Pflegekraft in die Rentenversicherung, durch § 26 IIb SGB III in die Arbeitslosenversicherung einbezogen. Die Beiträge sind von der Pflegekasse nach §§ 166 II, 170 I Nr. 6a SGB VI bzw. §§ 345 Nr. 8, 347 Nr. 10a), 349 IVa SGB III zu tragen, weil eine Pflegekraft, die Pflegegeld erhält, nicht erwerbstätig und daher nicht als Arbeitnehmer versicherungspflichtig ist (§§ 3 S. 2; 2 SGB VI, 25 SGB III). Mit dieser Einbeziehung Nichterwerbstätiger in die Renten- bzw. Arbeitslosenversicherung ist die Begrenzung des Schadensersatzes auf den Nettolohn der Pflegeperson obsolet. Die Beitragspflicht zu Gunsten der Pflegekraft ist Teil der dem Pflegebedürftigen gewährten Leistungen.

Diese sind untrennbar mit dem Schadensereignis verbunden, für dessen Folgenbehebung der Schädiger umfassend aufzukommen hat. Wenn der Schädiger also nach dem Grundsatz der *Totalreparation*[20] alle aus der Schädigungshandlung rührenden wirtschaftlichen Folgen auszugleichen hat, und dazu nicht nur die im Vermögen des Geschädigten messbaren Nachteile, sondern auch jeglicher Funktionsausfall des Geschädigten mit der Folge der Drittbelastung als Schaden des Geschädigten anzusehen ist, dann ist auch der die Pflegekasse belastende Beitragsaufwand für die Pflegekraft des Pflegebedürftigen letztlich Folge des schädigenden Ereignisses und deshalb vom Schädiger zu übernehmen.

239 Der BGH folgert daraus: „Wird für den Pflegebedürftigen eine Hilfskraft im Rahmen des Arbeitsverhältnisses eingestellt, fallen die entsprechenden [...] Anteile zur Sozialversicherung an. Werden die Dienste eines selbstständigen professionellen Pflegedienstes in Anspruch genommen, so fließen die Kosten der Alterssicherung der Pflegeperson in den Preis der Pflegeleistung ein; entsprechendes gilt im Falle der Bereitstellung häuslicher Pflege als Sachleistung im Sinne des § 36 SGB XI. Nichts anderes kann im Ergebnis für die Kosten gelten, die im Falle der innerfamiliären Pflege durch die Rentenversicherungspflicht des als nicht erwerbstätige Pflegeperson wirkenden Familienangehörigen entstehen.“[21] Andernfalls würden die Folgen der Schädigung der Solidargemeinschaft überantwortet.

Da S folglich nach dem *normativen Schadensbegriff* und dem Grundsatz der Totalreparation auch für die schädigungsbedingt entstandenen Beitragspflichten der Pflegekasse gegenüber der zuständigen Rentenversicherung und der Bundesagentur für Arbeit aufzukommen hat, schuldet er der K auch hinsichtlich des Schadenspostens Beiträge zur Renten- und Arbeitslosenversicherung für die Pflegeperson des Verletzten Ersatz,

---

18 BGH NJW 1999, 2819-2820 im Anschl. an BGHZ 106, 28, 30.
19 OLG Frankfurt/LG Hanau, ZfS 1998, 212; *Eichenhofer*, VersR 1998, 393, 395 f.; *Wiesner*, VersR 1995, 134, 143.
20 *Esser/Schmidt*, § 30 I; *Schlechtriem*, Rn. 251.
21 BGHZ 140, 39, 45 f.; zustimmend *Wank*, SGb 1999, 485 ff.

weshalb der Schadensersatzanspruch der K auch hinsichtlich dieser Schadensposition auf den zu kongruenter Leistung verpflichteten Träger der Pflegeversicherung übergeht.

II. Anspruch P gegen V

V hätte gegenüber P gemäß § 3 S. 1 PflVG für deren Beitragsaufwendungen zu Gunsten der M einzustehen, falls V gegenüber S die Abgeltung sämtlicher der K entstandenen Schäden schuldete (1.) und die so begründete Einstandspflicht gegenüber P bestünde (2.).

1. Einstandspflicht der V

Als Halter eines Kfz war S gemäß § 1 PflVG zum Abschluss einer Haftpflichtversicherung verpflichtet. Dieser Pflicht kam S durch Abschluss eines Versicherungsvertrages mit V nach. Danach hat der Versicherer den Versicherungsnehmer bei Eintritt von dessen Haftung gegenüber Dritten von den daraus erwachsenden Ersatzpflichten freizustellen (§ 100 VVG). Weil S bei V die von ihm geforderten Verpflichtungen zum Abschluss eines Haftpflichtversicherungsvertrages übernommen hat, schuldet V dem S dessen Freistellung von den Folgen seiner Haftung gegenüber K. **240**

2. Direktanspruch

Gemäß § 3 S. 1 PflVG steht dem Geschädigten ein unmittelbarer Anspruch – *action directe* – gegen den Versicherer zu, so dass der in dem Versicherungsverhältnis zwischen V und S gründende Anspruch unmittelbar von dem durch den Versicherungsnehmer zu entschädigenden Geschädigten geltend gemacht werden kann. Da dieser Anspruch die Pflicht zum Ersatz der Beitragsaufwendungen für M umfasst, geht er gemäß § 116 I SGB X auch insoweit auf den vorleistungspflichtigen Sozialleistungsträger über. P kann also den Beitragsaufwand für M auch als Schaden gegenüber V geltend machen. **241**

Ergebnis:

P kann also sowohl von S als auch von V Ersatz der Beitragsaufwendungen für die Alterssicherung der M verlangen; S und V haften dabei der P als Gesamtschuldner (§ 421 BGB).

Fall 20

Privat- und sozialrechtliche Haftung bei Nothilfe – echte und unechte Unfallversicherung – Verhältnis zwischen Unfallversicherung, sozialer Entschädigung, Delikt und Geschäftsführung ohne Auftrag

Ausgangsfälle

BSG, Urt. v. 17.11.1981 (9 RVg 2/81) = BSGE 52, 281.
BSG, Urt. v. 24.7.2002 (B 9 VG 4/01 R) = BSGE 90, 6.
BSG, Urt. v. 16.12.2014 (B 9 V 1/13 R) = BSGE 118, 63.
BGH, Urt. v. 10.10.1984 (IVa ZR 167/82) = BGHZ 92, 270.

242 Winfried (W), in Potsdam ansässig, ist bei dem von Ulrich (U) geführten Wachunternehmen als Wachmann beschäftigt. In seiner Freizeit nimmt er an einem Fernstudium teil, um Informatiker zu werden. W hat regelmäßig die Übergabe der Bargeldbestände eines am Stadtrand von Berlin gelegenen Einkaufszentrums durch einen Angestellten an den Fahrer Fritz (F) einer Geschäftsbank zu überwachen.

Am 17. Juni 2017 wurde F nach Abholung des Geldes von dem maskierten Richard (R) angehalten, mit einer Maschinenpistole bedroht und zum Verlassen des Geldtransporters aufgefordert. W beobachtete dies, eilte F zu Hilfe, zog seine Dienstpistole, ging in Deckung und forderte R auf, die Maschinenpistole wegzuwerfen und sich zu ergeben. R kam dieser Aufforderung nach. Obgleich R die Maschinenpistole entsichert hatte und ferner wusste, dass sich daraus Schüsse lösen, falls sie zu Boden geworfen wird, warf R die Maschinenpistole zu Boden. Es löste sich ein Schuss, der W traf und eine schwere Kopfverletzung zur Folge hatte. W ist seitdem auf Dauer erwerbsunfähig; er kann auch sein weit fortgeschrittenes Studium nicht mehr abschließen.

Frage:

Kann W von F, R, der Berufsgenossenschaft (BG), der Unfallkasse und dem Land Berlin Ausgleich für seinen Erwerbs- und Fortkommensschaden verlangen?

Gliederung

Lösung

I. Ansprüche des W gegen F

W könnte von F für die bei dessen Rettung erlittenen Erwerbs- und Fortkommensschäden Ausgleich gemäß §§ 683 S. 1, 670 BGB verlangen, wenn W gegenüber F in berechtigter Geschäftsführung ohne Auftrag gehandelt hätte (1.) und die ihm entstandenen Erwerbs- und Fortkommensschäden ersatzfähige Aufwendungen wären (2.).

1. Geschäftsführung ohne Auftrag

W hat gegenüber F in berechtigter Geschäftsführung ohne Auftrag (§ 677 BGB) gehandelt, wenn er mit der Rettungshandlung ein fremdes Geschäft besorgt hätte (a), zu dessen Vornahme er gegenüber F nicht verpflichtet war (b) und dessen Übernahme dem Willen und Interesse des F entsprochen hätten (c).

a) Ein fremdes Geschäft besorgt, wer objektiv im Rechtskreis eines anderen tätig wird **243**
oder ein Geschäft vornimmt, das nicht eindeutig einem fremden Rechtskreis zugeordnet ist (= neutrales Geschäft), sofern der Geschäftsführer den Vorteil aus dem Geschäft dem Geschäftsherrn zuzuwenden bezweckt.[1] Als W dem F zu Hilfe eilte und R dazu aufforderte, seine Waffe wegzuwerfen und sich zu ergeben, wollte er F aus gegenwärtiger Lebens- und Leibesgefahr befreien. Diese Handlung ist objektiv nicht allein dem Rechtskreis des F zugewiesen. Ihre Vornahme liegt vielmehr im allgemeinen Interesse, so dass

1 BGHZ 98, 235, 240; 65, 354, 357; 40, 28, 30; *Seiler*, in: MünchKomm, BGB, § 677 Rn. 6.

ein neutrales Geschäft gegeben ist. Da W dem F helfen wollte, handelte er mit Fremdgeschäftsführungswillen und besorgte daher ein fremdes Geschäft.

244 b) W wurde von F zur Vornahme des Geschäftes nicht beauftragt. Ob eine Geschäftsführung ohne Auftrag vorliegt, ist jedoch fraglich, weil W kraft Arbeitsvertrages gegenüber U zur Überwachung des Geldtransports verpflichtet war. Deshalb könnte Ws Hilfeleistung gegenüber F lediglich als Erfüllung seiner arbeitsvertraglichen Verpflichtungen anzusehen sein. Nach § 677 BGB entfällt die Fremdgeschäftsführung, falls der Geschäftsführer von dem Geschäftsherrn zur Besorgung des Geschäfts beauftragt wurde oder dazu ihm gegenüber sonst berechtigt ist.

Die Erfüllung einer Vertragspflicht schließt jedoch gegenüber einem Dritten eine berechtigte Geschäftsführung ohne Auftrag nicht generell aus, wenn der Geschäftsführer darüber hinaus bezweckt, ein gegenüber dem Geschäftsherrn eigenständiges Geschäft zu besorgen. Nach der Rechtsprechung des BGH[2] liegt eine Geschäftsführung ohne Auftrag deshalb auch vor, wenn der Geschäftsführer zugleich Verpflichtungen aus einem Rechtsverhältnis erfüllt, indes über die Erfüllung hinausgehende, vom Vertrag nicht vorgesehene Zwecke verfolgt.

Der Arbeitsvertrag verpflichtet W zur Überwachung, indessen *nicht* zur *persönlichen Aufopferung* für F. W wollte durch die Hilfeleistung gegenüber F nicht nur seinen Arbeitsvertrag gegenüber U erfüllen, sondern unmittelbar F aus einer lebensbedrohlichen Lage befreien. Opfert sich W für F auf, handelt er überobligatorisch. Er besorgt somit auch unmittelbar ein Geschäft für F. Hierzu wurde W weder von F beauftragt, noch bestand eine sonstige Berechtigung gegenüber F.

245 c) Eine weitere Voraussetzung für die Wirksamkeit der Geschäftsführung wäre schließlich, dass das Handeln des W dem wirklichen oder mutmaßlichen Willen oder dem Interesse des F entsprochen hätte. Durch die Rettungshandlung wurde F aus einer lebensbedrohenden Lage befreit. Ihre Vornahme entsprach deshalb dem Willen und Interesse des F. Folglich war das Handeln des W gemäß §§ 677, 683 BGB insgesamt gerechtfertigt.

2. Erwerbs- und Fortkommensschaden als Aufwendung

246 W könnte gemäß §§ 683, 670 BGB von F den Ersatz seines Erwerbs- und Fortkommensschadens verlangen. Dazu müsste die Verpflichtung zum Aufwendungsersatz auch die Verpflichtung zum Ersatz von Schäden umfassen. Aufwendungen sind freiwillige, Schäden hingegen unfreiwillige Vermögensopfer.

Hätte der Beauftragte oder Geschäftsführer ohne Auftrag nur Anspruch auf Ersatz der freiwilligen Aufwendungen, hingegen nicht seiner Schäden, bliebe er mit den regelmäßig anfallenden Folgekosten aus der Erfüllung eines Auftrages oder einer Geschäftsführung ohne Auftrag belastet, obgleich er im Interesse des Auftraggebers oder Geschäftsherrn gehandelt hat. Durch §§ 683, 670 BGB soll der Geschäftsführer jedoch gerade von den

---

2 BGHZ 16,12,16 und seitdem st. Rspr. (vgl. BGHZ 38, 270, 275; 40, 28, 30 f.; 52, 393, 399); Nachweise und Kritik bei *Henssler*, JuS 1991, 924; *Seiler*, in: MünchKomm, § 677 Rn. 9; *Bergmann*, in: *Staudinger*, BGB, Vorbem. zu §§ 677 ff. Rn. 21 ff.

in seinem Vermögen eintretenden abträglichen Folgen entlastet werden,[3] falls er freiwillige Vermögensopfer erbracht hat.

Erfordert die Geschäftsführung unfreiwillige Vermögensopfer, so muss das Gebot zum Ersatz der durch die Geschäftsführung erlittenen Einbußen nicht minder gelten.[4] Die in §§ 683, 670 BGB für den Geschäftsherrn gegenüber dem Geschäftsführer begründete Pflicht zum Ausgleich von Vermögensopfern soll den unentgeltlich handelnden Geschäftsführer von allen Folgelasten aus der Geschäftsführung freistellen. Deshalb hat der Geschäftsherr dem Geschäftsführer dessen freiwillige wie unfreiwillige Vermögensopfer auszugleichen.[5] W kann also von F Ersatz seines Erwerbs- und Fortkommensschadens verlangen.

II. Ansprüche des W gegen R

W könnte von R Ersatz seines Erwerbs- und Fortkommensschadens (§ 842 BGB) sowie Schmerzensgeld (§ 253 II) nach § 823 I (1) und § 823 II BGB i.V.m. § 229 StGB (2) verlangen.

1. § 823 I BGB

W könnte gemäß § 823 I BGB von R Ersatz seines Erwerbs- und Fortkommensschadens und ein angemessenes Schmerzensgeld verlangen. Dazu müsste R den W körperlich verletzt haben (a), dies widerrechtlich geschehen sein (b) und ihn der Vorwurf des fahrlässigen Handelns treffen (c).

a) Eine Verletzung der körperlichen Integrität liegt vor, wenn der Täter eine Handlung **247**
begeht, die zur Beeinträchtigung des Körpers oder der Gesundheit des Geschädigten führt. R hat die entsicherte Maschinenpistole zu Boden geworfen. Daraus löste sich ein Schuss, der zu äußerlichen und inneren Verletzungen des W führte. Die Möglichkeit einer solchen Schädigung war nach allgemeiner Lebenserfahrung vorhersehbar. Folglich hat R durch das Wegwerfen der Maschinenpistole die Schädigung des W adäquat kausal bewirkt.

b) Widerrechtlich wäre die Schädigung, wenn sie nicht durch besondere Rechtferti- **248**
gungsgründe legitimiert wäre. Hier hat R den F bedroht. Diese Bedrohung war widerrechtlich; folglich ist das Handeln des R rechtswidrig.

c) Fahrlässig handelt, wer die im Verkehr erforderliche Sorgfalt nicht beachtet (§ 276 II **249**
BGB). Wer eine entsicherte Maschinenpistole zu Boden wirft, weiß oder muss jedenfalls wissen, dass sich daraus ein Schuss lösen kann und Menschen dadurch zu Schaden kommen können. Da R dies wusste, aber die Gefährdung dennoch nicht vermieden hat, war sein Verhalten fahrlässig. W hat demgemäß einen Schadensersatzanspruch gemäß §§ 823 I, 842 BGB. Da R den W körperlich verletzt hat, schuldet er gemäß § 253 II BGB zusätzlich ein angemessenes Schmerzensgeld.

3 *Blaschczok*, in: *Heinze* (Hg.), Festschrift für Gitter, 105 ff.; *Bergmann*, in: *Staudinger*, § 683 Rn. 1, 5.
4 BGHZ 33, 251, 257; 38, 270, 277; *Henssler*, JuS 1991, 926.
5 Eingehend: *Seiler*, in: MünchKomm, § 683 Rn. 18 m.w.N.

2. § 823 II BGB i.V.m. § 229 StGB

250 R hat W fahrlässig körperlich verletzt. Er hat damit gegen das Verbot des § 229 StGB verstoßen. § 229 StGB soll die körperliche Unversehrtheit des Einzelnen schützen; dessen Verletzung soll Schadensersatzpflichten auslösen. § 229 StGB ist sonach ein Schutzgesetz.[6] R haftet dem W daher auch nach §§ 823 II, 842 BGB i.V.m. § 229 StGB.

III. Ansprüche des W gegen die BG

W war bei U als Arbeitnehmer beschäftigt. Deshalb war er während der Ausübung seiner Tätigkeit gemäß § 2 I Nr. 1 SGB VII durch die Unfallversicherung geschützt. Ein Anspruch auf unfallversicherungsrechtliche Leistungen (§§ 26 ff. SGB VII) setzt voraus, dass er sich die Kopfverletzung in Ausübung seiner Erwerbstätigkeit zugezogen hätte, die Verletzung somit als Arbeitsunfall anzuerkennen wäre (1). Von der Ausgestaltung der unfallversicherungsrechtlichen Rechtsfolgen hinge ab, in welchem Umfang sein Schaden ausgeglichen werden kann (2).

1. Arbeitsunfall

251 Arbeitsunfall ist ein Unfall (§ 8 I SGB VII), den ein Arbeitnehmer in Ausübung seiner Tätigkeit erleidet.[7] W hatte die Übergabe von Bargeld an den Fahrer eines Geldtransporters zu überwachen. Im Zusammenhang damit wurde er verletzt, weil R die Pistole wegwarf und sich ein Schuss löste. Zwar schuldete W die Hilfeleistung gegenüber F nicht kraft seines Arbeitsvertrages; W war jedoch kraft dieses Vertrages zum Schutz des F verpflichtet. Die Hilfe stand mit seiner arbeitsvertraglichen Aufgabe deshalb in *innerem Zusammenhang*. Weil W sich also in Ausübung dieser Tätigkeit eine Kopfverletzung durch die von R ausgelösten Schüsse aus der Maschinenpistole zuzog, erlitt er einen Arbeitsunfall.

2. Ausgestaltung des Schutzes

252 W hat deshalb gegen die BG als Trägerin der gesetzlichen Unfallversicherung Ansprüche auf Heilbehandlung (§§ 27 ff. SGB VII),[8] Verletztengeld (§§ 45 ff. SGB VII) sowie – da Schäden zurückbleiben – gemäß §§ 56 ff. SGB VII auf Verletztenrente. Die letztgenannte Sozialleistung dient dem Ausgleich seines Erwerbsschadens. Der *Fortkommensschaden* wird hingegen nicht ausgeglichen, weil die Unfallversicherung nur den status quo ante zu schützen bezweckt. Ein Anspruch auf Ausgleich der immateriellen Schäden besteht ebenfalls nicht, da eine dem § 253 II BGB vergleichbare Regelung im SGB VII fehlt.[9]

---

6 RGZ 66, 251, 255 zu den §§ 223, 224 StGB; OLG Dresden NJW-RR 2002, 1030.

7 *Eichenhofer*, Sozialrecht, Rn. 401, 408; *Waltermann*, Rn. 308 ff.

8 *Eichenhofer*, Sozialrecht, Rn. 407 ff.; *Muckel/Ogorek*, § 10 Rn. 15 ff.; *Waltermann*, Rn. 285 ff., 332 f.

9 BVerfGE 34, 118, 129 ff. hat den Ausschluss des Unfallversicherten von Schmerzensgeldansprüchen gegenüber dem Arbeitgeber für verfassungsgemäß erklärt; *Waltermann*, NJW 2002, 1225.

IV. Ansprüche des W gegen Unfallkasse und Land Berlin

W könnte die Unfallkasse als Träger der unechten Unfallversicherung (1) oder das Land Berlin als Träger der Verbrechensopferentschädigung (2) in Anspruch nehmen.

1. Träger der unechten Unfallversicherung

Die nach dem Tatort- und nicht Wohnortprinzip möglicherweise berufene Unfallkasse Berlin hätte gemäß §§ 128 I Nr. 7, 2 I Nr. 13 a), 116 I 1 SGB VII einzustehen, falls W auf dem Gebiete des Landes Berlin zum Schutz eines anderen vor einem widerrechtlichen Angriff Hilfe geleistet hätte. **253**

W hat F am Stadtrand von Berlin vor einem Raub bewahrt, also in Berlin gehandelt. Eine Hilfe aus gegenwärtiger Lebensgefahr gewährt, wer einem anderen Nothilfe leistet. Nothilfe wird geübt, wenn jemand einen gegenwärtigen und rechtswidrigen Angriff von einem anderen abwendet.[10] Als W den R aufforderte, die Maschinenpistole wegzuwerfen, wollte W von F eine gegenwärtige Bedrohung durch R abwenden. W hat deshalb Nothilfe geleistet. Ihm steht gemäß §§ 128 I Nr. 7, 2 I Nr. 13 a), 116 I 1 SGB VII ein Anspruch gegen die Unfallkasse Berlin zu. Der Umfang des Anspruchs richtet sich nach den Vorschriften der Unfallversicherung, umfasst also die gleichen Leistungen in gleicher Höhe wie der Anspruch des W gegen die BG.

2. Träger der Opferentschädigung

W könnte gegen das Land Berlin (§ 4 I 1 OEG) Ansprüche auf Opferentschädigung geltend machen. Diese Ansprüche umfassen gemäß §§ 1 I 1 OEG, 9 BVG Heilbehandlung (§§ 10 ff. BVG), das Versorgungskrankengeld (§§ 16 ff. BVG) sowie die Beschädigtenrente (§ 31 BVG) als Ausgleich für den Einkommensverlust; letztere bezweckt den Ersatz des Erwerbsschadens. Diese Leistung umfasst des Weiteren gemäß § 30 III aE, VI BVG den Berufsschadensausgleich als Ausgleich für den Fortkommensschaden. Voraussetzung dafür wäre, dass ein Entschädigungstatbestand bestünde (a) und die Entschädigungspflicht nicht wegen mitwirkender Verantwortlichkeit des W entfiele (§ 2 OEG) (b).

a) Gemäß § 1 I OEG erhält Opferentschädigung, wer infolge eines vorsätzlichen rechtswidrigen tätlichen Angriffs gegen seine oder eine andere Person oder durch dessen rechtmäßige Abwehr eine gesundheitliche Schädigung erlitten hat. Hier hat R den W nicht vorsätzlich tätlich angegriffen, sondern lediglich fahrlässig verletzt, als er die geladene Maschinenpistole zu Boden darf. Der Umstand, dass R den W zuvor mit der Waffe zu erschießen gedroht hatte, bildet für sich genommen noch keinen „tätlichen Angriff". Ein solcher setzt nach der Rechtsprechung des BSG nämlich eine unmittelbar auf den Körper eines anderen zielende, gewaltsame physische Einwirkung voraus. Die bloße Drohung mit einem solchen Angriff erfüllt diesen Tatbestand nicht, und zwar unabhängig davon, ob sich diese nachträglich als objektiv gefährlich herausstellt oder die **254**

10 BSGE 68, 119, 120; 57, 134, 135; 44, 22, 24; 35, 140, 141; *Jung*, in: *Eichenhofer/Wenner* (Hg.), Wannagat SGB VII, § 2 Rn. 54 ff.

Gefährlichkeit lediglich Folge der subjektiven Wahrnehmung des Bedrohten war. [11] Lediglich psychische Wirkungen sind ausweislich des eindeutigen Wortlauts nicht vom Tatbestand des § 1 OEG erfasst.

Indes griff R den F vorsätzlich tätlich an, als er ihn unmittelbar bedrohte. Fraglich ist deshalb, ob W einen Anspruch auf Opferentschädigung hat, wenn die Schädigung durch fahrlässiges Verhalten des Angreifers verübt wird, wenn sie infolge der rechtmäßigen Abwehr eines gegen einen anderen gerichteten tätlichen Angriffs von dem Nothelfer[12] erlitten worden ist. Zu Gunsten dieser Annahme spricht, dass die Nothilfe des W nur geleistet wurde, weil R den F tätlich angegriffen hat. Also steht auch die Verteidigungshandlung mit dem tätlichen Angriff im Zusammenhang. Der tätliche Angriff des R auf F war deshalb eine wesentliche Bedingung für die von W gegenüber F ergriffene Verteidigungshandlung. Gestützt wird dies durch den Wortlaut des § 1 I 1 OEG, der Opferentschädigung auch jenen zubilligt, die im Rahmen eines tätlichen Angriffs „auf eine andere Person" bzw. dessen Abwehr einen Gesundheitsschaden erleiden. Die Schädigung des W ist also noch Folge des tätlichen Angriffs des R auf F.

b) Der Anspruch wäre jedoch ausgeschlossen, falls die Schädigung des W durch sein *eigenes Verhalten* ausgelöst worden oder die Bewilligung von Entschädigung aus einem anderen Grund unbillig wäre.

255 Hier hat W zu seiner Schädigung insoweit beigetragen, als sein Beruf als Wachmann auch die Arbeit in einem kriminalitätsanfälligen Milieu mit sich bringt. Insoweit könnte erwogen werden, den Anspruch unter dem Gesichtspunkt der selbst geschaffenen Gefahr[13] auszuschließen. Andererseits ist die Ausübung eines privaten Wachgewerbes statthaft.[14] Nach § 28 III WaffG ist auch privaten Wachleuten das Mitführen von Waffen zu erlauben. Unter diesen Umständen kann die Ausübung eines privaten Wachgewerbes trotz der damit verbundenen zusätzlichen Gefährdungen nicht als eine vom Geschädigten selbst geschaffene Gefahr angesehen werden. Es ist daher auch nicht unbillig, den verletzten Wachleuten Entschädigung zu gewähren.

W hat also Anspruch auf Heilbehandlung, Versorgungskrankengeld, Beschädigtenrente als Ersatz des Erwerbsschadens sowie auf *Berufsschadensausgleich* als Ersatz des Fortkommensschadens (§§ 1 I 1 OEG, 10 ff., 16 ff., 30 ff. BVG).

V. Konkurrenzen

W kann von F, R, der BG, der Unfallkasse sowie dem Land Berlin aus unterschiedlichen, privat- wie sozialrechtlichen Gründen etwas verlangen. Diese Vielfalt wirft die Frage auf, in welchem Verhältnis die verschiedenen Ansprüche zueinander stehen. Dieses ist für das Verhältnis zwischen privatrechtlichen und sozialrechtlichen Ansprüchen einer-

---

11 BSGE 118, 63 zur Drohung mit einer ungeladenen Schreckschusspistole; dazu kritisch *Heinz*, ZFSH/SGB 2017, 17; *Loytved*, jurisPR-SozR 13/2015 Anm. 6; ähnlich bereits BSGE 87, 267 zum „Mobbing" sowie BSGE 108, 97 zum „Stalking".

12 BSGE 90, 6.

13 Dazu BSGE 52, 281, 287 ff.; ferner BSGE 72, 136; 77, 18; 78, 270, 272; 79, 87, 90 f.; *Behn*, VersorgB 1985, 95 ff.; zur selbstgeschaffenen Gefahr im Unfallversicherungsrecht: BSGE 64, 159 ff.; BSG – 7.3.2000 – B 2 U 249/99 B; *Jung*, in: *Eichenhofer/Wenner* (Hg.), Wannagat SGB VII, § 8 Rn. 51.

14 § 34a GewO.

seits (1), und der sozialrechtlichen Ansprüche untereinander andererseits (2) jeweils gesondert zu diskutieren.

1. Konkurrenz privat- und sozialrechtlicher Ansprüche

Das Verhältnis von privatrechtlichen und sozialrechtlichen Ansprüchen ist für das Verhältnis von Deliktshaftung und Verbrechensopferentschädigung (a) sowie die Haftung aus Geschäftsführung ohne Auftrag und der unechten Unfallversicherung für Lebensretter gemäß § 2 I Nr. 13 lit. c) SGB VII (b) eigens zu erörtern.

a) Für das Verhältnis zwischen den Ansprüchen aus Delikt gegen den Schädiger und den Ansprüchen des Opfers auf Gewaltopferentschädigung bestimmen §§ 5 OEG, 81a BVG, dass mit Entstehung des Anspruchs auf Opferentschädigung deliktische Ersatzansprüche des berechtigten Opfers auf das leistungspflichtige Land übergehen. Demgemäß verliert W seinen Anspruch gegen R, soweit ihm ein Anspruch gegen das Land Berlin nach dem OEG zusteht. Anstelle von W kann daher das Land Berlin die Deliktsansprüche des W gegen R geltend machen. **256**

Dieser Übergang umfasst jedoch nur die den Sozialleistungsansprüchen *kongruenten*[15] privatrechtlichen Ansprüche. Dieses Erfordernis erfüllen Ansprüche, die auf die Befriedigung ein und desselben Interesses gerichtet sind. Dies sind hier die Ansprüche auf Ersatz des Gesundheits-, Erwerbs- und Fortkommensschadens (§§ 823, 249, 842 BGB; §§ 27 ff., 45 ff., 56 ff. SGB VII; §§ 10 ff., 16 ff., 30 ff. BVG). Hingegen findet ein Übergang hinsichtlich des Anspruches auf Schmerzensgeld (§ 253 II BGB) nicht statt, weil der *immaterielle Schaden nur privatrechtlich*, dagegen *nicht sozialrechtlich* in Form eines eigenen Ersatzanspruchs auszugleichen ist. Deshalb geht die Deliktsforderung des W auf Ersatz der materiellen Schäden in Höhe der geschuldeten Sozialleistungen auf die Unfallkasse Berlin über. Für den durch Sozialleistungen nicht gedeckten materiellen Restschaden und den immateriellen Schaden bleibt die Deliktsforderung des W indes erhalten.

b) Für das Verhältnis der Haftung aus Geschäftsführung ohne Auftrag und der Einstandspflicht gemäß § 2 I Nr. 13 lit. c) SGB VII könnte der privatrechtliche Anspruch aus §§ 683, 670 BGB mit Entstehung der sozialrechtlichen Leistungspflicht ebenfalls gemäß § 116 I SGB X auf das Land Berlin übergehen. Dann müsste der Anspruch nach § 670 BGB ein auf gesetzlichen Vorschriften beruhender Schadensersatzanspruch sein (§ 116 I SGB X). Dafür spricht, dass nach § 670 BGB auch Schäden umfasst und daher als Aufwendungen zu ersetzen sind. Andererseits soll § 670 BGB primär den Geschäftsführer von eigenen Vermögensopfern freistellen, indem er die Kosten einer im Interesse des Geschäftsherrn vorgenommenen Handlung diesem als deren Nutznießer auferlegt.[16] **257**

Müsste freilich die von einer Rettungshandlung begünstigte Person privatrechtlich haften, so trüge sie ein mitunter beträchtliches Schädigungsrisiko.[17] Mit dieser Annahme wäre unvereinbar, in § 2 I Nr. 13 SGB VII die Einstandspflicht der Allgemeinheit für Schädigungen des Nothelfers anzuordnen. Die Allgemeinheit haftet für die Schäden des

15 *Eichenhofer*, in: *Eichenhofer/Wenner* (Hg.), Wannagat SGB I, IV, X, § 116 SGB X Rn. 2 ff.
16 Anders noch BGH NJW 1961, 359; RGZ 167, 85.
17 BGHZ 92, 270, 272.

Nothelfers nicht, um die Durchsetzung des privatrechtlichen Ersatzanspruches des Nothelfers gegenüber dem Geschäftsherrn nicht zu gefährden, sondern um das im Allgemeininteresse liegende Verhalten des Nothelfers abschließend durch Leistungen der Allgemeinheit zu kompensieren, falls dieser bei der Rettungshandlung selbst einen Schaden erlitten hat. Deshalb verdrängt die in § 2 I Nr. 13 SGB VII angeordnete Einstandspflicht der Allgemeinheit die privatrechtliche Haftung des durch die Rettungshandlung begünstigten Geschäftsherrn.[18] Die Haftung des Landes Berlin gemäß § 2 I Nr. 13 lit. c) SGB VII verdrängt deshalb die Haftung des F gegenüber W aus §§ 683, 670 BGB.

2. Konkurrenzen unter den Sozialleistungsansprüchen

258 Die privatrechtliche Haftung des F gegenüber W entfällt ebenso wie die Haftung des R gegenüber W in Höhe der kraft OEG geschuldeten Leistungen, sodass R dem W nur noch Schmerzensgeld und den Differenzbetrag zwischen dem sozialrechtlichen und dem privatrechtlich geschuldeten Ausgleich des Erwerbs- und Fortkommensschadens gemäß § 842 BGB unmittelbar kraft Deliktsrechts schuldet. Es fragt sich daher, in welchem Verhältnis die Leistungspflichten der verschiedenen Sozialleistungsträger zueinander stehen. Insbesondere ist fraglich, ob die Unfallkasse Berlin als Trägerin der unechten Unfallversicherung oder das Land Berlin als Träger der Verbrechensopferentschädigung oder die BG als Träger der echten Unfallversicherung für den Schaden letztlich aufzukommen hat.

259 a) Die Konkurrenz zwischen diesen Ansprüchen ist dahin bestimmt, dass auf Versorgungsbezüge Leistungen aus der gesetzlichen Unfallversicherung voll angerechnet werden (§ 65 I Nr. 1 BVG), soweit die Leistungen aus demselben Schädigungsfall stammen. Des Weiteren tritt die Leistungspflicht des Trägers der unechten Unfallversicherung für Nothelfer zurück, falls eine Einstandspflicht eines anderen Trägers der Unfallversicherung besteht (§ 121 I SGB VII).[19]

260 b) Hier besteht die Einstandspflicht der BG im Rahmen der echten Unfallversicherung, so dass grundsätzlich diese den Schaden auszugleichen hat. Das Land Berlin ist als Träger der Verbrechensopferentschädigung nur leistungspflichtig, sofern der Fortkommensschaden gemäß § 30 II BVG allein nach dem Recht der sozialen Entschädigung und nicht nach dem Recht der gesetzlichen Unfallversicherung auszugleichen wäre. Die Einstandspflicht der BG geht also gegenüber derjenigen des Landes vor.

261 c) Diese Aufteilung der Versicherungslasten rechtfertigt sich daraus, dass sich bei der Verletzung eines Wachmannes durch ein Gewaltverbrechen *zugleich sein Berufsrisiko* und sein allgemeines *Lebensrisiko* verwirklichen. Das allgemeine Lebensrisiko, Opfer eines Gewaltverbrechens zu werden oder bei Nothilfe Eigenschäden zu erleiden, und das besondere Berufsrisiko, als Wachmann in Ausübung seines Berufes der Verbrechensbekämpfung verletzt zu werden, kumulieren so in der Person des W. Es entspricht deshalb einer *gerechten* – und im Sinne der *ökonomischen Analyse des Rechts* auch *effizienten*[20] – Zuordnung von Haftungsrisiken, wenn der für das Berufsrisiko zuständige

18 So BGHZ 92, 270, 273; kritisch *Gitter*, JZ 1985, 392 f.
19 BSGE 68, 119, 121.
20 *Calabresi*, in: *Assmann/Kirchner/Schanze*, 239 ff.

Unfallversicherungsträger vorrangig gegenüber den für die Abgeltung allgemeiner Lebensrisiken zuständigen Trägern den Ausgleich leistet. Denn die BG vermag die bei ihr versicherten Wachleute weit eher als die Unfallkasse oder das Land durch spezielle Unfallverhütungsmaßnahmen vor Unfällen durch Verbrecher zu schützen.

Ergebnis:

W kann primär von der BG nach §§ 8, 26 ff. SGB VII Ausgleich seiner Schäden verlangen. Soweit deren Leistungen für den Ausgleich der Schäden nicht hinreichen, kann W hilfsweise Berufsschadensausgleich nach § 30 II BVG durch das Land Berlin verlangen. R haftet privatrechtlich auf Ausgleich des sozialrechtlich nicht abgegoltenen Schadens, insbesondere auf den ungedeckten Erwerbs- und Fortkommensschaden sowie auf Schmerzensgeld. Für die kongruenten Sozialleistungen stehen der BG (§ 116 I SGB X) und dem Land Berlin (§§ 5 OEG, 81a BVG) die privatrechtlichen Ersatzansprüche des W gegen R kraft übergegangenen Rechts zu.

Fall 21

Grundsätze der Gewährung von Grundsicherungsleistungen – Gesetzesvorbehalt im Sozialrecht – Aufhebung eines Verwaltungsakts wegen Änderung der Verhältnisse – Zuflussprinzip – Einkommens- und Vermögensbegriff im Grundsicherungsrecht

Ausgangsfall

BVerwG, Urt. v. 18.2.1999 (5 C 35/97) = BVerwGE 108, 296.
BVerwG, Urt. v. 19.2.2001 (5 C 4/00) = DÖV 2001, 782.
BSG, Urt. v. 23.11.2006 (B 11b AS 17/06 B) = SozR 4-4225 § 2 Nr. 1.
BSG, Urt. v. 30.7.2008 (B 14 AS 26/07 R)= SozR 4-4200 § 11 Nr 17.

262 Von April bis Dezember 2016 war die in Frankfurt am Main wohnhafte alleinerziehende Anja (A) während der Abendstunden als Kassiererin in einem Laden teilzeitbeschäftigt. Ende 2016 wurde dieser geschlossen; A verlor ihre Stelle. Alsbald brach bei ihr eine die Erwerbsfähigkeit ausschließende schwere Krankheit aus. Rentenansprüche sind mangels Erfüllung der Wartezeit nicht begründet. Da sie weder Einkommen bezog noch Vermögen hatte, vielmehr ihrer Bank noch 1.000 € aus einem Konsumentenkredit schuldete, nahm sie seit Januar 2017 für sich und ihre zweijährige Tochter Tanja (T) von der Stadt Frankfurt am Main Grundsicherung wegen Erwerbsminderung in Höhe von 620 € in Anspruch. Diese wurde ihr mit Bescheid von Anfang Januar „bis auf Weiteres" bewilligt.

Im Juni 2017 wurden A vom Finanzamt für das Jahr 2015 im Rahmen des Jahreslohnsteuerausgleichs 900 € erstattet. Diesen Betrag zahlte A an die Bank zur Begleichung ihrer Darlehensschuld.

Als das Sozialamt der Stadt Frankfurt am Main im Juli 2017 durch A von der Zahlung erfuhr, verfügte es postwendend, dass die A und T gewährte Grundsicherung ab August 2017 für insgesamt neun Monate um jeweils 100 €, also auf monatlich 520 € herabgesetzt werde. A müsse sich nämlich die Zahlung aus dem Jahreslohnsteuerausgleich als Einkommen voll anrechnen lassen. A meint dagegen, die im Jahre 2015 zu viel bezahlten und ihr deshalb 2017 erstatteten Steuern seien im Rahmen des SGB XII nicht als Vermögen anzusehen und deshalb bei der Festsetzung der Grundsicherung angesichts ihrer vormaligen Verschuldung grundsätzlich nicht zu berücksichtigen. Ein gegen die Absenkung der Grundsicherung erhobener Widerspruch wurde durch die Stadt Frankfurt am Main zurückgewiesen.

Frage:

Hätte eine Klage der A Aussicht auf Erfolg?

Gliederung

Lösung

A könnte gegen den ablehnenden Bescheid des Sozialamtes mit Aussicht auf Erfolg Klage (§§ 40 I VwGO; 51 Nr. 6a SGG) vor dem Sozialgericht erheben, falls der Rechtsweg zu den Verwaltungsgerichten wegen einer Sonderzuweisung an die Sozialgerichtsbarkeit nicht eröffnet (I.), indes ein Rechtsbehelf vor dem Sozialgericht zulässig (II.) und begründet (III.) wäre.

I. Rechtsweg

Der Rechtsweg zu den Verwaltungsgerichten ist gemäß § 40 I VwGO eröffnet, falls die Gewährung von Grundsicherung wegen Erwerbsminderung eine öffentlich-rechtliche Streitigkeit nichtverfassungsrechtlicher Art darstellt (1.), für die keine Sonderzuweisung zu einem speziellen Verwaltungsgericht – namentlich dem Sozialgericht – besteht (2.).

1. Öffentlich-rechtliche Streitigkeit

Nach der heute herrschenden *Subjekttheorie*[1] sind öffentlich-rechtliche Streitigkeiten dadurch gekennzeichnet, dass ein Träger öffentlicher Gewalt gegenüber einem anderen ein ihn und nur ihn berechtigendes und verpflichtendes Sonderrecht wahrnimmt. Streitigkeiten nichtverfassungsrechtlicher Art sind solche, bei denen nicht aufgrund von Verfassungsrecht über die Befugnisse von Verfassungsorganen gestritten wird. A wendet sich gegen die Herabsetzung der Grundsicherung durch die Stadt Frankfurt am Main. Diese Frage berührt die Reichweite der Befugnisse der Stadt als Trägerin der Grundsicherung bei Erwerbsminderung. Es mag zweifelhaft sein, ob der beklagte Grundsicherungsträger der A gegenüber rechtlich gebunden ist. Denn bei der Leistung von Grundsicherung handelt es sich um einen Akt der leistungsgewährenden Verwaltung. Für sie 263

1 *Hufen*, Verwaltungsprozessrecht, 10. Aufl. 2016, § 11 Rn. 13 ff.

gilt der *Gesetzesvorbehalt*, obgleich kein Eingriff zu rechtfertigen ist.[2] § 31 SGB I bestimmt generell, dass für Akte der Sozialverwaltung allgemein und grundsätzlich der Gesetzesvorbehalt gilt.[3] Namentlich besteht auf die von A begehrte Grundsicherung wegen Erwerbsminderung ein *Rechtsanspruch* (§ 41 SGB XII). Der beklagte Grundsicherungsträger ist mithin dem Leistungsempfänger gegenüber umfassend rechtlich gebunden. Handelt die Stadt aber einzig aufgrund des sie verpflichtenden und berechtigenden Grundsicherungsrechts, so ist auch der Streit um die Höhe der Leistung eine öffentlich-rechtliche Streitigkeit.

2. Sonderzuweisung an das Sozialgericht

264 Eine Sonderzuweisung der Streitigkeit zur Sozialgerichtsbarkeit läge vor, falls § 51 SGG für sämtliche sozialrechtliche Streitigkeiten stets eine sozialgerichtliche Zuständigkeit begründen würde. § 51 SGG begründet eine Zuständigkeit für die Sozialgerichte grundsätzlich nur für Akte der Sozialversicherung, der Länder und des Bundes als Träger der sozialen Entschädigung, schließlich gegenüber Rechtsakten der Kassenärztlichen Vereinigung sowie der Sozialhilfe. Hier ist die Beklagte der Streitigkeit die Stadt Frankfurt am Main und damit eine Gebietskörperschaft als örtliche Trägerin der Grundsicherung (§§ 46b SGB XII, 1 I S. 1 HAG/SGB XII).[4] Für Streitigkeiten zwischen dem Einzelnen und dem Grundsicherungsträger sind nach § 51 I Nr. 4a SGG i.V.m. § 4 II HAG/SGG das SG Frankfurt/Main zuständig. Der Rechtsweg zu den Sozialgerichten ist also gegeben.

II. Zulässigkeit

Die Klage ist zulässig, wenn eine dem Begehren entsprechende Klageart statthaft ist (1.) und ein obligatorisches Vorverfahren erfolglos durchgeführt wurde (2.).

1. Klageart

265 Als Klageart kommt die Anfechtungsklage in Betracht. Diese ist auf Aufhebung eines Verwaltungsaktes gerichtet (§ 54 I SGG). Ein Verwaltungsakt ist die Verfügung einer Behörde zur Regelung eines Einzelfalles auf dem Gebiet des Sozialrechts (§ 31 S. 1 SGB X). Hier hat die Stadt Frankfurt am Main mit Schreiben vom Juli 2017 für August 2017 und die acht folgenden Monate eine Absenkung der Grundsicherung für A bestimmt. Dieser Bescheid verminderte den mit Bescheid vom Januar 2017 der A zuerkannten Geldbetrag, gestaltete mithin das zwischen der Stadt Frankfurt am Main und A bestehende Rechtsverhältnis um. Der Bescheid ist somit ein Verwaltungsakt. Folglich ist die Anfechtungsklage die statthafte Klageart.

---

2 Zur Funktion des Gesetzesvorbehalts in diesem Zusammenhang: *Schulze-Fielitz*, in: *Dreier*, GG, Art. 20 (Rechtsstaat), Rn. 105 ff.; *Axer*, 327 ff.

3 *Eichenhofer*, in: *Eichenhofer/Wenner*, Wannagat SGB I, IV, X, § 31 SGB I Rn. 2 ff.; *Mrozynski*, SGB I, § 31 Rn. 2 ff.

4 *Wahrendorf*, in: *Grube/Wahrendorf*, § 98 SGB XII, Rn. 5.

2. Vorverfahren

Jeder Anfechtungsklage hat ein Vorverfahren vorauszugehen (§ 78 SGG). Das Widerspruchsverfahren wurde erfolglos durchgeführt. A kann daher gegen den Bescheid der Stadt Frankfurt am Main in Gestalt des Widerspruchsbescheides Anfechtungsklage vor dem örtlich zuständigen[5] SG Frankfurt am Main erheben. **266**

III. Begründetheit

Die Klage ist begründet, wenn der Bescheid der Stadt über die Absenkung der Grundsicherung bei Erwerbsminderung (§ 43 SGB XII) rechtswidrig und A hierdurch in ihren Rechten verletzt ist. Dazu müsste die Bewilligung von Grundsicherung ein *Verwaltungsakt mit Dauerwirkung* sein (1.) und seit dessen Erlass im Januar 2017 keine wesentliche Veränderung der tatsächlichen Verhältnisse eingetreten sein (§ 48 SGB X) (2.), so dass sich für A mit der Rückerstattung der Jahreslohnsteuer in Höhe von 900 € keine neue tatsächliche Lage ergeben hätte, infolge derer die Stadt Frankfurt am Main zur Korrektur ihrer Entscheidung berechtigt gewesen wäre (3.).

1. Verwaltungsakt mit Dauerwirkung

Der Begriff des Verwaltungsaktes mit Dauerwirkung ist nicht gesetzlich definiert. Nach Auffassung des Gesetzgebers[6] liegt ein solcher vor, wenn sich ein Verwaltungsakt nicht in einem einzigen Gebot oder Verbot erschöpft, sich insbesondere nicht auf die einmalige Gestaltung der Rechtslage beschränkt. Ein Verwaltungsakt mit Dauerwirkung zielt also auf die Begründung oder Veränderung eines auf Dauer angelegten Rechtsverhältnisses,[7] namentlich durch die Präzisierung periodisch wiederkehrender Pflichten zur Leistung oder Beitragszahlung. Ein Verwaltungsakt mit Dauerwirkung ist insbesondere dann anzunehmen, wenn durch den Bescheid eine laufende, regelmäßig wiederkehrende Geld- oder Sachleistung begründet werden soll.[8] Die Stadt Frankfurt am Main hat für die Zeit ab Januar 2017 der A Grundsicherung wegen Erwerbsminderung nach § 41 SGB XII „bis auf Weiteres" bewilligt. Damit hat sie ein Recht auf fortgesetzte und auf Dauer angelegte Leistungsgewährung begründen wollen. Der Bewilligungsbescheid von Januar 2017 ist mithin ein Verwaltungsakt mit Dauerwirkung. **267**

2. Änderung der Verhältnisse

Gemäß § 48 I S. 1 SGB X ist ein Verwaltungsakt mit Dauerwirkung aufzuheben, falls seit seinem Erlass eine wesentliche *Veränderung* in den tatsächlichen oder rechtlichen *Verhältnissen* eingetreten ist. Eine wesentliche tatsächliche Veränderung liegt vor, wenn sich die Leistungsberechtigung aufgrund neuer Tatsachen ändert.[9] Eine Änderung der rechtlichen Verhältnisse liegt vor, wenn für die Leistungsgewährung neue Rechtsgrund- **268**

5 Vgl. § 57 SGG i.V.m. § 4 II HAG/SGG v. 24.8.1989, GVBl. I, 1989 S. 226.
6 BT-Drs. 8/2034, S. 34.
7 *Pohl*, in: *Eichenhofer/Wenner*, Wannagat SGB I, IV, X, § 45 SGB X Rn. 39 ff.; *Eichenhofer*, NdsVBl 1995, 11.
8 *Schütze*, in: *von Wulffen/Schütze*, SGB X, § 48, Rn 3.
9 *Pohl*, in: *Eichenhofer/Wenner*, Wannagat SGB I, IV, X, § 48 SGB X Rn. 3 ff.

lagen gelten. Letzteres tritt bei einer Gesetzesänderung oder der Änderung der untergesetzlichen Rechtslage ein, falls also der Verwaltungsakt nach der neuen Rechtslage nicht mehr (so) ergehen dürfte. Vorliegend kommt lediglich eine Änderung der tatsächlichen Verhältnisse in Betracht. Diese wäre zu bejahen, falls durch die Gewährung von 900 € als Jahreslohnsteuerausgleich die Bedürftigkeit der A in diesem Umfang gelindert worden, weshalb ab August 2017 eine entsprechend verminderte Grundsicherung zu bewilligen gewesen wäre.

3. Steuererstattung – Einkommen oder Vermögen?

269 Da Grundsicherungsleistungen subsidiär zu gewähren sind (§ 43 SGB XII) – und zwar nicht nur gegenüber den Sozialleistungsträgern sowie Privaten, sondern auch gegenüber der Eigenhilfe des Leistungsberechtigten – ist weiter zu prüfen, ob durch Zahlung des Finanzamtes von 900 € die Bedürftigkeit der A vermindert wurde. Dies ist zu verneinen, falls die Zahlung als Mehrung ihres Vermögens (§ 90 SGB XII) anzusehen wäre. Da die Zahlung nur die Schulden der A minderte, wäre mangels vorhandenem Vermögen eine Anrechnung nicht vorzunehmen. Wäre die Zahlung dagegen als Einkommen (§ 82 I SGB XII) anzusehen, so wäre gemäß § 1 I VO zu § 82 SGB XII[10] eine anteilige Aufteilung des Zahlbetrags auf den Zeitraum der gewährten Grundsicherung vorzunehmen. Die Anrechenbarkeit der Zahlung hängt also letztlich davon ab, wie Vermögen und Einkommen allgemein abzugrenzen sind.

270 a) Für die Einordnung der Rückzahlung von Einkommensteuer als *Vermögen* spricht, dass die Zahlung im Monat ihrer Gewährung nicht zum Lebensunterhalt bestimmt ist; sie gilt vielmehr ab, was A im gesamten Vorjahr zu viel an Steuern gezahlt hat. Vermögen ist der Gegenbegriff zum Einkommen. Einkommen ist faktisch Zugeflossenes, nicht rechtlich Geschuldetes. Als Einkommen zählt mithin nur, was der Empfänger an Werten auch tatsächlich erlangt hat. Kein Einkommen liegt vor, falls ein Vermögensvorteil nur geschuldet, aber nicht gewährt wird. Vermögen ist dagegen bereits Vorhandenes, einerlei, ob es bereits in der Verfügungsmacht des Inhabers steht oder als Gegenleistung gezahlt wird.[11]

Unproblematisch Einkommen sind daher Zahlungen auf bestehende Lohn-, Schadensersatz- oder Unterhaltsforderungen im Monat der Fälligkeit. Unstreitig Vermögen ist dagegen eine Kaufpreisschuld oder -zahlung als Gegenleistung für die Veräußerung des im Eigentum des Inhabers stehenden Gegenstandes. Problematisch ist aber zu beurteilen, wie Zahlungen zu behandeln sind, die zwar nicht der Unterhaltssicherung des Empfängers im Gewährszeitraum dienen, aber auch nicht die Abgeltung eines Akts der Übertragung vormals vorhandenen Vermögens bezwecken.

271 b) Das BVerwG sah in seiner früheren Rechtsprechung als Vermögen jeden *geldwerten Zufluss* an, der nicht zur Daseinssicherung im Zeitpunkt des Erwerbes bestimmt war.[12] Aus der Nachrangigkeit der sozialen Hilfen folge, dass geldwerte Zuflüsse als Einkom-

---

10 Verordnung zur Durchführung von § 82 des Zwölften Buches Sozialgesetzbuch, Fassung v. 25.12.2015, BGBl. I S. 2557).

11 BSGE 46, 271.

12 BVerwGE 29, 295.

men anzusehen seien, wenn „die jeweils aufeinander bezogenen Leistungen nicht nach dem Leistungszeitpunkt, sondern nach dem Leistungszeitraum gegenübergestellt werden".[13] Einkommen liege demnach nur vor, falls „die Zuflüsse von Geld und Geldeswert auch hinsichtlich des Zeitraums, für den sie bestimmt sind, sich mit dem Bedarfsdeckungszeitraum decken; andernfalls sind sie als Vermögen anzusehen".[14] Diese Auslegung beruhte auf der Erwägung, dass nicht der Ermöglichung sofortigen Verbrauchs bestimmte Zahlungen der langfristigen Anlage dienen und deshalb grundsätzlich als Vermögen zu erachten seien.[15]

c) Diese Auslegung stieß jedoch sowohl in der Rechtsprechung des BSG für die frühere bedürftigkeitsabhängige Arbeitslosenhilfe[16], als auch in der sozialhilferechtlichen Verwaltungspraxis[17] sowie schließlich in der Literatur[18] auf Widerspruch. Zwar teilen die Kritiker den Ausgangspunkt des BVerwG, wonach Einkommen nur Zufluss von tatsächlicher Leistung und nicht bereits die geschuldete Leistung ist. Sie sehen jedoch für eine Begrenzung des Einkommens auf den Zufluss in einem bestimmten Zeitraum keinen gesetzlich tragfähigen Ansatz. Vielmehr soll es für die Begrenzung des Einkommens genügen, wenn die Zahlung *abstrakt bedarfsdeckende Zwecksetzungen* verfolgt, mithin als Lohn, Unterhalt, Schadensersatzrente zu zahlen ist. Auch das BVerwG[19] hat sich in seiner jüngeren Rechtsprechung dieser Auffassung angeschlossen. **272**

d) Zu Gunsten der erstgenannten Auffassung spricht, dass die Grundsicherung bei Erwerbsminderung die Lebensführung sichern soll, weshalb auch nur die der Lebenssicherung dienenden Leistungen auf die Grundsicherung angerechnet werden können. Diese Auffassung vergibt aber Prämien auf Vertragsverletzungen, weil bei Nichterfüllung vertraglicher Leistungspflichten der Grundsicherungsträger für den Schuldner einspringt, und ermöglicht damit dem Berechtigten die Manipulation.[20] Sie ist ferner in ihrem Ausgangspunkt inkonsequent. Denn sie geht von dem das Zuflussprinzip charakterisierenden Grundgedanken ab, dass Einkommen wesentlich durch Faktisches geprägt sei und deswegen dem Zeitpunkt der Zahlungsverpflichtung eine Abgrenzungsfunktion zukommt. Sie hat damit zur Folge, dass die Grundsicherung zur Schuldentilgung dient. Dies wird vom Recht der sozialen Hilfen jedoch grundsätzlich[21] nicht intendiert. Der engere Einkommensbegriff führt ferner dazu, dass ein größerer Teil von Zuwendungen als Vermögen anzusehen und daher nur erschwert auf die Grundsicherungsleistungen anzurechnen ist. Diese Auffassung fördert folglich anders als die Gegenauffassung die funktionswidrige Verwendung von Aufwendungen für die Grundsicherung. **273**

13 BVerwG FEVS 15, 81.
14 BVerwGE 45, 135.
15 Vgl. *Wahrendorf*, in: *Grube/Wahrendorf*, SGB XII, § 82 Rn. 8 ff.
16 Vgl. BSGE 41, 187; 72, 248; BSG SGb 1998, 37 m. Anm. *Wagner*.
17 Empfehlung des Deutschen Vereins für den Einsatz des Vermögens in der Sozialhilfe, NDV 1992, 141 f.
18 *Wahrendorf*, in: *Grube/Wahrendorf*, SGB XII, § 82 Rn. 10 f.
19 BVerwGE 108, 296; DVBl. 2001, 1065; so auch BSG – 28.10.2009 – B 14 AS 64/08 R; BSG FEVS 60, 546; BSG – 30.7.2008 – B 14/7b AS 12/07 R; BSGE 102, 295.
20 *Eichenhofer*, JZ 2000, 48.
21 Nach § 36 SGB XII kommt die Übernahme von Schulden lediglich zur Sicherung der Unterkunft oder zur Behebung einer vergleichbaren Notlage in Betracht.

274 Die überwiegende, in der Rechtsprechung des BVerwG[22] übernommene Auffassung verdient auch aus grundsätzlichen Erwägungen Zustimmung. Denn Vermögen ist eine *Bestandsgröße*, Einkommen dagegen eine *Stromgröße*.[23] Vermögen führt nicht zu einer Mehrung von vorhandenen Geldmitteln, sondern bezeichnet bereits Vorhandenes. Die Lohnsteuerrückzahlung ist nicht bloße Rückgewähr von bereits Vorhandenem. Denn vorhanden ist einzig die Steuerschuld, die den Steuerpflichtigen zur Steuerabführung aus seinen Erwerbseinkommen verpflichtet. Die Lohnsteuerrückzahlung ist daher auch nicht die Rückgewähr von Steuern. Vielmehr stellt die Steuerrückzahlung einen höheren als den ursprünglich – und wie sich später herausgestellt hat – zu hohen in Anspruch genommenen Teil des Einkommens nachträglich von der Besteuerung frei. Der Anspruch auf Lohnsteuerrückgewähr verwirklicht also das schon im Zeitpunkt der Steuererhebung begründete Recht auf Freistellung des Einkommens von unbegründeter steuerlicher Belastung. Eine solche Freistellung von Einkommen betrifft das Einkommen und nicht das Vermögen.

Folglich sind die Zahlungen in Höhe von 900 € grundsätzlich als Einkommen zu behandeln und gemäß § 2 VO zu § 82 SGB XII von der bewilligten Grundsicherung zeitanteilig abzusetzen.[24]

Das Sozialamt erließ den Änderungsbescheid im Juli 2017 damit zu Recht.

Ergebnis:
Die Anfechtungsklage der A ist zulässig, aber nicht begründet.

22 BVerwGE 108, 296; 110, 5; BVerwG NJW 1999, 3137; NJW 1999, 3210; BVerwG DVBl. 2001, 1065; so auch SG Berlin – 15.4.2011 – S 82 AS 37663/10; BVerfG, NZS 2012, 176.
23 Ebd.
24 Zustimmend auch *Sauer*, NDV 1999, 317; *Winkler*, DStR 1999, 2001.

Fall 22

„Behindertentestament" – sozialhilferechtliche Grenzen der Testierfreiheit – Ansprüche des Sozialhilfeträgers auf Kostenersatz gegen den Erben des Hilfeempfängers – Testamentsvollstreckung und Unterhaltssicherung des sozialhilfebedürftigen (Vor-)Erben

Ausgangsfall

BGH, Urt. v. 20.10.1993 (IV ZR 231/92) = BGHZ 123, 368.
BGH, Urt. v. 19.1.2011 (IV ZR 7/10) = BGHZ 188, 96.
OLG Hamm, Urt. v. 27.10.2016 (10 U 13/16).

Edeltraut (E) ist seit ihrer Kindheit unheilbar psychisch krank. Sie lebt seit Jahren in ei- **275**
nem Heim für psychisch Kranke in Hamburg. Für die Kosten der Heimunterbringung der E (1.000 € monatlich) kam ihre Mutter Maria (M) bis zu ihrem Tode im November 2016 auf. Seither wird der Heimaufenthalt durch die Freie und Hansestadt Hamburg darlehensweise finanziert. Zur Sicherung des Anspruchs auf Darlehensrückgewähr übertrug E – vertreten durch ihre Betreuerin Brigitte (B) – in einem notariell beurkundeten Vertrag „eventuelle Ansprüche auf ihren Anteil am Nachlass von M" an die Stadt Hamburg.

M hatte im Februar 2008 mit ihrem einzigen Sohn Theodor (T) einen Erbvertrag über ihren Nachlass im Werte von ca. 250.000 € geschlossen. Darin war bestimmt, dass bei ihrem Tod der im Wesentlichen aus Bankguthaben und Wertpapierbeständen bestehende Nachlass zu 72% an T und zu 28% an Ts einzige Schwester E fallen sollte; E wurde zur Vorerbin eingesetzt und T zu deren Nacherbe bestimmt. Schließlich war angeordnet, dass T den der E zufallenden Erbteil als Testamentsvollstrecker verwalten solle. In dieser Eigenschaft sollte er E ein monatliches Taschengeld zahlen, einen vierwöchigen Erholungsurlaub im Jahr ermöglichen und Kleidung anschaffen, „soweit dafür die Sozialhilfe nicht aufkommt".

Die Freie und Hansestadt Hamburg verlangt im Juli 2017 von T Zahlung von monatlich 1.000 € rückwirkend ab Dezember 2016 für die Heimunterbringung der E.

Frage:
Hat T diesem Verlangen nachzukommen?

Gliederung

I. Anspruch auf Zahlung wegen Nichtigkeit des Erbvertrages (§§ 2274, 138 BGB)
1. Gesetzliche Erbfolge
2. Sittenwidrigkeit des Erbvertrages

II. Eigener Anspruch der Freien und Hansestadt Hamburg gegen T wegen Übernahme der Heimkosten
1. Eigener Anspruch gegen T (§ 102 SGB XII)
2. Erbenstellung des T
3. Ist der Erblasser Hilfeempfänger?

III. Anspruch kraft übergegangenen Rechts auf Übernahme der Heimkosten aus der Vorerbenstellung der E
1. Anspruch aus dem Erbvertrag
2. Verwertung der Vorerbschaft
3. Ordnungsgemäße Nachlassverwaltung (§ 2216 BGB)

Lösung

Die Freie und Hansestadt Hamburg könnte als Sozialhilfeträgerin (§§ 97, 98 SGB XII) von T Zahlung von 1.000 € monatlich ab Dezember 2016 verlangen, falls E gegen T einen eigenen zivilrechtlichen Anspruch hätte. Dieser könnte der Erfüllung einer Darlehensverbindlichkeit dienen, die E seit Dezember 2016 gemäß § 91 SGB XII – aufgrund der Inanspruchnahme von Sozialhilfe für die Heimunterbringung – gegenüber der Freien und Hansestadt Hamburg begründet hätte. Ein solcher, auf Zahlung gerichteter Anspruch setzt voraus, dass der zwischen M und T geschlossene Erbvertrag nichtig und E deshalb neben T zu gleichen Teilen als Erbin der M berufen war (I), die Freie und Hansestadt Hamburg gegen T einen eigenen Anspruch auf Kostenersatz in Höhe der gewährten Sozialhilfe hat (II) oder E aufgrund ihrer Stellung als Vorerbin gegenüber T als Testamentsvollstrecker einen die Kosten ihres Unterhalts deckenden Betrag verlangen kann (III).

I. Anspruch auf Zahlung wegen Nichtigkeit des Erbvertrages (§ 2274, 138 BGB)

1. Gesetzliche Erbfolge

276 Wäre der zwischen M und T geschlossene Erbvertrag (§ 2274 BGB), in dem M ihre beiden Kinder T und E in unterschiedlichem Umfang und in unterschiedlicher Rechtsstellung zu Erben einsetzte, nach § 138 BGB nichtig, so würde M von T und E nach den Vorschriften des gesetzlichen Erbrechts (§§ 1924 ff. BGB) beerbt.

Danach wäre Ms Nachlass zum gemeinschaftlichen (§ 2032 BGB) Vermögen der E und des T geworden und jeder Miterbe könnte jederzeit die Auseinandersetzung des Nachlasses verlangen (§ 2042 BGB). Da E wirksam nach § 2033 BGB durch notarielle Beurkundung ihren Anteil am Nachlass der M an die Freie und Hansestadt Hamburg übertragen hat, stünde der Stadt nach Geltendmachung des Anspruchs auf Auseinandersetzung ein Recht auf Übertragung der Bargeld- und Wertpapierbestände bis zur Höhe der Hälfte des Nachlasswertes von rund 125.000 € zu.

2. Sittenwidrigkeit des Erbvertrages

Dieser Anspruch wäre allerdings nur begründet, wenn der Erbvertrag gemäß § 138 I BGB wegen Sittenwidrigkeit nichtig wäre. Der Erbvertrag wäre sittenwidrig und deshalb nichtig, wenn sein Motiv, die Rechtsnachfolge am Vermögen so zu gestalten, dass die psychisch kranke Tochter der M nach deren Tod ihren Lebensunterhalt überwiegend aus Mitteln der Sozialhilfe zu bestreiten hätte, als sittenwidrig zu verwerfen wäre. **277**

a) Die *Sittenwidrigkeit* derartiger Verfügungen hat das LG Flensburg[1] angenommen. Es verwarf daher ein Testament als nichtig (§ 138 I BGB), in welchem die Eltern anstelle ihres pflegebedürftigen Sohnes einen Dritten zu ihrem Erben mit dem Ziel eingesetzt hatten, den Nachlass dem Zugriff des Sozialleistungsträgers zu entziehen, der nach dem Tod der Erblasser für die Heimunterbringung des Sohnes aufkommen muss.

Denn andernfalls könnten durch „Manipulationen“ die Kosten der Lebensführung der Allgemeinheit aufgebürdet werden und dies sei „mit jeglichem gesunden Volksempfinden schlechthin nicht vereinbar“.[2] Dieses Urteil geht zwar über die Rechtsprechung des BGH[3] hinaus, als eine letztwillige Verfügung, die Eltern behinderter Kinder treffen, selbst dann nichtig wäre, wenn der Nachlass nicht annähernd hinreicht, um den Unterhalt eines behinderten Kindes auf längere Dauer zu sichern.

Da jedoch hier der Nachlass einen erheblichen Wert ausmacht und jedenfalls hinreichte, um den Lebensunterhalt des behinderten Kindes über zehn Jahre zu sichern, könnte angenommen werden, dass die Verfügung in Anbetracht des großen Nachlasses sittenwidrig wäre.[4]

Außerdem gebietet Art. 3 III 2 GG, dass niemand wegen seiner Behinderung benachteiligt werden darf. Dieses Grundrecht hat als Wertentscheidung auch die Auslegung privatrechtlicher Normen zu leiten. Das Grundrecht entfaltet insoweit *mittelbare Drittwirkung*. Hier wird E zurückgesetzt, weil sie als geistig Behinderte ihren Lebensunterhalt nicht selbstständig bestreiten kann und deshalb nach dem Ableben der M auf Sozialhilfe angewiesen sein könnte.

Durch die Gestaltung wird jedenfalls bezweckt, einem behinderten Menschen nicht nur den Nachlass zu entziehen, sondern auch wegen der ihm zufließenden Vorteile die Aus-

1 LG Flensburg NJW 1993, 1866.
2 Ebd., 1867 – der – in jeder Hinsicht indiskutable – Sprachgebrauch steht in der Tradition der NS-Gesetzlichkeit (!); vgl. *Schubert*, JR 1991, 106: So war nach dem Testamentsgesetz der NS-Zeit (1938) ein Testament unwirksam, welches dem „gesunden Volksempfinden“ widersprach; kritisch auch *Otte*, in: *Staudinger*, BGB, vor §§ 2064 ff. Rn. 168.
3 Vgl. BGHZ 111, 36 ff.; OLG Karlsruhe FamRZ, 1993, 482.
4 So *Köbl*, ZfSH/SGB 1990, 449, 465; *Schubert*, JR 1991, 106.

schlagung der Erbschaft unattraktiv erscheinen zu lassen und daher zu unterbinden. Da diese Gestaltung einzig zulasten der Allgemeinheit geht, sei sie sittenwidrig.[5]

278 b) Gegen die Sittenwidrigkeit des Erbvertrages spricht indessen, dass Art. 14 I 2 GG das Erbrecht als *Grundrecht* und damit vor allem die *Testierfreiheit* garantiert.[6] Der Schutz der gesetzlichen Erben vor einem Gebrauch der Testierfreiheit zu deren Nachteil wird auch durch das Pflichtteilsrecht (§§ 2303 ff. BGB) ausgeformt.

Ein Pflichtteilsberechtigter – naher Verwandter des Erblassers – kann durch Ausschlagung der Erbschaft (§§ 1942 ff. BGB) erreichen, anstelle des testamentarisch Zugedachten am Vermögenswert des Nachlasses zur Hälfte des gesetzlichen Erbrechts beteiligt zu werden. Das Recht zur Erbausschlagung wird dem Erben nicht genommen. Die Testierfreiheit besteht nur in den Schranken des Pflichtteilsrechts. Der gesetzliche Erbe wird durch den Pflichtteil hinlänglich geschützt.

Eine weiterreichende Einschränkung der Testierfreiheit träte mit der verfassungsrechtlichen Garantie des Erbrechts in Widerstreit.[7] Es besteht auch generell keine Verpflichtung der Eltern eines Kindes, ihre Vermögensnachfolge so zu gestalten, dass ihre Kinder nach ihrem Ableben möglichst nicht hilfebedürftig werden.[8] Dies gilt auch in Fällen, in denen die Erblasser ein beträchtliches Vermögen hinterlassen: Weder ordnet das Gesetz eine Pflicht der Erblasser an, dem Träger der Sozialhilfe durch die Hinterlassung eines über den Pflichtteil hinausgehenden Erbteils die Möglichkeit zum Kostenersatz zu verschaffen, noch besteht eine entsprechende allgemeine Rechtsüberzeugung.[9]

279 Ferner benachteiligt das Testament nicht primär den behinderten Menschen. Das Diskriminierungsverbot gegenüber behinderten Menschen kann die Testierfreiheit nicht begrenzen. Andernfalls wäre jede erbrechtliche Regelung gegenüber einem behinderten Kind, die diesem weniger als den gesetzlichen Erbteil gewährte, als verfassungswidriger Verstoß gegen Art. 3 III 2 GG rechtswidrig. Dann wäre die Testierfreiheit gegenstandslos, wenn nur ein gesetzlicher Erbe behindert ist. Damit würde das Verbot der Diskriminierung von behinderten Menschen zum Nachteil anderer ebenfalls grundrechtlich geschützter Freiheiten wie der Testierfreiheit unsachgemäß verabsolutiert.

280 c) Weil es keinen Anspruch auf die Erbeinsetzung und damit die Rechtsnachfolge von Todes wegen gibt, sondern der Nachlass nach dem Tode eines nahen Familienangehörigen nur bei noch vorhandenem Vermögen anfällt, und dem Erblasser im Übrigen die Dispositionsfreiheit über die eigene Vermögensnachfolge von Todes wegen zusteht, ist die Verfügung nicht sittenwidrig. Kein Satz des Privatrechts verpflichtet einen Erblasser, einen potenziell hilfebedürftigen potenziellen Erben so auszustatten, dass er vom Schicksal der Sozialhilfebedürftigkeit möglichst weitgehend verschont werde.

---

5 *Raiser*, MDR 1995, 237 f.

6 Vgl. zu diesem Zusammenhang *Pieroth*, NJW 1993, 173, 178: Die Testierfreiheit steht auch nicht unter Gemeinwohlvorbehalt. Die Testierfreiheit ist im Wesentlichen die Freiheit zu autonomer Gestaltung der Vermögensnachfolge unabhängig von den Leitbildern, die das Gesetz in Gestalt der gesetzlichen Erbfolge (§§ 1924 ff. BGB) niedergelegt hat; *Kuchinke*, FamRZ 1992, 362; *Wietek*; *Eichenhofer*, JZ 1999, 226, 227 f.

7 BGHZ 111, 36; *Pieroth*, NJW 1993, 173, 178.

8 BGHZ 188, 96; *Otte*, JZ 1990, 1027 f.; vgl. auch OLG Karlsruhe FamRZ 1993, 482; OLG Hamm, Urt. v. 27.10.2016 (I-10 U 13/16).

9 OLG Hamm, Urt. v. 27.10.2016 (I-10 U 13/16); zustimmend *Surwehme*, ErbR 2017, 71.

Ein derartiger Rechtssatz ginge im Übrigen zu Lasten anderer Erbberechtigter. Steht dem Erblasser also grundsätzlich die Gestaltungsfreiheit über die Verteilung seines Nachlasses zu, so ist auch grundsätzlich eine Verteilung zu billigen, die einem potenziell sozialhilfebedürftigen Erben weniger als dem potenziell nicht sozialhilfebedürftigen Erben zuwendet.

Auch aus dem Grundsatz der *Subsidiarität* der Sozialhilfe (§ 2 SGB XII) lässt sich kein **281** anderes Ergebnis herleiten. Dieser gilt ausschließlich im Verhältnis zwischen Hilfeempfänger zum Sozialleistungsträger und verpflichtet die Erblasser daher nicht.[10]

Da der zwischen M und T geschlossene Erbvertrag wirksam ist, steht der Nachlass nicht T und E zu gleichen Teilen zu. Deshalb kommt ein Anspruch auf Auseinandersetzung des Nachlasses nicht in Betracht.

II. Eigener Anspruch der Freien und Hansestadt Hamburg gegen T wegen Übernahme der Heimkosten

1. Eigener Anspruch gegen T (§ 102 SGB XII)

Die Freie und Hansestadt Hamburg könnte von T Übernahme der Heimkosten verlan- **282** gen, falls ihr kraft eigenen Rechts ein Anspruch gegen T zustünde. Die Stadt könnte aus eigenem Recht von T Ersatz verlangen, soweit vorliegend – abweichend von dem allgemeinen Grundsatz der kostenfreien Gewährung von Sozialhilfe – dem leistenden Träger einen Kostenersatzanspruch wegen erbrachter Sozialhilfe zukommt. Die Pflicht zum Kostenersatz für erbrachte Sozialhilfe ist in §§ 102 ff. SGB XII in den darin tatbestandlich umrissenen Ausnahmefällen vorgesehen. Danach ist Sozialhilfe nur ausnahmsweise zu ersetzen, falls namentlich der Empfänger die eigene Hilfebedürftigkeit schuldhaft herbeigeführt hat (§ 103 SGB XII) oder der Hilfeempfänger durch einen anderen beerbt wird (§ 102 SGB XII). In letzterem Fall schuldet der Erbe dem Sozialhilfeträger Ersatz. Vorliegend kommt allenfalls ein Ersatzanspruch nach § 102 SGB XII in Betracht. Dann müsste T Erbe (2) und der Hilfeempfänger zugleich der Erblasser sein (3).

2. Erbenstellung des T

Die Erbenstellung nach § 102 SGB XII entspricht derjenigen des BGB.[11] T ist Nacherbe und damit Rechtsnachfolger der M. Der Nacherbfall tritt jedoch erst mit dem Tod des Vorerben ein. Zu Lebzeiten des Vorerben ist T also noch nicht Erbe. T wäre im Zeitpunkt der Geltendmachung des Anspruchs allenfalls dann als Erbe anzusehen, falls im Hinblick auf die T zustehende Verwalterstellung an der Vorerbschaft die der Vorerbin E eingeräumte Stellung als „leere Hülse“[12] anzusehen und dem T deshalb wegen seiner bereits zu Lebzeiten zu Gunsten der Vorerbin bestehenden Verfügungsbefugnis als Testamentsvollstrecker über die Vorerbschaft auch schon die Erbschaft zuzuerkennen wäre. Die Vorerbschaft ist aber zu Lebzeiten des Vorerben dessen Vermögen und nicht dem Vermögen des Testamentsvollstreckers zuzuordnen.

---

10 OLG Hamm, Urt. v. 27.10.2016 (I-10 U 13/16), zustimmend *Surwehme*, ErbR 2017, 71.
11 BVerwGE 66, 161, 163.
12 *Otte*, in: *Staudinger*, BGB, vor §§ 2064 ff. Rn. 170.

3. Ist der Erblasser Hilfeempfänger?

283 Darüber hinaus ist Hilfeempfängerin die E; Erblasserin ist dagegen M, § 2100 BGB. § 102 SGB XII sieht indessen einen Anspruch auf Kostenersatz nur vor, falls der Erblasser Hilfeempfänger war.[13] § 102 SGB XII ist vor dem Hintergrund der Regelungen über die *Verschonung* von Vermögen – namentlich angemessenen Hausgrundstücken[14] – zu sehen. Danach ist z.T. wirtschaftlich erhebliches Vermögen vom Empfänger der Sozialhilfe nicht zu verwerten, weshalb es beim Tod des Hilfeempfängers dem Erben ungeschmälert zufällt. § 102 SGB XII soll sicherstellen, dass der Sozialhilfeträger, der die Hilfe an einen Empfänger mit hinreichendem Schonvermögen erbracht hat, gegenüber dessen *Erben* Rückgriff nehmen kann. Die Verschonung vom Zugriff ist nur zu Gunsten des Hauseigentümers und Hilfeempfängers, nicht jedoch gegenüber dem Erben gerechtfertigt.[15] Die Kostenersatzpflicht nach § 102 SGB XII soll einzig die Teilhabe des Sozialhilfeträgers am Schonvermögen nach dem Ableben des Hilfeempfängers sichern, ist jedoch nicht auf andere Lagen zu übertragen.[16] Da die Pflicht zum Kostenersatz von Sozialhilfe grundsätzlich die Ausnahme und der unentgeltliche Bezug von Sozialhilfe die Regel ist, steht der Freien und Hansestadt Hamburg mithin ein Anspruch nach § 102 SGB XII gegen T nicht zu.

III. Anspruch kraft übergegangenen Rechts auf Übernahme der Heimkosten aus der Vorerbenstellung der E

1. Anspruch aus dem Erbvertrag

284 Der Sozialhilfeträger könnte indes kraft des von E an ihn übergegangenen Rechts Ersatz der Heimkosten verlangen. Ein unmittelbarer Anspruch der E auf Ersatz der Heimkosten könnte sich aus dem Erbvertrag ergeben. Der Erbvertrag sieht indes vor, dass der Testamentsvollstrecker T der E nur Taschengeld bezahlen, eine Urlaubsreise ermöglichen und Kleidung beschaffen soll, soweit diese Leistungen von der Sozialhilfe nicht übernommen werden. Die Parteien des Erbvertrages gingen also sichtlich davon aus, dass die Heimunterbringung ausschließlich durch den Sozialhilfeträger gewährleistet sei. Eine Verpflichtung zur Übernahme der Heimkosten durch den Nachlass sollte durch den Erbvertrag ausgeschlossen werden.

2. Verwertung der Vorerbschaft

285 Fraglich ist indessen, ob damit die Pflicht des T entfallen kann, aus dem Ertrag der Vorerbschaft der E für deren Lebensunterhalt die notwendigen Leistungen zu erbringen. Sozialhilferechtlich ist der Erbteil der E ein Vermögenswert. Dieser ist nach § 90 I SGB XII zu verwerten. Ein Ausnahmetatbestand nach § 90 II SGB XII, der die Zuord-

---

13 OLG Karlsruhe FamRZ 1993, 482; BGHZ 123, 368, 374 f.; *van de Loo*, NJW 1990, 2852.

14 § 90 II Nr. 8 SGB XII; vgl. zur Regelung im BSHG OVG Hamburg FEVS 35, 229; *Schulte*, NJW 1991, 546 ff.

15 BT-Drs. V/3495, S. 16 „Es erscheint jedoch nicht gerechtfertigt, dass den Erben der Hilfeempfänger … nur deshalb zu Lasten der Allgemeinheit Vermögen zuwachsen, weil dem Hilfeempfänger … selbst die Verwertung dieser Vermögen nicht zugemutet worden ist."; *Schoch*, Sozialhilfe, 504; *Schulte/Trenk-Hinterberger*, Sozialhilfe, S. 427 f.

16 BGHZ 123, 368, 375; *Eichenhofer*, Sozialrecht, Rn. 560.

nung des Erbanteils als Schonvermögen rechtfertigen könnte, liegt nicht vor. Erbrechtlich fehlt der Vorerbin indessen die Rechtsmacht, ihr Vermögen zur Daseinssicherung zu verwerten.[17] Deshalb wird mangels Verfügungsbefugnis des Hilfeempfängers auch ein Verwertungsrecht seitens des Sozialhilfeträgers verneint.[18] In der Literatur wird deshalb erwogen, aus der den Testamentsvollstrecker treffenden Pflicht zur „ordnungsgemäßen Verwaltung des Nachlasses" (§ 2216 BGB) zu folgern, dieser habe gegenüber einem sozialhilfebedürftigen Erben auch unter Einsatz des vorhandenen Nachlasses dessen Daseinsgrundlage zu sichern.[19]

3. Ordnungsgemäße Nachlassverwaltung (§ 2216 BGB)

Zu Gunsten dieser Auslegung des § 2216 BGB spricht zunächst die sozialhilferechtliche Grundentscheidung des § 90 I SGB XII. Danach hat der Hilfeempfänger vor der Inanspruchnahme der Sozialhilfe das eigene Vermögen umfassend zu verwerten. Ist die Verfügungsmacht des Vermögensinhabers ausnahmsweise durch Erbeinsetzung aufgehoben, so ist der Verwalter des Vermögens zu dessen Verwaltung in Übereinstimmung mit den Geboten der Rechtsordnung verpflichtet. Daraus folge, „dass der Testamentsvollstrecker dem pflichtteilsberechtigten Erben die Nachlassfrüchte auskehrt, soweit dies zum angenommenen Unterhalt des Erben selbst … erforderlich ist".[20] 286

Zu Gunsten dieser Deutung spricht ferner, dass der unter Verwaltung stehende Erbteil dem Erben nicht nur formell zusteht, sondern durch den Verwalter auch im Interesse des Erben zu verwalten ist. Diese Pflicht muss auch die Pflicht zur Daseinssicherung des Erben umfassen, falls dieser zur Daseinssicherung aus eigener Kraft außer Stande ist. Andernfalls hätte der Vorerbe keine Vorteile aus der Erbeinsetzung; diese stellte ihn schlechter als die Enterbung, bei der dem behinderten Abkömmling wenigstens der Pflichtteil zufällt.

Dieser Auslegung steht indes der Wortlaut des § 2216 II 1 BGB entgegen: „Anordnungen, die der Erblasser für die Verwaltung durch letztwillige Verfügung getroffen hat, sind vom Testamentsvollstrecker zu befolgen." Folglich darf der Testamentsvollstrecker nur diejenigen Leistungen aus dem Nachlass erbringen, welche der Erblasser bestimmt hatte. Das sind die umrissenen Zusatzleistungen und nicht die Leistungen zur Sicherung des Elementarunterhalts. 287

Ferner gestattet § 2216 II 2 BGB die Außerkraftsetzung der Erblasseranordnung nur, falls ihre Befolgung zur Gefährdung des Nachlasses führen würde. Die Auskehrung von Früchten aus dem Nachlass würde diesen beinträchtigen, mitunter gar gefährden, ja sogar auszehren. Außerdem hat der Testamentsvollstrecker bei seiner Amtsführung nicht nur die Belange des Vorerben, sondern auch diejenigen des Nacherben zu berücksichtigen.[21] Da dieser an der Nachlasserhaltung interessiert ist, widerspräche die

17 Zu dieser Diskrepanz vgl. schon *Eichenhofer*, ZfSH/SGB 1991, 348; so auch *Otte*, in: *Staudinger*, BGB, vor §§ 2064 ff. Rn. 166.
18 OVG Bautzen NJW 1997, 2898; *Karpen*, MittRhNotk 1988, 131, 149; *Mayer*, DNotZ 1994, 347.
19 So noch *Otte*, JZ 1990, 1028 f.; jetzt dagegen *Otte*, in: Staudinger, BGB, vor §§ 2064 ff. Rn. 170; *Krampe*, AcP 191 (1991), 526, 546 ff.; offengelassen in BGHZ 123, 368, 379.
20 *Krampe*, AcP 191 (1991), 527, 546.
21 BGH FamRZ 1988, 279.

vorgeschlagene Auslegung sowohl dem Willen des Erblassers als auch der Rolle des Testamentsvollsteckers. Ein Anspruch gegen den Testamentsvollstrecker auf Zahlung des Elementarunterhalts an den Vorerben besteht deshalb ebenfalls nicht.[22]

Ergebnis:

Die Freie und Hansestadt Hamburg kann von T nicht die Zahlung der Heimkosten verlangen.

22 Die Problematik ist aber de lege ferenda anders zu gestalten, vgl. *Eichenhofer*, JZ 1999, 226, 232 ff.; *ders.*, NDV 1999, 82, 111.

Fall 23

Soziale Entschädigung: Gewaltopferentschädigung – Assoziationsrecht (EU-Türkei) – Ausländerrecht – Strafvollzug – Unbilligkeit der Gewaltopferentschädigung

Ausgangsfall

BSG, Urt. v. 18.4.2001 (B 9 VG 5/00 R) = BSGE 88, 103.
BSG, Urt. v. 29.3.2007 (B 9a VG 2/05 R) = BSGE 98, 178.

Der 1985 geborene türkische Staatsangehörige Tugrul (T) lebt seit 2013 rechtmäßig in Deutschland. 2015 wurde er durch das LG Köln wegen unerlaubten gewerbsmäßigen Handels mit Betäubungsmitteln in nicht geringer Menge zu einer Freiheitsstrafe von fünf Jahren verurteilt. Seine Aufenthaltserlaubnis endete im April 2016. Da T zu dieser Zeit bereits in Nordrhein-Westfalen in Strafhaft einsaß, erachtete er es nicht mehr für notwendig, eine Verlängerung seiner Aufenthaltserlaubnis zu beantragen. **288**

Im Februar 2017 kam es in der Strafhaft während eines Billardspiels zu einer tätlichen Auseinandersetzung mit dem Mithäftling Siegfried (S). Weil T den S beim Spielen nach allen Regeln der Kunst ausspielte, schlug dieser aus Rache mit dem Billardqueue auf T ein und verletzte ihn schwer.

Frage:

Kann T Leistungen nach dem OEG verlangen?

Gliederung

I. Opferentschädigung für türkische Staatsangehörige?

II. Aufenthaltsrecht des T?

III. Tätlicher Angriff?

IV. Ausschluss der Entschädigung wegen Mitverursachung (§ 2 OEG)?

Lösung

T kann Leistungen nach dem OEG verlangen, wenn er als türkischer Staatsangehöriger (I.) oder aufgrund seines seit 2013 bestehenden Inlandsaufenthalts wegen seiner persönlichen Stellung als türkischer Staatsangehöriger anspruchsberechtigt sein kann, diese Berechtigung nicht dadurch berührt wird, dass er im Schädigungszeitpunkt keine Aufenthaltserlaubnis hatte (II.), T Opfer eines tätlichen Angriffs (§ 1 I OEG) wurde (III.) und der Anspruch nicht wegen Mitverursachung der Schädigung durch das Opfer (§ 2 OEG) ausgeschlossen ist (IV.).

I. Opferentschädigung für türkische Staatsangehörige?

289 Nach § 1 IV OEG haben ausländische Opfer eines tätlichen Angriffs nur dann Anspruch auf Leistungen der Gewaltopferentschädigung, wenn sie Unionsbürger sind, die Gegenseitigkeit gewährleistet ist oder wenn die Gleichbehandlung mit deutschen Gewaltopfern aufgrund Europarechts geboten ist. Die Einbeziehung des T als türkischer Staatsangehöriger in den persönlichen Geltungsbereich des OEG könnte sich gemäß § 1 IV Nr. 2 OEG aus den zwischen der EWG und der Türkei abgeschlossenen assoziationsrechtlichen Regelungen[1] ergeben. Nach Art. 4 I Assoziationsratsbeschluss 3/80 verpflichteten sich die EWG und die Türkei zur Gleichbehandlung ihrer Staatsangehörigen in der sozialen Sicherheit. Zweck dieser Regelung ist die Einbeziehung der innerhalb der EWG – besonders der Bundesrepublik Deutschland – lebenden türkischen Arbeitnehmer in die Systeme sozialer Sicherheit. Der Anwendungsbereich der sozialen Sicherheit wird durch Art. 3 VO (EG) 883/ 2004 bestimmt. Danach gehören zur sozialen Sicherheit im Wesentlichen die Leistungen der sozialen Vorsorge sowie der sozialen Förderung (insbesondere Familienleistungen und Leistungen der Arbeitsförderung). Dagegen fällt die Gewaltopferentschädigung als Leistung der sozialen Entschädigung nicht unter den Begriff der sozialen Sicherheit (so ausdrücklich Art. 3 V lit. b) VO (EG) 883/2004). Das EWG-Assoziationsrecht, das entsprechende Diskriminierungsverbote im Verhältnis zu den Staatsangehörigen der Türkei vorsieht, verlangt deshalb nicht die Einbeziehung des T in den Anwendungsbereich des deutschen Gewaltopferentschädigungsrechts.

II. Aufenthaltsrecht des T?

290 Die Anspruchsberechtigung des T könnte sich jedoch aus § 1 V Nr. 1 OEG ergeben. Dies setzt voraus, dass er sich seit mindestens drei Jahren rechtmäßig in Deutschland aufhält. T wurde im Jahr 2013, also vor mehr als drei Jahren, eine Aufenthaltserlaubnis erteilt. Indes ereignete sich die Schädigung erst im Jahre 2017. Zu diesem Zeitpunkt war sein Aufenthalt nicht mehr rechtmäßig, da T seit dem Ablauf seiner Aufenthaltserlaubnis im Jahr 2016 gemäß § 50 AufenthG zur Ausreise verpflichtet war (vgl. auch § 95 AufenthG). Diese Ausreisepflicht ist nach § 58 II Nr. 2 AufenthG vollziehbar und mithin auch vollstreckbar.

1 *Eichenhofer*, Sozialrecht der EU, Rn. 61 ff.

Das Aufenthaltsrecht könnte sich aber aus dem Vollzug der mehrjährigen Freiheitsstrafe ergeben, zu der T vor Ablauf seiner Aufenthaltserlaubnis verurteil worden ist. Ein inländischer Strafvollzug führt notwendig zum inländischen Aufenthalt. Der Aufenthalt ist strafvollzugsrechtlich angeordnet; er erlegt dem Strafgefangenen eine Aufenthaltspflicht auf. Daher ist der Inlandsaufenthalt auch als rechtlich legitim anzusehen. Nach § 456a StPO ist es den Strafvollstreckungsbehörden gestattet, vom Strafvollzug mit Rücksicht auf eine Ausweisung abzusehen. Daraus lässt sich im Umkehrschluss folgern, dass die Nichtausweisung eines ausreisepflichtigen Ausländers den überwiegenden Strafvollzugsbelangen gegenüber den ausländerrechtlichen Belangen den Vorrang einräumt. Solange die Strafvollzugsbehörden nicht wegen angeordneter Ausreise den Strafvollzug aufheben, ist ein Inlandsaufenthalt rechtlich geboten und daher auch eine Aufenthaltserlaubnis anzunehmen. **291**

Grundsätzlich erstreckt sich daher der den berechtigten Inlandsaufenthalt voraussetzende § 1 V Nr. 1 OEG auf sämtliche aufenthaltsbegründende Titel, einerlei, ob diese im Ausländer- oder Strafvollstreckungsrecht begründet liegen.[2] Dies ergibt sich im Übrigen aus der Entstehungsgeschichte des Gesetzes.[3] Danach sollte ursprünglich der Schutz auch auf diejenigen Personen erstreckt werden, die zwar im Inland keine Aufenthaltsberechtigung haben, jedoch aus humanitären Gründen geduldet werden. Der Duldung steht die Inhaftierung gleich, weil hier wie dort der Inlandsaufenthalt gestattet ist – sei es wegen dessen Billigung aus humanitären Gründen, sei es als Voraussetzung für die Geltendmachung des staatlichen Strafanspruches.

Da T sich also im Inland aufhielt und dies durch die Vollstreckung der strafgerichtlichen Verurteilung legitimiert war, war der Aufenthalt des T rechtmäßig.

III. Tätlicher Angriff?

T müsste Opfer eines tätlichen Angriffs geworden sein. Dies ist der Fall, wenn S einen Angriff auf Leben, Körper oder Gesundheit des T unternommen hätte.[4] Der tätliche Angriff lag hier in dem Schlag mit dem Billardqueue. Dieser hat offensichtlich zu einer starken körperlichen Beeinträchtigung von T geführt. Der Schlag erfolgte zielgerichtet. Die Tatsache, dass sich der Schlag in der Strafhaft und damit an einem Ort ereignet, an dem gebündelt Aggressionen aufzutreten pflegen, berührt die Anwendbarkeit des OEG nicht. Denn unter der Herrschaft des OEG gibt es keine rechtsfreien Räume. Insbesondere ist auch an Stätten mit erhöhter Kriminalität der Geltungsanspruch des OEG nicht relativiert.[5] Folglich liegt ein tätlicher Angriff vor, der grundsätzlich zu einer Entschädigungspflicht nach § 1 OEG führt. **292**

IV. Ausschluss der Entschädigung wegen Mitverursachung (§ 2 OEG)?

Die Entschädigungspflicht wäre jedoch ausgeschlossen, wenn gemäß § 2 OEG ein Entlastungstatbestand vorläge. Eine Freistellung von der Haftung ergibt sich nach § 2 I OEG **293**

2 BSGE 84, 253, 256; 88, 103, 106 ff.
3 BT-Drs. 12/4899, S. 6, 7.
4 *Kunz/Zellner/Gelhausen/Weiner*, OEG, § 1 Rn. 10 ff.; BSGE 81, 288, 289; 77, 11.
5 So schon BSG SozR 3-3800, § 1 Nr. 5.

im Falle der Mitverursachung der Schädigung durch den Geschädigten sowie bei Unbilligkeit der Entschädigung aus sonstigen, im Verhalten des Geschädigten liegenden Gründen.[6] Eine Mitverursachung liegt nach der das Sozialrecht generell beherrschenden Kausalitätstheorie[7] der wesentlichen Bedingung vor, wenn der Täter die Tat selbst wesentlich herbeigeführt hat.[8] Von dieser Voraussetzung kann hier nicht ausgegangen werden. Denn es ist keine wesentliche Ursache für eine Körperverletzung, dass jemand einen anderen beim Billardspielen nach allen Regeln der Kunst besiegt.

Allerdings könnte die Entschädigung unbillig sein. Der Begriff der *Unbilligkeit* ist ein unbestimmter Rechtsbegriff.[9] Nach der Rechtsprechung besteht Unbilligkeit, wenn der Beitrag des Tatopfers ein Gewicht erreicht hat, das dem der Mitverursachung im Wesentlichen entspricht.[10] Namentlich ist es von der Rechtsprechung als Versagungsgrund für die Leistungen der Opferentschädigung anerkannt worden, wenn sich das Opfer durch die Begehung von Straftaten bewusst aus der staatlichen Rechtsordnung begeben und sich die damit verbundene Gefahr – insbesondere in der organisierten Kriminalität – in Schädigungsfolgen durch eine Gewalttat realisiert hat. Für die Annahme der Unbilligkeit im Falle des T spricht, dass sich in dem Übergriff eine typische Gefahr der Inhaftierung verwirklicht[11] hat und diese durch T aufgrund der Begehung mehrerer Straftaten mittelbar[12] selbst verursacht worden ist. Da innerhalb des Strafvollzuges Aggressivität und Gewaltbereitschaft höher sind als im zivilen Leben,[13] ist dort auch die Wahrscheinlichkeit einer Gefährdung höher.

294 Andererseits sind Strafvollzugsanstalten *keine rechtsfreien Räume*.[14] Der Staat ist vielmehr auch gegenüber Strafgefangenen zu deren Schutz verpflichtet; er hat namentlich Schädigungen unter Häftlingen abzuwenden.[15] Gemäß § 2 StVollzG NRW ist die Resozialisierung der Täter ein zentrales Vollzugsziel. Dieses würde preisgegeben, sofern gewaltsame Übergriffe unter Gefangenen als typisch und daher rechtlich folgenlos angesehen würden. Würde im Rahmen des OEG das Gefährdungspotential einer Subkultur anerkannt, würde der durch das OEG bezweckte Schutz des Einzelnen für einzelne Subkulturen aufgegeben. Der Angriff wurde durch T nicht provoziert; T hat vielmehr S durch sein höheres Spielvermögen beim Billard zu einem Übergriff veranlasst. Dies legitimiert keine Gewalt; die Versagung der Entschädigung unter Berufung auf deren Unbilligkeit wäre daher nicht gerechtfertigt.

Ergebnis:
T steht ein Anspruch auf Opferentschädigung zu.

6 *Kunz/Zellner/Gelhausen/Weiner*, OEG, § 2 Rn. 1.
7 *Eichenhofer*, Sozialrecht, Rn. 422 ff.; *Waltermann*, Rn. 495.
8 BSGE 88, 103, 109; 83, 62.
9 *Kunz/Zellner/Gelhausen/Weiner*, OEG, § 2 Rn. 8.
10 BSGE 49, 104; 57, 168; 83, 62, 65 ff.
11 BSGE 98, 178, 181 f.
12 BSGE 72, 136, 137.
13 BGHZ 17, 172, 174; 60, 302, 311.
14 BSGE 88, 103, 111, aufgegeben durch BSGE 98, 178, 181 f.
15 *Dannecker/Biermann*, SGb 2002, 469.

Fall 24

Vorenthaltung und Veruntreuung von Sozialversicherungsbeiträgen – „Territorialprinzip" – Ein- und Ausstrahlung – Europäisches Sozialrecht – Entsendung von Versicherungspflichtigen – Wirkung der Entsendebescheinigung von Sozialversicherungsträgern anderer Mitgliedstaaten

Ausgangsfall

BGH, Urt. v. 24.10.2006 (1 StR 44/06) = BGHSt 51, 124.
BGH, Urt. v. 24.10.2007 (1 StR 160/07) = BGHSt 52, 67.
BGH, Urt. v. 7.3.2007 (1 StR 301/06) = BGHSt 51, 224.
EuGH, Urt. v. 30.3.2000 (C 178/97) = Slg. 2000, I-2005.
EuGH, Urt. v. 9.9.2015 (C-72/14) = ZESAR 2016, 333.

Anton (A) ist Geschäftsführer der in Saarbrücken ansässigen Fassaden-GmbH (F). Diese führt als Subunternehmerin von Bauunternehmen Fassadenmontagen auf Baustellen durch. Zwischen Februar und November 2016 beschäftigte F drei aus dem portugiesischen Porto stammende Bauarbeiter. Diese waren bei einem in Porto ansässigen Bauunternehmer angestellt, indes von diesem für zehn Monate unter Fortzahlung ihres portugiesischen Arbeitsentgelts nebst einer Auslösung und unter Wahrung ihres Versicherungsschutzes nach portugiesischem Recht zur Arbeitsausübung an F entsandt worden. F zahlte dem portugiesischen Bauunternehmer dafür eine dessen Gesamtkosten ausgleichende Vergütung und ein zusätzliches Entgelt. Der portugiesische Sozialversicherungsträger bescheinigte auf dem Formular A1, dass die bei F beschäftigten Arbeitnehmer aus Portugal entsandt seien. Demgemäß unterließ A die Anmeldung der drei Arbeiter zur deutschen Sozialversicherung. 295

Im März 2017 wurde A von der Staatsanwaltschaft Saarbrücken mit dem Vorwurf konfrontiert, sich durch fortgesetzte Nichtabführung von Sozialversicherungsbeiträgen an die in Deutschland zuständige Einzugsstelle nach § 266a StGB strafbar gemacht zu haben. Die Beschäftigung in Portugal habe lediglich zum Schein bestanden. De facto seien die drei Arbeiter von F beschäftigt worden. Deshalb schulde F den Arbeitern auch Beiträge zur deutschen Sozialversicherung.

Frage:
Hat sich A strafbar gemacht?

Gliederung

I. Strafrechtliche Sanktionierung von Verletzungen der Beitragspflicht und Verantwortlichkeit der Organe juristischer Personen
1. Strafbewehrte Beitrags- und Beitragsentrichtungspflicht?
2. Strafbarkeit des A für Versäumnisse der F (§ 14 StGB)

II. Unterlag die Beschäftigung der drei Arbeitnehmer deutschem Sozialversicherungsrecht?
1. Bestimmung des internationalen Geltungsbereiches deutschen Sozialversicherungsrechts
2. Anwendbarkeit des deutschen Sozialversicherungsrechts
3. Maßgebliches Sozialversicherungsstatut

III. Wirkung der Entsendebescheinigung A1

Lösung

A hätte sich nach §§ 266a, 14 StGB strafbar gemacht, wenn Versäumnisse bei der Abführung von Sozialversicherungsbeiträgen durch die F strafrechtliche Folgen für deren Geschäftsführer hätte (I.), eine Beitragspflicht für die drei portugiesischen Arbeiter nach deutschem Sozialversicherungsrecht entstanden wäre und bestanden hätte (II.) und einer Verurteilung des A wegen Versäumnissen bei der Abführung der Sozialversicherungsbeiträge nach § 266a StGB nicht entgegensteht, dass der portugiesische Träger in dem Formular A1 das Fortbestehen einer Versicherungspflicht und Beitragspflicht nach portugiesischem Recht bescheinigt hatte (III.).

I. Strafrechtliche Sanktionierung von Verletzungen der Beitragspflicht und Verantwortlichkeit der Organe juristischer Personen

1. Strafbewehrte Beitrags- und Beitragsentrichtungspflicht?

296 Die in §§ 28a ff. SGB IV den nach deutschem Recht Versicherten und deren Arbeitgebern auferlegten Beitragspflichten ergeben sich aus dem Sozialversicherungsrecht. Nicht jede sozialversicherungsrechtliche Säumigkeit hat jedoch strafrechtliche Sanktionen zur Folge. § 266a StGB (vgl. dazu oben Rn. 82 f.) sieht aber eine Strafbarkeit bei Nichtabführung der sozialversicherungsrechtlichen Beiträge durch den Arbeitgeber vor und zwar sowohl für dessen Beiträge als auch den Beitragseinzug der versicherungspflichtigen Arbeitnehmer. Der Grund für die strafrechtliche Ahndung der Nichtabführung von Sozialversicherungsbeiträgen erklärt sich aus der treuhänderischen Stellung, die dem Arbeitgeber durch das Sozialversicherungsrecht auferlegt wird. Dieser hat versicherungsrechtliche Belange seiner Arbeitnehmer durch Beitragseinzug zu sichern, indem deren soziale Vorsorge von ihm zu gewährleisten ist; darüber hinaus hat der Arbeitgeber aber auch die Vermögensbelange der Sozialversicherungsträger zu wahren. Aus diesem Grunde statuiert § 266a StGB eine Strafsanktion bei Nichterfüllung sämtlicher den Arbeitgeber treffenden sozialversicherungsrechtlichen Pflichten.[1]

2. Strafbarkeit des A für Versäumnisse der F (§ 14 StGB)

Die strafrechtliche Verantwortlichkeit der Organe juristischer Personen für deren Pflichtverstöße (§ 14 I Nr. 1 StGB) erklärt sich daraus, dass juristische Personen nicht selbstständig handeln können. Deshalb bedürfen sie eigener Organe, deren Handeln der juristischen Person zugeordnet wird. Treffen also eine juristische Person strafbewehrte Pflichten, so hat für deren Versäumnisse das zur Vornahme der geschuldeten Handlung zuständige Organ der juristischen Person auch strafrechtlich einzustehen. **297**

II. Unterlag die Beschäftigung der drei Arbeitnehmer deutschem Sozialversicherungsrecht?

Eine Strafbarkeit nach § 266a StGB setzt jedoch voraus, dass F als Arbeitgeber für die Beschäftigung der drei portugiesischen Arbeiter einer Beitragspflicht nach deutschem Sozialversicherungsrecht unterlag. § 266a StGB stellt eine sozialrechtsakzessorische Strafnorm dar.[2] Es hat demgemäß das Sozialversicherungsrecht darüber zu entscheiden, ob F für die Beschäftigung der portugiesischen Arbeiter in Deutschland dem deutschen Sozialrecht unterläge. Dies setzt voraus, dass der internationale Geltungsbereich des deutschen Sozialversicherungsrechts überhaupt rechtlich geregelt wäre (1.), und aus den dafür maßgebenden Normen zu folgern wäre, dass die Beschäftigung deutschem Sozialversicherungsrecht unterlag (2.). Diese Frage hängt entscheidend davon ab, wie das für die soziale Sicherung der portugiesischen Arbeitnehmer maßgebende Sozialversicherungsstatut zu bestimmen ist (3.). **298**

1. Bestimmung des internationalen Geltungsbereiches deutschen Sozialversicherungsrechts

a) Nach weit verbreiteter Auffassung soll der internationale Geltungsbereich der Sozialgesetze eines Staates aus den räumlichen Grenzen der staatlichen Herrschaft zu folgern sein. Dies besagt jedenfalls jene weit verbreitete Ansicht, wonach der internationale Geltungsbereich deutschen Sozialversicherungsrechts durch das „Territorialprinzip"[3] zu bestimmen sei. Der Inhalt sozialrechtlichen Sollens folge demnach aus den dem staatlichen Können durch die Völkerrechtsordnung gezogenen Grenzen. Danach wären die in Deutschland beschäftigten portugiesischen Arbeiter nach deutschem Sozialversicherungsrecht zu sichern, weil sich die Beschäftigung im Inland vollzieht und nur Deutschland die portugiesischen Arbeitnehmer aufgrund des Einsatzes von Hoheitsgewalt zur Abführung von Sozialversicherungsbeiträgen anhalten kann und diese Gewalt sich auch auf die Arbeitgeber der betreffenden Beschäftigten erstrecken ließe. **299**

1 *Perron*, in: *Schönke/Schröder*, StGB, Rn. 2 zu § 266a.
2 BGHSt 51, 124.
3 *Eichenhofer*, Sozialrecht der EU, Rn. 74; *Eichenhofer*, Internationales Sozialrecht, 1994, Tz. 89 ff.; *Schuler*, 212 ff.

300 b) Diese Argumentation ist aber falsch. Wie die §§ 30 SGB I, 3-6 SGB IV klar erkennen lassen, folgt der internationale Geltungsbereich deutschen Sozialrechts nicht aus irgendwelchen scheinbar elementaren „Prinzipien", sondern wie alles Recht der Moderne aus speziellen staatlichen Normen, die zentral den Gegenstand des deutschen Internationalen Sozialrechts gestalten. Nach § 30 SGB I gilt deutsches Sozialrecht für die sich gewöhnlich in Deutschland aufhaltenden Menschen unabhängig von deren Staatsangehörigkeit. Die namentlich im sozialwissenschaftlichen Milieu in der Nachfolge des englischen Wohlfahrtsstaatstheoretikers T. H. Marshall vertretene Auffassung, soziale Rechte seien Ausprägung der sozialen Bürgerstellung *(social citizenship)*,[4] ist daher für das abgründige Missverständnis anfällig, soziale Rechte gründeten in und folgten aus der Staatsbürgerschaft. Dies widerspricht jedoch internationalem Sozialrecht, welches – wie IAO-Übereinkommen Nr. 118 zeigt – die Mitgliedstaaten der IAO dazu anhält, soziale Rechte ohne Ansehen der Staatsangehörigkeit zu gewähren. Für deutsches Sozialversicherungsrecht bestimmen §§ 3-6 SGB IV abweichend von § 30 SGB I, dass deutsches Sozialversicherungsrecht grundsätzlich für die regelmäßig in Deutschland abhängig oder selbstständig beschäftigten Erwerbstätigen gilt.

2. Anwendbarkeit des deutschen Sozialversicherungsrechts

301 Der danach entscheidende Begriff der Inlandserwerbstätigkeit wird durch §§ 4 und 5 SGB IV definiert und präzisiert. Als im Inland beschäftigt gilt danach auch, wer seine Tätigkeit vorübergehend im Ausland erfüllt, wie umgekehrt als im Inland nicht regelmäßig beschäftigt gilt, wer im Inland nur vorübergehend tätig ist, dessen regelmäßiger Beschäftigungsort sich jedoch in einem anderen Staat befindet. Die bei bestehendem Inlandserwerbsort vorübergehende Auslandstätigkeit wird als „Ausstrahlung", die vorübergehende Inlandstätigkeit bei vorrangiger Auslandsbeschäftigung wird dagegen als „Einstrahlung" bezeichnet. Für die Ausgangsfrage stellte sich nach deutschem Sozialversicherungsrecht also das Problem, ob die portugiesischen Arbeitnehmer von F gleichwohl im Inland beschäftigt würden oder ob sie in Folge ihrer Einstellung in Porto und Entsendung nach Deutschland als vorübergehend im Inland beschäftigt anzusehen wären. Letzteres hätte zur Folge, dass das Beschäftigungsverhältnis nach wie vor in Portugal anzusiedeln ist, weil die vorübergehende Beschäftigung in Deutschland ihrer portugiesischen Sozialversicherungspflicht nicht abträglich wäre.

3. Maßgebliches Sozialversicherungsstatut

302 a) Wie aus §§ 30 II SGB I, 6 SGB IV folgt, stehen die genannten Gesetzgebungsakte unter dem Vorbehalt zwischenstaatlicher oder supranationaler Regelungen. Zwischenstaatliche Regelungen sind in den Sozialversicherungsabkommen getroffen, die typischerweise zwischen zwei Staaten geschlossen worden sind. Supranationale Regelungen finden sich vor allem im europäischen koordinierenden Sozialrecht. Dieses findet seine rechtliche Begründung in Art. 48 AEUV. Es wird in der VO (EG) 883/2004 ausgeformt. Durch das europäische koordinierende Sozialrecht wird das Internationale Sozialrecht sämtlicher EU-Mitgliedstaaten harmonisiert. EU-Recht schafft damit ein inter-

4 *Marshall*, Citizenship and social class (1949), in: *ders.*, p. 67 et sequ.

nationalsozialrechtliches Einheitsrecht für sämtliche Mitgliedstaaten der EU sowie darüber hinaus für die EWR-Staaten und die Schweiz. Dieses hat Geltungsvorrang vor nationalem Sozialrecht, verdrängt also die in den Mitgliedstaaten bestehenden Bestimmungen über den internationalen Geltungsbereich der Sozialrechtsordnung und regelt und gewährleistet deren internationale Wirkungen.[5]

b) Das europäische koordinierende Sozialrecht schafft einheitliche, einseitige Kollisionsnormen für das Sozialversicherungsrecht sämtlicher Mitgliedstaaten (Art. 11-16 VO (EG) 883/2004). Danach bestimmt sich das Sozialversicherungsstatut für Arbeitnehmer unabhängig vom Wohnsitz und Sitz des Arbeitgebers nach dem Ort der regelmäßigen Beschäftigung (Art. 11 III lit. a) VO (EG) 883/2004). Diese Anknüpfung wird aufrechterhalten, falls ein Arbeitnehmer für einen Zeitraum von weniger als 24 Monaten vorübergehend in einen anderen Staat entsandt wird (Art. 12 I VO (EG) 883/2004). Danach lagen für die drei portugiesischen Arbeitnehmer die Voraussetzungen einer zur Fortsetzung des bisherigen Sozialversicherungsstatuts führenden Entsendung vor, so dass zur Vermeidung einer Doppelsicherung in mehreren Staaten – was das europäische koordinierende Sozialrecht zentral zu vermeiden sucht (vgl. Art. 11 I VO (EG) 883/2004) – eine Versicherungspflicht nach deutschem Recht ausgeschlossen ist. Die von F beschäftigten portugiesischen Arbeitnehmer unterlagen also nicht der deutschen Sozialversicherung, wenn sie aus einem in Portugal begründeten Beschäftigungsverhältnis nach Deutschland entsandt worden wären. 303

c) Voraussetzung dafür wäre jedoch, dass die von F beschäftigten Arbeitnehmer ihren regelmäßigen Beschäftigungsort in Portugal hatten. Eine Entsendung liegt nicht vor, wenn die Arbeitnehmer an einem auswärtigen Ort lediglich eingestellt worden sind, um in einem anderen Land einer Beschäftigung nachzugehen.[6] Danach läge ein gewöhnlicher Beschäftigungsort in Portugal letztlich nur vor, wenn die betreffenden Arbeitnehmer zuvor dauerhaft in Portugal berufstätig gewesen sind. 304

III. Wirkung der Entsendebescheinigung A 1

Die Ungewissheit über das Vorliegen einer sozialversicherungsrechtlichen Beschäftigung oder eines Unternehmenssitzes im Ausland wäre jedoch behoben und daher für die Rechtsanwendung unerheblich, wenn die von dem entsendenden Staat getroffene Feststellung der Versicherungspflicht gegenüber sämtlichen Mitgliedstaaten wirken würde. Das Formblatt A1 wurde aufgrund der Durchführungsverordnung zur VO (EG) 883/2004 und der VO (EG) 987/2009 entwickelt, um die Rechtsfolgen der Entsendung der Arbeitnehmer und Selbstständigen aus einem Staat in den anderen Staat mit Wirkung für die übrigen Beteiligten zu regeln. Ob diese Bescheinigung lediglich informatorischen Charakter hat oder alle Mitgliedstaaten bindet, war lange Zeit umstritten. 305

Mit Urteil vom 10. Februar 2000[7] und 31. März 2000[8] befand der EuGH, dass alle Behörden der Mitgliedstaaten an die von einem Mitgliedstaat ausgestellten Entsende-

5 Vgl. dazu eingehend *Eichenhofer*, Sozialrecht der EU, Rn. 80 ff.
6 EuGH Slg. 1994, I-2991 (Alderwereld); Slg. 2000, I-9379 (Plum).
7 EuGH Slg. 2000, I-883 (Fitzwilliam).
8 EuGH Slg. 2000, I-2005 (Banks).

Bescheinigungen (jetzt A1, einst E101) und die darin getroffenen Feststellungen gebunden seien. Nur so lasse sich das zentrale Ziel europäischen koordinierenden Sozialrechts erreichen und die eindeutige Zuordnung aller Sozialversicherungsverhältnisse in sämtlichen Mitgliedstaaten verwirklichen. Deshalb entfaltet diese Bescheinigung auch Bindungswirkung für die Behörden anderer Mitgliedstaaten. Diese Wirkung beschränkt sich nicht auf das Arbeits- und Sozialrecht, sondern umfasst auch die Behörden der Strafverfolgung.[9]

Einem vom „Territorialprinzip" ausgehenden Ansatz erscheint diese Folge als skandalös, weil die Behörden anderer Staaten verbindlich für inländische Behörden Rechtsfolgen begründen können, das öffentliche Recht also eine extraterritoriale Wirkung entfaltet. Auf diesen Effekt zielt jedoch das gesamte europäische koordinierende Sozialrecht, das ausweislich seiner Regeln die internationalen Wirkungen nationalen Sozialrechts zu sichern hat. Es schafft damit eine transnationale Rechtsordnung, in der durch supranationales und das öffentliche Recht der Mitgliedstaaten der soziale Schutz transnational verwirklicht wird und zwar für den Einzelnen wie im supranationalen Verbund.

Ergebnis:

306 Der gegen A erhobene Vorwurf eines strafbaren Verhaltens wegen Vorenthaltung von Sozialversicherungsbeiträgen ist daher unberechtigt, weil F bei Beschäftigung der portugiesischen Arbeiter nicht zur Beitragsabführung nach deutschem Recht verpflichtet war. Vielmehr bestand die Versicherungspflicht für die drei portugiesischen Arbeiter in Portugal fort, was unzweideutig aufgrund der Entsendebescheinigung A1 festgestellt worden ist. Diese Feststellung bindet auch die deutschen Behörden und F ist den daraus erwachsenden Pflichten nachgekommen.

9 EuGH Slg. 2006, I-1079 (Herbosch Kiere NV).

Fall 25

Recht der Familienförderung – Elterngeldanspruch bei Mehrlingsgeburten – Bemessungsgrundlage des Elterngeldes – Rechtsanspruch auf Betreuungsplatz in einer Kindertagesstätte

Ausgangsfall

BSG, Urt. v. 25.6.2009 (B 10 EG 3/08 R) = BSGE 103, 284.
BSG, Urt. v. 27.6.2013 (B 10 EG 8/12 R) = BSGE 114, 26.
BVerwG, Urt. v. 12.9.2013 (5 C 35.12) = BVerwGE 148, 13.
BGH, Urt. v. 20.10.2016 (III ZR 278/15) = NJW 2017, 397.

Manfred (M) und Friederike (F) sind verheiratet. Sie leben in der kreisfreien Stadt Speyer und sind dort in Vollzeit erwerbstätig. Im Februar 2015 wurden ihre gemeinsamen Kinder, die Zwillinge Sebastian (S) und Tanja (T) geboren. F befand sich nach der Geburt in Mutterschutz. Von Juni 2015 bis April 2016 nahm sie Elternzeit in Anspruch. Auch M nahm Elternzeit, und zwar von März 2015 bis März 2016. Während dieser Zeit widmeten sich beide ausschließlich der Betreuung der beiden Kinder und gingen keiner Erwerbstätigkeit nach. **307**

Mit Schreiben vom 12. April 2015 beantragten sowohl M als auch F Elterngeld – M für den zweiten bis zwölften Lebensmonat des S, F für den ersten bis zwölften Lebensmonat der T sowie für den 13. und 14. Lebensmonat des S. Das zuständige[1] Jugendamt der Stadt Speyer lehnt den Antrag ab. Auch bei Mehrlingsgeburten könne das Elterngeld nur einmal gewährt werden. Für den zweiten Zwilling könne allenfalls der in § 2a IV BEEG vorgesehene Mehrlingszuschlag in Höhe von 300 € gewährt werden. Mit diesem sei der zusätzliche Betreuungsaufwand für die Zwillinge abgegolten. Der hiergegen gerichtete Widerspruch von M und F wird als unbegründet zurückgewiesen.

Um nach 14 Monaten wieder in den Beruf zurückkehren zu können, bemühen sich M und F um einen Kindergartenplatz für S und T. Die Stadt Speyer kann ihnen jedoch trotz rechtzeitigen Bemühens keinen geeigneten Platz zur Verfügung stellen. Daher schließen die Eheleute einen Betreuungsvertrag mit einer privaten Kindertagesstätte ab. Das Betreuungsentgelt übersteigt den für die städtischen Einrichtungen geltenden Gebührensatz um 2.200 € jährlich. M und F überlegen, sich diesen Betrag von der Stadt Speyer erstatten zu lassen.

Aufgaben:

1. Beurteilen Sie die Erfolgsaussichten einer Klage von M und F gegen den Widerspruchsbescheid.
2. Besteht ein Anspruch von M und F gegen die Stadt Speyer auf Erstattung der Aufwendungen für die private Kindertagesstätte?

1 ZustVO v. 11.3.1991, GVBl. 1991 Nr. 9 S. 165.

Gliederung

I. Anspruch auf Elterngeld bei Mehrlingsgeburten
1. Zulässigkeit einer Klage gegen den Widerspruchsbescheid
2. Begründetheit der Klage

II. Erstattung der Mehrkosten für die private Kindertagesstätte

Lösung

I. Anspruch auf Elterngeld bei Mehrlingsgeburten

Eine Klage von M und F gegen den Widerspruchsbescheid hat Aussicht auf Erfolg, wenn sie zulässig und begründet ist.

1. Zulässigkeit einer Klage gegen den Widerspruchsbescheid

308 Gegen den Widerspruchsbescheid könnten M und F eine kombinierte Anfechtungs- und Leistungsklage beim Sozialgericht Speyer erheben. Der Rechtsweg zu den Sozialgerichten ist gemäß § 51 I Nr. 10 SGG, § 13 I 1 BEEG eröffnet.

M und F müssten ihr Begehren im Rahmen einer kombinierten Anfechtungs- und Leistungsklage (§ 54 I 1, IV SGG) verfolgen. Die bloße Aufhebung des Versagungsbescheids in Gestalt des Widerspruchsbescheids genügt nicht, wäre damit doch nur die Feststellung über das Nichtbestehen eines doppelten Elterngeldanspruchs beseitigt. M und F begehren aber darüber hinaus die Erbringung des Elterngeldes für die Erziehung und Betreuung von S und T in dem von ihnen gewünschten Zeitraum.

2. Begründetheit der Klage

309 Die Klage ist begründet, wenn M und F jeweils einen Anspruch auf Zahlung des vollen Elterngeldes für die Betreuung von S und T haben.

Nach § 1 I BEEG hat Anspruch auf Elterngeld, wer seinen Wohnsitz oder gewöhnlichen Aufenthalt in der Bundesrepublik hat (Nr. 1), mit einem Kind im gemeinsamen Haushalt lebt (Nr. 2), dieses dort selbst betreut und erzieht (Nr. 3) und währenddessen keiner Erwerbstätigkeit nachgeht. Diese Voraussetzungen sind sowohl durch M als auch durch F erfüllt.

Fraglich ist jedoch, in welcher Höhe der Elterngeldanspruch besteht. Gemäß § 2 I 1, 2 BEEG beläuft sich das Elterngeld auf 67% des in den zwölf Monaten vor der Geburt des Kindes erzielten Einkommens, maximal aber 1.800 € monatlich. Es handelt sich dabei folglich um eine Entgeltersatzleistung, mit der der durch die Betreuung des Kindes und die damit einhergehende Reduzierung der Arbeitszeit entstehende Einkommensausfall kompensiert werden soll.[2] Die Berechnung erfolgt pauschaliert nach Maßgabe der §§ 2 I 3, 2c bis 2f BEEG.

Anspruch auf das Elterngeld hat jeder Elternteil, der zum Zweck der Betreuung seines Kindes in den ersten 14 Lebensmonaten seine Erwerbstätigkeit reduziert oder unterbricht. Leben im Haushalt mindestens zwei Kinder unter drei Jahren bzw. drei oder mehr Kinder unter sechs Jahren, sieht der Gesetzgeber in § 2a I BEEG einen Geschwisterbonus in Form einer Erhöhung des Elterngeldes um 10%, mindestens um 75 € monatlich vor, um die mit der Betreuung mehrerer Kinder einhergehende besondere Belastung auszugleichen.[3] Gleiches gilt bei Mehrlingsgeburten: hier erhöht sich gemäß § 2a IV BEEG das Elterngeld um jeweils 300 € für jedes weitere Kind.[4] Die Anspruchsberechtigung ist also einerseits an die Inanspruchnahme von Elternzeit, andererseits an ein konkretes Kind geknüpft, welches von dem Elternteil betreut wird, der seine Erwerbstätigkeit unterbricht. Folglich kann jeder Elternteil für jedes seiner Kinder grundsätzlich die Anspruchsvoraussetzungen für Elterngeld erfüllen, so dass beide Eltern grundsätzlich insgesamt 14 Monate (§ 4 I 1, II 2, 3 BEEG) Elterngeld für jedes ihrer Kinder beziehen können.

Der in § 2a IV BEEG vorgesehene Mehrlingszuschlag beschränkt die individuelle Anspruchsentstehung nicht. In der Norm ist keine generelle Regelung zu sehen, dass die Geburt von Mehrlingen sich lediglich anspruchserhöhend auswirkt. Vielmehr soll damit lediglich ein mehrfacher Einkommensersatz für ein und denselben Elternteil vermieden werden. Ein Elternteil soll daher, selbst wenn er zu Hause mehrere Kinder betreut, das wegen der Elternzeit ausfallende Einkommen nur einmal ersetzt bekommen.[5] Im Unterschied zur früheren Rechtslage nach dem BErzGG können nach dem BEEG beide Eltern die Möglichkeit der Elternzeit in Anspruch nehmen. Diese Möglichkeit besteht für jedes einzelne Kind im eigenen Haushalt während seiner ersten 14 Lebensmonate. Nehmen aber beide Eltern nach der Geburt von Mehrlingen jeweils für das andere Geschwisterkind in zulässiger Weise Elternzeit in Anspruch, um ihre Kinder zu betreuen, mindert sich bei beiden das jeweilige Erwerbseinkommen. Es erhöht sich nicht lediglich der Betreuungsbedarf aufgrund der Mehrlingsgeburt, sondern auch der Einkommensverlust der Familie insgesamt. Folglich erwirbt jeder Elternteil individuell einen Anspruch auf Elterngeld. Damit wird kein mehrfacher Einkommensersatz bewirkt, sondern lediglich die tatsächlich entstandene Einkommenseinbuße in dem durch § 2 I BEEG vorgegebenen Umfang kompensiert.[6] **310**

M und F können daher für ihre Zwillinge S und T gleichzeitig Elternzeit nehmen und haben folglich während dieser Zeit einen Anspruch auf Elterngeld.

---

2 BT-Drs. 16/1889, S. 2; BSG SozR 4-7837 § 2 Nr. 8; BSGE 103, 291; BSG ZfSH/SGB 2012, 24, 27 f.; *Felix*, SGb 2012, 93, 94.

3 BT-Drs. 16/1889, S. 21 (§ 2 IV BEEG a.F.); BT-Drs. 17/9841, S. 19 (neue Fassung: § 2a I BEEG).

4 *von Koppenfels-Spies*, in: *Knickrehm/Kreikebohm/Waltermann*, Kommentar zum Sozialrecht, § 2a-f Rn. 3; *Seiler*, NVwZ 2007, 129.

5 BSGE 114, 26.

6 BSGE 114, 26.

II. Erstattung der Mehrkosten für die private Kindertagesstätte

1. Erstattungsanspruch als Folgenbeseitigungsanspruch

311 Der Anspruch von M und F auf Erstattung der Mehrkosten für die private Kindertagesstätte könnte als öffentlich-rechtlicher Folgenbeseitigungsanspruch gegeben sein. Dieser gewohnheitsrechtlich anerkannte Anspruch setzt einen hoheitlichen Eingriff voraus, durch den ein subjektives Recht des Betroffenen verletzt wird, wobei der rechtswidrige Zustand im Zeitpunkt der Geltendmachung des Anspruchs noch fortdauern muss.[7] Der Folgenbeseitigungsanspruch ist jedoch lediglich auf Beseitigung des rechtswidrigen Zustands selbst, nicht aber auf Kompensation in Geld gerichtet.[8]

Die Kosten für die Inanspruchnahme der privaten Kindertagesstätte sind M und F zudem nicht unmittelbar durch das Unterlassen der Stadt Speyer, ihnen einen angemessenen Kita-Platz zur Verfügung zu stellen, entstanden. Ursache der Kostenbelastung war vielmehr der von M und F selbst und freiwillig abgeschlossenen Nutzungsvertrag mit der privaten Einrichtung. Es handelt sich damit um eine Ersatzbeschaffung, die zwar in der Nichterfüllung des Anspruchs auf Gewährung eines Kindergartenplatzes gründet, dieser aber nicht unmittelbar folgt. Die Voraussetzungen des Anspruchs auf Folgenbeseitigung sind damit nicht erfüllt.[9]

2. Selbstbeschaffung einer Leistung der Kinder- und Jugendhilfe

312 M und F könnten einen Anspruch auf Erstattung der Mehrkosten für die Nutzung einer privaten Kindertagesstätte gegen die Stadt Speyer aus § 36a III SGB VIII analog haben. Dazu müssten sie sich eine Leistung der Kinder- und Jugendhilfe in zulässiger Weise selbst beschafft und die Stadt als Träger der öffentlichen Jugendhilfe vorher über den Hilfebedarf in Kenntnis gesetzt haben. Ferner müssten die Voraussetzungen der Hilfegewährung vorgelegen und die Deckung des Bedarfs dürfte schließlich keinen Aufschub geduldet haben.

§ 36a SGB VIII verdeutlicht den Grundsatz, dass aus der Primärverantwortung der örtlichen Träger der Kinder- und Jugendhilfe deren Sekundärverantwortung folgt, wenn sie die ihnen obliegenden und aufgegebenen Leistungen nicht erbringen und die Leistungsberechtigten dadurch auf Selbstbeschaffung angewiesen sind. Es handelt sich damit um einen Fall des „Systemversagens“.[10] Unmittelbar ist § 36a SGB VIII aufgrund seiner systematischen Stellung in seinem Anwendungsbereich auf erzieherische Hilfen als Sachleistung sowie die Eingliederungsbeihilfe für behinderte Kinder und Jugendliche beschränkt. Die analoge Anwendung der Norm ist jedoch geboten, soweit den Jugendämtern weitere Aufgaben als Pflichtleistungen zugewiesen sind. Zwar soll § 36a SGB VIII verhindern, dass die Träger der Kinder- und Jugendhilfe zu bloßen Kostenträgern degradiert werden:[11] Ihnen obliegt vielmehr die zentrale Steuerungsverantwor-

---

7 St. Rspr., vgl. BVerwGE 69, 366, 370; 82, 24, 25; 82, 76, 95; 94, 100, 104.
8 BVerwGE 140, 34, 37; BFHE 239, 38.
9 OVG Rheinland-Pfalz, ZfSH/SGB 2013, 164, 165; *Rixen*, NJW 2012, 2839; *Maurer*, Allgemeines Verwaltungsrecht, § 30 Rn. 6.
10 *Rixen*, NJW 2012, 2839, 2843; OVG Rheinland-Pfalz, ZfSH/SGB 2013, 164, 167.
11 BVerwGE 112, 98, 103; 124, 83, 86; im Ergebnis auch VGH Mannheim, Urt. v. 8.12.2016 (12 S 1782/15).

tung für sämtliche Leistungen nach dem SGB VIII. Eine Selbstbeschaffung dieser Leistungen ist daher nicht die Regel, sondern die begründungsbedürftige Ausnahme. Diese ist nach Rechtsprechung des BVerwG aber jedenfalls dann zulässig, wenn ein entsprechender Antrag auf Leistung an den zuständigen Träger gestellt worden ist, so dass dieser Kenntnis vom Hilfebedarf erlangt hat und in die Lage versetzt worden ist, das Bestehen des Anspruchs auf die begehrte Leistung zu prüfen und über die Erbringung geeigneter Leistungen zu entscheiden. Da die Leistungsberechtigten gemäß § 5 SGB VIII ohnehin das Recht der freien Wahl unter verschiedenen Einrichtungen und Diensten haben, sei der zuständige Träger zur Übernahme der Kosten verpflichtet, wenn mit den Wünschen unverhältnismäßige Mehrkosten einhergehen.[12] Dass diese Kostentragungspflicht auf bestimmte Leistungsarten beschränkt sein soll, ist nicht ersichtlich.

Die Betreuung und Förderung von Kindern in Tagesstätten und in der Tagespflege gehört zum umfassenden Spektrum der Leistungen der Kinder- und Jugendhilfe. Nach § 22 II SGB VIII sollen Tageseinrichtungen die Entwicklung des Kindes zu einer eigenverantwortlichen und gemeinschaftsfähigen Persönlichkeit fördern, die Erziehung und Bildung in der Familie unterstützen und ergänzen und den Eltern dabei helfen, Erwerbstätigkeit und Kindererziehung besser miteinander vereinbaren zu können. Pflege und Erziehung von Kindern sind folglich keine reine Privatangelegenheit, die von den Eltern ohne öffentliche Unterstützung zu bewältigen wäre. **313**

Nach § 36 I SGB VIII soll zwar grundsätzlich der örtliche Träger der Kinder- und Jugendhilfe über die Inanspruchnahme von Leistungen nach dem SGB VIII entscheiden. Die Voraussetzungen für die Übernahme der Kosten solcher Maßnahmen ist nach § 36a I SGB VIII (analog) grundsätzlich an eine solche Entscheidung durch die zuständigen Träger geknüpft. Mit ihrem Antrag haben M und F ihren Verschaffungsanspruch gegen das Jugendamt der Stadt Speyer auf Bereitstellung von Betreuungsplätzen für S und T geltend gemacht. Diesen Anspruch hat die Stadt Speyer nicht erfüllt, denn er besteht nicht lediglich im Rahmen der verfügbaren Kapazitäten, sondern verpflichtet den Träger der Jugendhilfe ggf. zur Schaffung neuer Betreuungsplätze.[13] Der Abschluss eines Betreuungsvertrags mit einer privaten Kindertagesstätte erweist sich damit als Selbstbeschaffung der Leistung i.S.v. § 36a III SGB VIII analog.

Die Selbstbeschaffung gegen Kostenübernahme setzt weiterhin voraus, dass M und F einen Rechtsanspruch auf Betreuung ihrer Kinder in einer öffentlichen Kindertagesstätte haben. S und T waren 14 Monate alt, als M und F ihre Erwerbstätigkeit wieder aufgenommen haben. Nach § 24 II 1 SGB VIII besteht in diesem Alter, also nach Vollendung des ersten Lebensjahres, ein Rechtsanspruch auf frühkindliche Förderung in einer Tageseinrichtung. Dieser Rechtsanspruch ist an keine weiteren Voraussetzungen gekoppelt und lediglich seinem Umfang nach vom individuellen Bedarf abhängig, § 24 II 2, I 3 SGB VIII. Es kommt nicht einmal darauf an, ob die Eltern in diesem Zeit- **314**

12 BVerwGE 112, 98, 101 f.; BVerwG, Urt. v. 12.9.2013, 5 C 35.12; OVG Rheinland-Pfalz, ZfSH/SGB 2013, 164, 168.
13 BGH, NJW 2017, 397, 398.

punkt tatsächlich wieder ihrem Beruf nachgehen.[14] Zwar steht der Rechtsanspruch originär dem Kind – hier S und T – zu, verweist § 24 SGB VIII doch ausdrücklich auf Kinder als Anspruchsinhaber.[15] Die Eltern können diesen aber geltend machen, und dies auch nicht nur im Wege eines Rechtsreflexes, sondern unmittelbar, da der Anspruch auf Förderung in Tageseinrichtungen nicht nur der Persönlichkeitsentwicklung des Kindes, sondern auch der Vereinbarkeit von Familie und Beruf dient.[16]

315 Letztlich muss die Selbstbeschaffung der Leistung auch in zeitlicher Hinsicht geboten sein, § 36a III Nr. 3 SGB VIII analog. Auch dieses Erfordernis ist erfüllt, haben doch M und F beide ihre Erwerbstätigkeit wieder aufgenommen, so dass die Betreuung der Kinder während der Arbeitszeiten anderweitig sichergestellt werden muss. M und F können auch nicht auf Alternativen verwiesen werden, etwa die häusliche Kinderbetreuung fortzusetzen, bis Betreuungsplätze in einer städtischen Einrichtung verfügbar sind. Denn die Wahlfreiheit der Familien über die Ausgestaltung ihres Lebensmodells ist nicht zuletzt durch Art. 6 I GG als Grundrecht geschützt.[17]

M und F haben daher nach § 36a III SGB VIII analog einen Anspruch auf Übernahme der Kosten für die privat organisierte Kinderbetreuung, soweit diese über die Kosten einer städtischen Kindertagesstätte hinausgehen.

Ergebnis:

316 Während ihrer Elternzeit in den ersten 14 Lebensmonaten ihrer Kinder S und T haben jeweils M und F einen eigenen, originären Anspruch auf Elterngeld. Sie haben ferner gegen die Stadt Speyer einen Anspruch auf Erstattung der Mehrkosten für die Unterbringung der Zwillinge in einer privaten Kindertagesstätte.

14 *Richter*, NJW 2013, 2650; VG Köln JA 2013, 412; VGH Baden-Württemberg, Urt. v. 8.12.2016 (12 S 1782/15); OVG Nordrhein-Westfalen, ZKJ 2016, 304; OVG Rheinland-Pfalz, ZKJ 2016, 429; VGH Bayern, FamRZ 2016, 1891.

15 Nach BGH, NJW 2017, 397 kommt ein Anspruch aus § 36a SGB VIII analog, da er dem Kind und nicht den Eltern zusteht, jedoch dann nicht in Betracht, wenn der Ersatz von Verdienstausfällen wegen der Nichtgewährung des Betreuungsplatzes geltend gemacht wird; zustimmend *Brade*, DVBl 2017, 621.

16 OVG Rheinland-Pfalz, ZfSH/SGB 2013, 164, 168; BVerwGE 148, 13.

17 *Will*, Familienförderung im Sozialrecht, 48 ff.; *Uhle*, in: *Epping/Hillgruber* (Hg.), BeckOK GG, Art. 6 Rn. 35; *Struck*, in: *Wiesner*, SGB VIII, Vor § 22-26 Rn. 10; *Richter*, NJW 2013, 2650.

Sachregister

Die Zahlen verweisen auf die Randnummern des Buches